المكتبات الإلكترونية

رؤية للمكتبات في الألفية الثالثة

بسم الله الرحمن الرحيم

﴿قَالُوا سُبْحَانَكَ لَا عِلْمَ لَنَا إِلَّا مَا عَلَّمْتَنَا إِنَّكَ أَنْتَ الْعَلِيمُ الْحَكِيمُ (32)﴾

صدق الله العظيم

(سورة البقرة: 32)

المكتبات الإلكترونية

رؤية للمكتبات في الألفية الثالثة

تأليف

السعيد مبروك إبراهيم

مدير عام المكتبات

جامعة كفر الشيخ

الناشر

المجموعة العربية للتدريب والنشر

2012

فهرسة أثناء النشر إعداد إدارة الشئون الفنية - دار الكتب المصرية

إبراهيم، السعيد مبروك

المكتبات الإلكترونية: رؤية للمكتبات في الألفية الثالثة / تأليف: السعيد مبروك إبراهيم

ط2- القاهرة: المجموعة العربية للتدريب والنشر

311 ص : 24x17 سم.

الترقيم الدولي: 978-977-6298-77-4

1- الإلكترونيات - خدمات معلومات

2- الأقراص الممغنطة   أ- العنوان

ديوي: 621,381958   رقم الإيداع: 2012/1568

حقوق الطبع محفوظة

الطبعة الأولى   - يناير 2012
الطبعة الثانية - إبريل 2012

الناشر

المجموعة العربية للتدريب والنشر

8 أ شارع أحمد فخري - مدينة نصر - القاهرة - مصر

تليفاكس: 22759945   -   22739110 (00202)

الموقع الإلكتروني: www.arabgroup.net.eg

E-mail: info@arabgroup.net.eg

elarabgroup@yahoo.com

الإهداء

إلى شباب ثورة 25 يناير
الذين استخدموا التكنولوجيا في التواصل للدعوة
للحرية والعدالة

المحتويات

المقدمة

نحن نعيش الآن عصرا يتسم بتدفق المعلومات، وببناء الشبكات والنظم المعلوماتية المفتوحة، عصرا أفرزت فيه الاتصالات السلكية واللاسلكية تغيرات جذرية في كيفية عمل كافة القطاعات الحيوية في المجتمعات البشرية.

وعلى هذا فإنه ينبغي على المكتبات أن تواجه ذلك التحدي التكنولوجي الهائل المتمثل في ثورة المعلومات التي غيرت أساليب الإنتاج الفكري وأنماطه، تطلعا نحو الانتقال إلى مجتمع الإنتاج الكثيف للمعرفة، وذلك عن طريق دمج التكنولوجيا في عملياتها وخدماتها، لتوفير بيئة تعليمية متطورة وغير تقليدية، يبني فيها الباحث والمستفيد خبراته التعليمية عن طريق تعلمه كيفية استخدام المصادر المتعددة للمعرفة، ومعرفة جميع وسائل التكنولوجيا المساعدة لكي يصل إلى المعلومة بنفسه.

ومن هنا فسوف تشهد المكتبات ومرافق المعلومات في المستقبل القريب تحولاً كبيراً باتجاه التكشيف الرقمي للمعلومات، وتطوير تقنيات البحث في المكتبات الإلكترونية، وإحداث تغييرات جوهرية في أنماط الخدمة المكتبية للحصول على المعلومات، وأن هناك العديد من المشروعات الريادية لمؤسسات المعلومات المختلفة لتطوير الركائز الأساسية لهذه المكتبات، وتعزيز مكانتها ودورها لدى مختلف فئات المستفيدين، وتلبية احتياجاتهم المعلوماتية في ظل التطورات المذهلة والسريعة لتكنولوجيا المعلومات والاتصالات بعيدة المدى.

وهذه المكتبات التي فرضها التطور التقني بأبعاده ومعطياته وأدواته المختلفة هي التي تبدو أكثر جاذبية وواقعية لمختلف شرائح المستفيدين، ولذا فإن مبانيها ستتنوع بتنوع تبعيتها، وأهدافها، وجمهورها، وستكون مكتبة المستقبل هي المكتبة الرقمية التي قد لا تحتاج بالفعل لمكان محسوس يأتي إليه الباحثون والدارسون،

وإنما لموقع إلكتروني وتجهيزات ومعدات تقنية يستخدمها المستفيدون من مختلف المواقع والأماكن، بل أن مثل هذه المكتبات قد لا تحتاج لأن يكون مستخدمها إنساناً، وإنما قد يستخدمها نظام معلومات آخر.

وهذا يعني أن هناك ظهوراً متطوراً للنظم الذكية، ومن هنا ستكون هذه المكتبات شبكة في نظم معلومات يتعاون فيها الإنسان والآلة.

ويعتمد الاستخدام الأمثل للمكتبة الإلكترونية على القدرة الاتصالية، وتوافر المقتنيات الإلكترونية، والقدرة الاستخدامية لتلبية احتياجات الباحث العلمية والاهتمام بإعداد أمناء المكتبات الإلكترونية لإنجاز المهام والوظائف الأساسية الملقاة على عاتقهم في مساعدة المستفيدين، وابتكار أساليب جديدة للارتقاء برسالة المكتبة، وحل المشكلات والإجابة عن استفسارات الباحثين.

وفي هذا الجانب شرع العديد من المكتبات الأكاديمية في الدول المتقدمة بإنشاء معاهد للتدريب على المكتبات الرقمية، وكيفية إنشائها والربط فيما بينها بهدف تكامل الخدمات والبرامج المرتبطة باحتياجات المستفيدين.

وتأسيساً على ما تقدم فإن المستقبل سيكون لمثل هذه المكتبات التي توظف التكنولوجيا وتطبيقاتها المختلفة، وتطور من خدماتها وبرامجها وموظفيها بما يواكب التطورات التقنية والعلمية، والتغيرات في مهنة المكتبات والمعلومات، والتكيف مع متطلبات مجتمع المعلومات، بعد أن أصبح استخدام المعلومات بأشكالها الإلكترونية واقعاً حتمياً يلج ويقتحم عالم مؤسسات المعلومات.

وإذا كانت مصادر المعلومات الورقية ستظل تتعايش مع مصادر المعلومات الإلكترونية إلا أن الأخيرة ستكون هي المتفوقة والمهيمنة في المستقبل في ظل الزحف الإلكتروني المتنامي والشبكات المتطورة.

والحقيقة أن تكنولوجيا المعلومات تمنح المكتبات فرصة نادرة وتعطيها إمكانيات واسعة ومثيرة لتحسين نوعية المعرفة وتوسيع خدماتها إلى العالم الخارجي. لذا فإن تبني التقنية الحديثة سيجعل المكتبة مركزاً مفتوحاً ويفرض عليها تبني أسلوب جديد في الاختيار والتزويد والاشتراكات في الدوريات والخدمات الببليوجرافية والمرجعية الأكثر تطوراً، والبحث بالاتصال المباشر في شبكات وبنوك المعلومات الخارجية، محضرة بذلك معلومات ونصوصاً كاملة لوثائق لا يمكن استرجاعها بوسائل أخرى.

ومن هنا كان هذا الكتاب "المكتبة الإلكترونية: رؤية للمكتبات في الألفية الثالثة" حيث ذلك النموذج المتطور للمكتبات، لإلقاء الضوء عليه من قريب، وبيان أهميته وخدماته والعمليات الفنية التي تتم من خلال ذلك النوع من المكتبات.

السعيد مبروك إبراهيم

صفحة زوجية فارغة

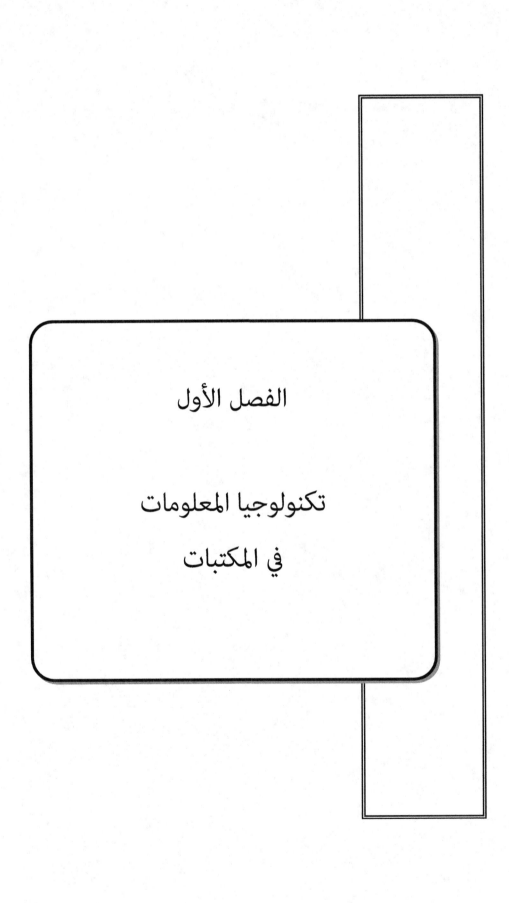

الفصل الأول

تكنولوجيا المعلومات

في المكتبات

الفصل الأول

تكنولوجيا المعلومات في المكتبات

لقد تغير مفهوم العمل في المكتبات، بحكم التطورات الحديثة في مجال خدمات المعلومات واسترجاعها وبثها، وظهر تبعاً لذلك خدمات ووظائف جديدة، وأصبحت معطيات التكنولوجيا الحديثة بدائل ضرورية لتفصيل عمل المكتبات، والرفع من مستوى الأداء والإنتاجية، وظهور شبكات المعلومات في عصرنا الحاضر، التي جاءت نتيجة للتطورات التي حدثت في مجال التخاطب الإلكتروني بين أجهزة الحاسبات الآلية، مما سهل عملية تبادل ونقل المعلومات بكافة أنواعها وأشكالها عبر الدول. وقد كانت المكتبات في الكليات والجامعات – تاريخياً - هي المختصة بالحصول على المعلومات وإدارتها وإدارة مصادرها، إلا أنه مع بدء ظهور الحاسبات الإلكترونية والإنترنت وغيرها من تكنولوجيا المعلومات، توقفت المكتبة عن كونها المصدر أو المختص الوحيد بالمعلومات بالكلية أو الجامعة. ومع هذا الظهور للحاسبات الإلكترونية، أصبحت كافة الأمور المرتبطة بالمعلومات أكثر تعقيداً. وقد يكون السبب في ذلك عائداً إلى فشلنا في الوصول إلى الفهم الحقيقي لطبيعة ومتطلبات التغير التكنولوجي. فالتغيير التكنولوجي ليس مجرد إضافة تكنولوجية ولكنه تغيير نفسي وذاتي، فإدخال الحاسبات في الكليات والجامعات لا يؤدي إلى خلق بيئة معلومات تتكون كليا من مكتبة وموارد وإمكانيات حاسوبية، ومنظمة خدمات، بل إنه قد يكون أكثر من ذلك أننا نخلق بيئة معلومات مختلفة ومتغيرة بشكل أساسي. في الثلاثين عاماً الماضية كانت المكتبات ومراكز الحاسب، هما من الإدارات التقليدية المستقلة بأي جامعة، يسيران بشكل متوازن كل في

مساره، مركز الحاسب الآلي يطور ويستخدم التكنولوجيا لإنتاج المعلومات، والمكتبة، أو الأكاديمية تنظمها وتخزنها، وتسمح بإمكان الرجوع لها والحصول عليها لمتابعة الإطلاع على مختلف المعارف. وفي العقد الأخير اتجه التوازي في المسارين، في الاختفاء، حيث بدأ المساران في الاندماج في مسار واحد، وقد بدأ هذا الاندماج في الحدوث ببطء، ثم تزايد بصورة كبيرة في السنوات الأخيرة، كما تزايد أيضا سرعة الإحساس بأهمية وضرورة هذا الاندماج. لقد كانت التكنولوجيا دائماً جزءاً من المكتبات، فقد استخدمت في خزن واسترجاع المعلومات، إلا أنه في السنوات الأخيرة، تم تدعيم تلك التكنولوجيات بظهور استخدامات وتطبيقات ببليوجرافية باستخدام الحاسب الآلي. إلا أنه وفقاً لطبيعة هذه التكنولوجيات فقد كانت معدلات ومتطلبات التغيير في المكتبات بطيئة وليست جذرية، وحديثاً أصبح التغيير في التكنولوجيا وضرورة حدوثه تفوق طاقة المكتبات التنظيمية للتغيير. ومع ظهور نظم المكتبات المحلية ذات الاتصال المباشر ON Line، وشبكات المعلومات داخل الجامعات، والحاسبات الشخصية في المكاتب، إلى جانب الطلب المتزايد بشكل كبير من المستفيدين على المعلومات من الحاسبات، فإن القضايا الأساسية الناتجة عن تكنولوجيا المعلومات في المكتبات بدأت في الظهور، فمع ظهور شبكات المعلومات واجهت كل أمناء المكتبات فجأة مشاكل وأمور تنبأ بها البعض وتجاهلها آخرون، أما الغالبية فقد نحوها جانباً حيث استغرقتهم أعباء واجبات وظائفهم اليومية. إلا أنه في النهاية أصبح واضحاً للغالبية أن المكتبات وأمناء المكتبات، لا يوجد لديهم، لا الإمكانيات المالية المطلوبة ولا التعليم اللازم، وذلك لاندماج المكتبة والعاملين بها في عالم تقنيات المعلومات.

البنية الأساسية لتكنولوجيا المعلومات

تعد البنية الأساسية في مفهومها العام كل الوسائل والمعدات والإنشاءات التي يمكن من خلالها تأمين احتياجات الإنسان الأساسية، ويمكن أن تعد الطرق والجسور ومحطات الكهرباء وخطوط الاتصال وغيرها من الأمثلة التقليدية للبنى الأساسية في أي دولة. وفي مجال تكنولوجيا المعلومات يشتمل مفهوم البنية الأساسية على خدمات الاتصالات الحديثة والأقمار الصناعية وشبكات الانترنت والحواسيب الشخصية ومراكز المعلومات والمكتبات، فضلا عن الموارد والطاقات البشرية ذات الخبرة والكفاءة في مجالات الحواسيب والمعلومات والاتصالات، أضف إلى ذلك الدور المهم للمؤسسات التعليمية المتخصصة في إعداد الملاكات الفنية ومراكز التدريب والتأهيل التقني ومراكز البحث والتطوير العلمي.

ويمكن قياس مستوى تطور البنية الأساسية لتكنولوجيا المعلومات في أي دولة من دول العالم اعتمادا طريقتين أساسيتين، الأولى تسمى **قياس الوسيلة** التي ترتبط بالدراسة المباشرة لصفات أو ملامح محددة للبنية الأساسية مثل نقاط الاتصال أو نوع الشبكة وإمكانياتها... الخ. أما الطريقة الثانية فتعرف **بقياس النتيجة** والخاصة بقياس فاعلية أو انتشار الخدمات التي تتيحها البنية الأساسية.

وإذا كانت وسيلة القياس الثانية ملاءمة لدول العالم المتقدم التي تمتلك في واقع الحال بنية أساسية متقدمة في مجال تكنولوجيا المعلومات. فإن الوسيلة الأولى هي الأنسب لقياس مستوى تطور البنية الأساسية لتكنولوجيا المعلومات في دول العالم النامي. وبغض النظر عن مستوى تقدم البنية الأساسية لتكنولوجيا المعلومات فأنها لا تحقق منفردة التقدم والرخاء للمجتمعات، غير إنها تعد ركيزة أساسية لبناء القدرات والمهارات وأنماط المعرفة، ولو أحسنت الدول النامية من

صياغة وتفعيل البرامج والسياسات الملاءمة لاستثمار معطيات البنية الأساسية لتكنولوجيا المعلومات المتطورة، لأصبح بمقدورها توظيف هذه التطبيقات في إحداث نقلة نوعية في مجمل القطاعات، إذ إن البنية الأساسية الجيدة يمكن أن توفر أدوات فاعلة، ويمكن أن يكون لها القدرة على التأثير والتغيير في مستوى التنمية، فضلا عن إمكانية إيجاد أنماط جديدة لتطبيقات تكنولوجيا المعلومات بالاعتماد على البنية الأساسية الأولية، مثل التعليم الإلكتروني والتجارة الإلكترونية والحكومة الإلكترونية والمكتبات الرقمية ونظم المعلومات الوطنية.

بناء القدرات في مجال تكنولوجيا المعلومات

تؤكد تجارب دول العالم المتقدم في بناء وتطوير مرتكزاتها السياسية والاقتصادية والاجتماعية على ضرورة توافر عدد من الشروط الأساسية لتحقيق التنمية الاقتصادية والاجتماعية. ويعد وجود بيئة مثالية لانتشار تطبيقات تكنولوجيا المعلومات في مقدمة هذه الشروط. إذ كان لسياسات هذه الدول في مجال بناء قدراتها التكنولوجية الفضل في تحقيق التطور المطلوب في مختلف القطاعات. وقد ارتكزت هذه السياسات على:

1- النشر السريع للتكنولوجيات الجديدة.

2- تقديم الحوافز لدعم الشركات الخاصة على الابتكار.

3- التركيز على مهارات التعلم والارتقاء على مدى الحياة.

4- الاستثمار المستمر والآمن في المدخلات المبتكرة لتعزيز الإنتاجية.

5- تشجيع الشروع في إنشاء شركات جديدة تقوم على تطبيقات التكنولوجيا المستحدثة.

6- تأمين وجود هياكل وشبكات مؤسسية كافية.

7- ربط سياسات العلم والتكنولوجيا والابتكار بأهداف التنمية الاقتصادية والاجتماعية.

وفي ضوء ما تقدم فإن برامج الدول النامية لبناء قدراتها في مجال تكنولوجيا المعلومات، سيعتمد بالدرجة الأولى على تحديد الأولويات الوطنية وتجنب استنساخ تجارب الآخرين، وعليه لابد من وضع إستراتيجيات تنفيذية تتوافق مع الرؤى الوطنية والاحتياجات الضرورية في مجال التنمية، كما يفضل أن تستكمل هذه الجهود بدعم المبادرات التي تهدف إلى تحقيق أهداف محددة في مجالات بناء القدرات، ويمكن القول إن المرتكزات الأساسية لبناء القدرات التكنولوجية في الدول النامية هي:

1- دعم الجامعات والمراكز البحثية في مجال توفير المعرفة.

2- تأمين برامج تعاون بين القطاع الخاص والعام من جهة والجامعات والمراكز البحثية من جهة ثانية لغرض اكتساب المعرفة وتكييفها ونشرها.

3- تنمية الموارد البشرية ودعم برامج التأهيل العلمي والتقني.

4- توفير التمويل اللازم لسد احتياجات القطاع العام والخاص في إجراء عمليات التحول الضرورية باتجاه الاعتماد على تطبيقات تكنولوجيا المعلومات.

5- تهيئة مرتكزات البنية الأساسية لتكنولوجيا المعلومات والعمل على تطويرها.

6- الارتقاء بآليات تعزيز التكنولوجيا من خلال إنشاء روابط مشتركة بين المؤسسات البحثية والمؤسسات الصناعية.

7- تسهيل إجراءات نقل التكنولوجيا من خلال تطوير التعاون الدولي مع الدول الرائدة في هذا المجال.

8- تهيئة مواقع اختبار علمية لتنفيذ سياسات العلم والتكنولوجيا التي تتطلب التقييم المستمر والإصلاح للحفاظ على فاعليتها.

9- إقامة بيئات مستدامة تشجع على الابتكار وتساعد على تنفيذ المشروعات التكنولوجية.

10- سن التشريعات والقوانين اللازمة لتأمين حرية تبادل الخبرات ونقل المعرفة وتيسير سبل الاتصال العلمي بين النخب العلمية.

الجدير بالذكر أن هذه المرتكزات قد تتباين إلى حد ما من دولة إلى دولة أخرى تبعا للبنية الأساسية الفعلية والموارد البشرية والإمكانات المالية المتاحة، فضلا عن مدى رغبة الحكومات المحلية في بناء قدراتها وتطلعاتها إلى تحقيق التقدم التكنولوجي المنشود. لكن هذا التباين قد لا ينطبق على الأهداف المرجوة من بناء القدرات المحلية في مجال تكنولوجيا المعلومات التي تكاد تكون مشتركة إلى حد ما بين مختلف دول العالم. ويمكن إيجازها هذه الأهداف بالآتي:

1- نشر تطبيقات تكنولوجيا المعلومات واستخدامها من خلال تطوير الكفاءات، والموارد، والشبكات، والقاعدة المعرفية، والبنية الأساسية.

2- تطوير الإمكانات في مجال تكنولوجيا المعلومات بقصد زيادة الإنتاجية وتحسين القدرة التنافسية.

3- بناء قطاع لتكنولوجيا المعلومات يتصف بالديمومة ويرتكز على إستراتيجية وطنية.

4- بناء مجتمع المعلومات لتحقيق الربط مع اقتصاد المعرفة.

5- تأمين طريق سريع لتناقل المعلومات بين القطاعات المختلفة.

6- بناء ثقافة مجتمعية جديدة للتعامل مع أدوات تكنولوجيا المعلومات.

مكونات تكنولوجيا المعلومات:

تمثل التكنولوجيا عنصراً أساسيا ليس فقط في الأنشطة الرئيسية للمنظمة، ولكن أيضا في كل نشاط فرعى أو مساعد، ومن ثم فإن تطور التكنولوجيا يحدث آثاره المتداعية والمتشابكة في كل المجالات الخاصة بالأنشطة وعناصر الإنتاج ووسائله وأدواته وحتى في الأفراد العاملين ومستوى أدائهم، كما أنه يساعد في اكتشاف وبناء ميزة تنافسية.

وتكنولوجيا المعلومات هي إحدى المكونات الرئيسية في التكنولوجيا المتقدمة Advanced Technology، وترتبط بها وعلى رأسها الإلكترونيات الدقيقة Microelectronics Technology، والمواد Material Technology، والتكنولوجيا الحيوية Biotech والضوئية Optical، وتشمل تكنولوجيا المعلومات نظم الحاسبات والبرمجيات وشبكات المعلومات التي تتمثل في أسلوب ربط الحاسبات ونظم المعلومات في أنظمة متكاملة على مستويات مختلفة قد تشمل مؤسسة واحدة ومجموعة مؤسسات على مستوى محلى أو عالمي.

وتتمثل مكونات تكنولوجيا المعلومات في الآتي:

1- الحواسيب: وتعبر عن نظام إلكتروني يمكن توجيهه لقبول ومعالجة وخزن وعرض البيانات والمعلومات، وأصبح الحاسوب جزءاً من الوجود البشرى حول العالم.

2- شبكات الاتصالات: وهى ربط لمحطات في مواقع مختلفة من خلال وسط يسمح للمشاركين بإرسال واستلام البيانات والمعلومات، فجزء مكمل لتكنولوجيا المعلومات هو القدرة على الاتصال: نرسل ونستلم بيانات ومعلومات عبر شبكات الاتصالات.

3-   المعرفة الفنية: وتشمل على:

•   التعود على وسائل وأساليب تكنولوجيا المعلومات.

•   المهارات المطلوبة لاستخدام هذه الوسائل.

•   معرفة متى نستخدم تكنولوجيا المعلومات لحل مشكلة أو لتحقيق غرض محدد.

الاتصالات والمعرفة الفنية، والطرق التي تلتقي بها هذه المكونات تخلق الفرص للأفراد والمنظمات ليصبحوا منتجين ومؤثرين، وناجحين بوجه عام.

وترتكز تكنولوجيا المعلومات عموما على ثلاث تكنولوجيات أساسية أخرى هي:

1-   تكنولوجيا الحاسبات الآلية ووسائل الاتصال بأنظمة الحاسبات الآلية عبر الوسائط المتعددة التي تخاطب المراكز الإدراكية لعقل الإنسان.

2-   تكنولوجيا شركات المعلومات ونظم تصميم وتنفيذ واستخدام الحاسب في التطبيقات العملية ونظم تصميم وتنفيذ واختيار البرامج بمساعدة الحاسب الآلي.

3-   تكنولوجيا شركات المعلومات التي تربط الحاسبات الآلية ونظم المعلومات في أنظمة متكاملة على مختلف المستويات المحلية والعالمية.

وإذا كانت الثقافة هي الجانب الحي من ذخيرة الإنسان المادية والاجتماعية المتجددة، وإذا كانت الثقافة عنصر حقيقي في بناء العقل الإنساني، تصبح الثورة (الاتصالية، المعرفية، الأيكولوجية) في جوهرها ثورة ثقافية بأبعادها المتعلقة بالمعرفة.

وبذلك فإن التكنولوجيا عبارة عن:

1- أشياء مادية: تشمل المنتجات والأدوات والأجهزة المستخدمة في الإنتاج.

2- الأنشطة أو العمليات: وهى تشمل طرق وأساليب الإنتاج.

3- المعرفة اللازمة لتطوير واستعمال المعدات والأدوات والأساليب للحصول على مخرجات محددة (فالمعرفة هنا تشير إلى Know How).

ويتضح مما سبق أن المكونات الأساسية لتكنولوجيا المعلومات تتمثل في الحاسبات الآلية ووسائل الاتصال والبرمجيات والمعرفة الفنية، ولابد من استغلال هذه المكونات الاستغلال الأمثل وفق الأسس والمبادئ الخاصة بتكنولوجيا المعلومات وتدريب العاملين في المكتبات من أجل الارتقاء بمهارات ومعارف العاملين في المكتبات المتدربين.

أهمية ووظائف تكنولوجيا المعلومات:

تشتد المنافسة في التكنولوجيا لأن فوائدها لا تقتصر على الناحية الاقتصادية، ولكنها أيضا تمتد إلى الناحية السياسية والإستراتيجية، وتسعى مصر منذ فترة لتطوير قوة العمل في مجال تكنولوجيا المعلومات من خلال تقديم برامج مدعمة وفرص تدريبية من خلال الشركات العاملة في هذا المجال، نتيجة لما تقوم به تكنولوجيا المعلومات من وظائف عديدة حيث تؤدى تكنولوجيا المعلومات ستة وظائف تتعلق بإدارة المعلومات وهى الاستحصال، المعالجة، التوليد، الخزن، الاسترجاع، والنقل، وسيتم عرضها كالآتي:

(1) الحصول على البيانات:

يكون من المفيد دائماً تجميع سجلات بالفعاليات والنشاطات وهذه العملية (استحصال البيانات) تنجز حين يتوقع مستخدم تكنولوجيا المعلومات أن البيانات ستكون مفيدة في وقت لاحق، وبعض أمثلة استحصال البيانات الشائعة هي:

- حينما يستعار الكتاب من المكتبة، فإن اسم المستعير (أو رقمه) أو اسم الكتاب (أو رقم التصنيف) سيستحصل.
- يؤشر موظف المسرح أرقام المقاعد التي تباع بطاقاتها لعرض ما.
- يقوم الصندوق الأسود بتسجيل جميع محادثات الطيار ومساعدوه خلال الرحلة ويسجل بيانات الرحلة عن موقع الطائرة وأدائها.

(2) المعالجة:

وهى الفعالية التي أكثر ما ترتبط بالحاسوب، وتتضمن فعالية المعالجة تحويل، وتحليل جميع أنواع البيانات، وتركز على التعامل مع البيانات (أرقام خام، رموز، وسائل) وتحويلها إلى معلومات، فمثلا حساب الرصيد المصرفي في دفتر الصكوك والذي يتضمن أخذ الرصيد الابتدائي في بداية الشهر، وإضافة جميع الإبداعات وطرح جميع المسحوبات وقيمة الرصيد سيحدد الرصيد الحالي، هذه العملية هي معالجة البيانات أما معالجة المعلومات فهي مصطلح عام للتعبير عن أي من فعاليات الحاسوب التي تحول أي نوع من المعلومات إلى نوع أخر، ويمكن تحت هذه التسمية شمول جميع المعالجات التي تجرى على المعلومات التقنية (التقارير والمراسلات) والسمعية (الموسيقى والألحان والأصوات)، والصورية (الأشكال والخرائط والرسومات البيانية).

وهناك أنواع أخرى من المعالجة هي:

معالجة النصوص:

صياغة وثائق نصية، مثل التقارير، والنشرات الإخبارية والمراسلات وتعمل نظم معالجة النصوص على مساعدتنا في إدخال البيانات، والأشكال وعرضها بصورة جذابة.

معالجة الأشكال:

وتعنى تحويل المعلومات المرئية (الأشكال البيانية، والصور، وما إلى ذلك) إلى صورة يمكن التعامل معها في الحاسوب أو تناقلها بين الناس والأماكن.

معالجة الأصوات:

ويعنى معالجة المعلومات الكلامية، وفي الوقت الحاضر يتم إدخال المعلومات الكلامية عبر الهاتف.

(3) الاستنباط والتجديد:

تستخدم تكنولوجيا المعلومات بصوره دائمة لخلق معلومات من خلال المعالجة، وخلق المعلومات يعنى تنظيم البيانات والمعلومات في هيئة مفيدة، سواء على شكل أرقام، أو نصوص، أو أشكال مرئية

(4) الخزن والاسترجاع:

من خلال خزن المعلومات، يحافظ الحاسوب على البيانات والمعلومات من أجل (استخدام مستقبلي، وتحفظ البيانات والمعلومات المخزونة في أوساط الخزن (مثلا قرص مغناطيسي، وقرص بصري) التي يستطيع الحاسب قراءتها، ويقوم

الحاسوب بتحويل البيانات أو المعلومات إلى صيغة تأخذ حيزاً اقل من مصدرها الأصلي فمثلاً المعلومات الكلامية لا تخزن بشكل أصوات كالتي نعرفها ولكن بصيغة مشفرة يستطيع الحاسب أن يتعامل معها.

• الاسترجاع يعنى وضع واستنساخ البيانات أو المعلومات من أجل معالجة مستقبلية، أو لنقلها إلى مستخدم أخر.

(5) النقـل:

تعبر هذه العملية عن إرسال البيانات والمعلومات من موقع إلى أخر، ويقوم الحاسوب بنقل محادثاتنا إلى موقع أخر باستخدام خطوط الهاتف.

وأشهر نوعين من أنواع نقل المعلومات هما:

• البريد الإلكتروني (ويسمى أي ميل e-mail)، ويعنى قبول، وخزن ونقل النصوص والرسائل الورقية بين مستخدمي نظام الحاسوب.

• الإرسال الصوتي (وتسمى أحيانا "البريد الصوتي Voice mail") وهو نوع من معالجة الصوت يقوم الأفراد خلاله بترك وسائل مسجلة يتم إدخالها من خلال الهاتف.

ويحقق استخدام تكنولوجيا المعلومات عدد من المزايا كالآتي:

أ- **الموثوقية**: حيث ساعدت تكنولوجيا المعلومات على تحقيق تحكم كفء وفعال مما ساعد في تدعيم المنافسة الكونية في العمل

ب- **النقـل**: حيث تسهل نظم المعلومات القائمة على الشبكات تبادل المعلومات وإجراء المعاملات بين المنظمات المختلفة، ويحدث ذلك عن طريق نظم

المعلومات العابرة للمنظمة interorganizational، والتي تقوم بتدفق المعلومات عبر حدود المنظمات.

ج- **المعالجة:** حيث أدى استخدام تكنولوجيا المعلومات إلى زيادة قدرة وسرعة معالجة المعلومات والبيانات، وهذا أدى بدوره إلى تقليل دوره في القيام بالعديد من العمليات وبالتالي إلى تخفيض تكلفتها وزيادة كفاءتها.

د- **التخزين:** حيث أدى تطور المعلومات إلى تطور الحاسبات الآلية بدءا من الجيل الأول مروراً بالأجيال المتعاقبة حتى الجيل الخامس الذي أطلق عليه الحاسبات الذكية وآليات الذكاء الصناعي، فقد ساعدت تكنولوجيا المعلومات على أن تصبح المعلومات الإلكترونية والرقمية Digital أكثر مرونة وأيسر على نقلها من طرف لأخر وأسهل في تخزينها وتلخيصها وتنظيمها بالمقارنة بالمعلومات الورقية، وعندما أصبحت الحاسبات الآلية أكثر تقدما أصبحت أكثر قدرة على التعامل مع كم أكبر من المعلومات وكذلك على إنتاج العديد من المعلومات.

هـ- **انخفاض التكلفة:** حيث تمتاز تكنولوجيا المعلومات بانخفاض التكلفة فبدون ميزات التكلفة المنخفضة فإن ما سبقت الإشارة إليه من مزايا لا يعد مبرراً كافيا لاستخدام تكنولوجيا المعلومات التي تتفوق على إمكانيات الإنسان ووسائله التقليدية التي استخدمها في الوقت السابق.

و- **الرقمية Digitization:** وتعنى المعالجة والتخزين للوسائط التي يحتويها العرض في سلسلة من الأرقام بهذا النمط (10101001001)، ومن المستحدثات التكنولوجية التي تعتمد اعتماداً رئيسيا على مبدأ الرقمنة مستحدثات الصورة الرقمية، والمكتبات الإلكترونية والمتاحف الإلكترونية.

وكان للتطور الهائل والانتشار السريع للحاسوب والآثار الإيجابية له في مجالات الحياة المختلفة، دور في إدخاله إلى ميدان التربية والتعليم من أجل إعداد جيل المستقبل، بسبب المميزات الكثيرة للحاسوب في هذا الميدان، والتي تتمثل في الفوائد التالية:

1- يوفر الحاسوب فرصا للتفاعل مع المتعلم مثل الحوار التعليمي.

2- تقديم التغذية الراجعة الفورية.

3- قيام الحاسوب التعليمي بجمع الأعمال الروتينية، مما يوفر الوقت للمعلم لإعطاء اهتمامات أكبر للمتعلمين.

4- يمتاز الحاسوب بالدقة العالية (Accuracy)، حيث يقوم بإعطاء النتائج وبدقة عالية جداً تضم عشرات الخانات الكسرية، وتغطى نتائج خالية من أي نسبة للخطأ، إذ تعتمد صحة النتائج على العامل الإنساني والذي يقوم بإدخال البيانات إلى الحاسوب.

5- محاكاة الطبيعة وخاصة فيما يتعلق بالأمور التي فيها محددات زمنية أو مكانية.

6- أثبت الحاسوب جدارته في مجال التدريب، إذا ما قورن بالطريقة التقليدية.

7- يوفر الحاسوب الألوان والصور المتحركة مما يجعل عملية التعلم والتدريب أكثر متعة.

8- تخزين نسبة كبيرة من المعلومات في الذاكرة، وعرضها في تسلسل منطقي.

9- القدرة على توصيل المعلومات من المركز الرئيسي إلى مسافات طويلة (التعليم عن بعد).

10- يوفر الحاسوب للمعلم الوقت الكافي لإعطاء الاهتمام الشخصي للطلبة وتوجيه عملية التعلم ومعالجة المشكلات الفردية بسبب قيام الحاسوب بتقديم الدروس وأداء المهمات.

وقد أشار "كوبر وآخرون " إلى وجود أربعة وظائف للتكنولوجيا وهى:

1- جلب مسائل (مشكلات تعليمية) حقيقية معقدة وممتعة في الوقت نفسه إلى غرفة الصف تكون أساساً لإثارة تفكير الطلبة، وذلك من خلال عروض الفيديو الفعالة، وأشرطة الفيديو المحسوبة، والأقراص المدمجة (CDs) وشبكة الإنترنت، وهذا يوفر بيئة تفاعلية تكنولوجية تساعد الطلبة على حل تلك المسائل وتحقيق فهم عميق للمحتوى.

2- توفير مصادر تدعم التعلم وحل المشكلات العلمية والمسائل ومثال ذلك ألعاب المحاكاة المحوسبة وبرامج شبكة الإنترنت.

3- توفير فرص تقديم التغذية الراجعة الفورية، وذلك من خلال استخدام البرامج المحسوبة والتفاعلية التي تتطلب من المتعلم استجابة فورية وتقدم له تغذية راجعة عن أدائه.

4- دعم الاتصالات وبناء المجتمع.

وقد حدد "فوكس وكرول" أربعة وظائف لتكنولوجيا المعلومات وهى:

1- الإثارة والتحفيز: حيث تعمل التكنولوجيا بجميع أشكالها دوراً هاما وبارزاً في إثارة اهتمام الطلبة وحفزهم للتعامل مع الموضوع المعروض عليهم، وعدم تشتيت انتباههم.

2- تقديم المعلومات: تسهم التكنولوجيا بعرض معلومات المادة التعليمية بما يتناسب وطريقة التدريس وأسلوب عرض المعلومات التي يخطط لها أخصائي المكتبات.

3- الوظيفة التوجيهية: لا تقتصر تكنولوجيا المعلومات على إثارة المتعلمين،

وتقديم المعلومات بل يمكن أن تسهم في توجيه المتعلمين في شكلين أساسيين فكرى وجسدي

4- الوظيفة التنظيمية: تحقق هذه الوظيفة التنظيمية الجانب الاقتصادي في عملية التعلم من خلال الحصول على أفضل النتائج بأقل تكلفة مادية أو زمنية، حيث تعمل تكنولوجيا المعلومات على اختصار الزمن وتوفير الجهد على أخصائي المكتبات وكذلك التوفير في تكلفتها المادية.

ويتم توظيف المستحدثات التكنولوجية في العملية التعليمية من خلال ثلاث اتجاهات هي:

الاتجاه الأول: التوظيف المصغر:

لابد من تجربته على مستوى مصغر قبل أن نعممه.

الاتجاه الثاني: التوظيف المختار

يتم اختيار المستحدث التكنولوجي الذي يمكن أن يسهم في التغلب على مشكلات محددة من المشكلات التعليمية التي يواجهها المتعلم أو أخصائي المكتبات أو المنهج.

الاتجاه الثالث: التوظيف المنظومي

لابد أن يكون توظيف المستحدث التكنولوجي مبنياً على مدخل النظم وعلى الفكر المستخدم من نظرية النظم.

وتقوم تكنولوجيا المعلومات بوظائف عديدة في المجال التعليمي، وتتمثل هذه الوظائف في الآتي:

1- نقل المعرفة أو الرسالة التعليمية إلى التلاميذ (المتعلمين) عن طريق وسائط الاتصال التعليمية.

2- تصميم أو تخطيط المنظومات التعليمية وما تشتمل عليه هذه المنظومات من طرق ووسائل، وذلك بتحديد أهداف العملية التعليمية والطاقات البشرية والمادية اللازمة لتحقيقها.

3- تحديد الإجراءات اللازمة لتطبيق (أو تنفيذ) هذه المنظومات تطبيقاً فعلياً وذلك بالعمل على تزويدها بالطاقات البشرية والمادية اللازمة وإمدادها بمصادر المعرفة المختلفة.

4- تقويم هذه المنظومة لقياس مدى فعاليتها في تحقيق الأهداف والعمل على تطويرها ورفع كفاءتها كما وكيفاً.

ونلاحظ مما سبق أن تكنولوجيا المعلومات توفر مزايا وفوائد كثيرة في مجال تدريب العاملين في المكتبات، حيث أصبحت الوسائل التكنولوجية المستحدثة والمتقدمة تساعد على توفير وتخزين ونقل كم معرفي هائل في أقل وقت وبأقل تكلفة.

أسس ومبادئ تكنولوجيا المعلومات

توجد بعض المنطلقات التي يجب أن تؤخذ في الاعتبار عند توظيف المستحدثات التكنولوجية، وهذه المنطلقات كما يلي:

1- أن الإنفاق على المستحدثات التكنولوجية وتوظيفها في العملية التعليمية ليس استهلاكاً بأي مقياس من المقاييس لأن التعليم عملية استثمار.

2- عائد الإنفاق على توظيف المستحدثات التكنولوجية في التعليم أكبر من عوائد الإنفاق على بعض القطاعات الأخرى غير التعليم.

3- يتطلب توظيف المستحدثات التكنولوجية أن يكون التوظيف متأنيا وتدريجيا وأن يرتبط بمشكلات تعليمية محددة كما يتطلب ذلك أيضا أن يكون التجريب أحد مكونات إستراتيجية التجديد والتطوير في هذه المؤسسات.

4- لابد من إعطاء المزيد من الاهتمام بالمباني التعليمية من حيث تصميمها وأماكن التعلم والبيئات التعليمية بها وتجهيزها بمتطلبات استخدام منتجات التكنولوجيا من الأجهزة والأدوات.

5- يرتبط توظيف المستحدثات التكنولوجية بمعايير منها:

أ - كمية المستفيدين: فكلما زاد عدد المستفيدين من المستحدث قلت تكلفته وزادت فائدته وعائده.

ب- إن المستحدث التكنولوجي لابد وأن ينظر إليه باعتباره منظومة كاملة أو منظومة فرعية داخل منظومة أخرى كاملة.

6- وأخيراً يرتبط التوظيف بالإدارة القوية ورغبة المسئولين عن مؤسسات التعليم بالتغير والتطوير إلى ما هو أفضل، ومدى تقبلهم للتغير العميق لدور أخصائي المكتبات ومهامه في العملية التعليمية.

وهناك بعض المرتكزات المطلوبة عند اختيار تكنولوجيا معينة لخدمة أهداف التنمية **ومن هذه المرتكزات ما يلي:**

1- تفضيل التكنولوجيا التي تؤدى أو تقود إلى تعزيز نوعية المواد بدلاً من زيادة استهلاك المواد.

2- تفضيل التكنولوجيا المنتجة التي تحتاج إلى العمل الإبداعي المقنع بدلاً من

العمل الروتيني الممل، وبمعنى آخر تفضيل التكنولوجيا التي تعتمد على الإنسان في العمل بدلاً من جعله غريبا عنها.

3- تفضيل التكنولوجيا المنتجة التي تكون فيها الآلات عاملاً مساعداً وليس عاملاً مسيطراً على حياة الإنسان.

4- تفضيل التكنولوجيا التي تعود إلى استقرار البشر، والتي صممت لملائمة الفرد والمجموعة على حد سواء، بدلاً من المتطلبات المتراكمة للوحدة المنتجة.

5- تفضيل التكنولوجيا التي تفرز وتقوى تسيير وتسهيل العمليات، بدلاً من تعقيدها.

6- تفضيل التكنولوجيا الملائمة التي تطور داخلياً من المفهوم المحلى لا المفهوم الغريب المستورد من الخارج.

7- تفضيل التكنولوجيا الإنتاجية والاستهلاكية التي تشغل مبدأ تقليل الفضلات وتطبيق إجراءات الاستخدام كعنصر أساسي لها، بدلا من أن تكون جزءاً ثانويا ملحقا.

ويعرف الأساس بأنه دور رئيسي، أو دليل، أو فكرة محفزة، حين تطبق تنتج نتائج مرغوبة.

أسس استخدام تكنولوجيا المعلومات:

الأساس الأول: يجب أن يكون غرض تكنولوجيا المعلومات هو حل المشاكل وفسح المجال أمام الإبداع وأن يجعل الناس مؤثرين أكثر مما لو لم يستخدموا تكنولوجيا المعلومات في أوجه نشاطهم.

الأساس الثاني: أنه يتوجب علينا دائما أن نكيف تكنولوجيا المعلومات إلى الناس بدلاً من أن يتكيفوا مع تكنولوجيا المعلومات.

الأساس الثالث: high -tech - high -touch، والذي يمكن ترجمته إلى (تكنولوجيا متقدمة - شعور متقدم) وهو يعنى: كلما اعتبرنا التكنولوجيا المتقدمة مثل تكنولوجيا المعلومات أكثر أهمية، كما ازدادت أهمية اعتبار جانب "الشعور المتقدم " والذي هو جانب الأفراد.

الأساس الرابع: يجب أن تزداد أهمية تذكر العامل الإنساني كلما ازداد اعتمادنا على تكنولوجيا المعلومات سواء في نشاطاتنا كأفراد أو منظمات.

الأساس الخامس: لابد من أن يشترك المستخدمين لتكنولوجيا المعلومات في تطوير التطبيقات الخاصة بنظم المعلومات لتحسين قيمة تكنولوجيا المعلومات.

الأساس السادس: لابد من وجود تكامل واتساق بين أهداف تكنولوجيا المعلومات والمهام والإستراتيجيات الخاصة بالعمل، حيث تتحدد التطبيقات المرتبطة بالحاسب الآلي والتي تحقق الأهداف عن طريق الإستراتيجية الخاصة بنظم المعلومات.

ونجد أن هناك بعض المبادئ الأساسية التي يقوم عليها استخدام وتوظيف تكنولوجيا المعلومات في العملية التعليمية ومن أهمها:

1- مبدأ الإتاحية Accessibility، وهى تعنى أن الفرص التعليمية متاحة للجميع بغض النظر عن كافة أشكال المعوقات المكانية والموضوعية.

2- مبدأ المرونة Flexibility، وهى تخطى جميع الحواجز التي تنشأ بفعل النظام أو بفعل القائمين عليه.

3- اختبار أنظمة التوصيل Choice of Delivery Systems، وذلك أنه نظراً لأن المتعلمين لا يتعلمون بنفس الطريقة فإن اختيارهم الفردي لأنظمة التوصيل العلمي (بالمراسلة - بالحاسوب - بالهوائيات - باللقاءات) يعد سمة أساسية لتوظيف التكنولوجيا في التعليم والتدريب.

4- الاعتمادية Accreditation، وتعنى مدى مناسبة البرامج ودرجاتها العلمية للأغراض المتوخاة منها مقارنة بغيرها ومن زاوية أخرى فهي تعنى الاعتراف بهذه البرامج وآلياتها وقابلية محتواها للاحتساب في مؤسسات مختلفة.

ومن المعروف أن تكنولوجيا المعلومات ليست هدفاً في حد ذاتها ولكنها وسيلة لجمع المعلومات والمعارف الضرورية في العملية التدريبية، ولذلك لابد من اتباع الأسس والمبادئ الخاصة بتكنولوجيا المعلومات في مجال تدريب العاملين في المكتبات من خلال وسائل وأدوات وأساليب تكنولوجيا المعلومات المتقدمة.

خصائص ومميزات تكنولوجيا المعلومات:

توجد مزايا عديدة من استخدام تكنولوجيا المعلومات المتقدمة في مراكز المعلومات والتوثيق والمكتبات حيث أنها:

1- تزيد من مقدار ومعدل إنجاز الأعمال وبذلك تقلل من وحدة العمل إلى حد كبير.

2- تريح العاملين من تكرار المهام.

3- تحسين دقة وتكامل الملفات.

4- تستبعد المداخل المتعددة للبيانات.

5- تسهم في إعادة صياغة البيانات في أشكال أخرى بسرعة لكي تستوعب الحاجات المتغيرة.

وتصنف "إيناس العفني" بعض الخصائص والمميزات التي تتصف بها بعض المستحدثات التكنولوجية وهى:

1- قابلية التوصيل Connectivity، وتعنى إمكانية توصيل الأجهزة الاتصالية بأجهزة أخرى متنوعة بغض النظر عن الشركة الصانعة لها.

2- اللاتزامنية Asynchronization، وتعنى إمكانية إرسال الرسائل واستقبالها في وقت مناسب للفرد المستخدم ولا تتطلب من كل المشاركين أن يستخدموا النظام في الوقت نفسه فمثلا في نظام البريد الإلكتروني ترسل الرسالة مباشرة من منتج الرسالة إلى مستقبلها في أي وقت دون الحاجة لتواجد المستقبل للرسالة.

3- قابلية التحويل Convertibility، وهى قدرة وسيلة الاتصال على نقل المعلومات من وسيط لآخر مثل نظم الترجمة والمتاحة في المكتبات الإلكترونية.

وتتنوع وسائل إدخال البيانات وإخراجها للحاسوب، ووسائل الكتابة والرسم على الشاشة، مثل القلم الضوئي والفأرة، ولوحة المفاتيح، ولوحة الرسومات وهذا يعطى لمصمم البرنامج التعليمي مجالاً واسعاً لاختيار ما يناسبه عند تصميم البرنامج، هذا بالإضافة إلى المواصفات والخصائص الظاهرية للمستحدثات التكنولوجية وهى:

1- **التفاعلية** Interactivity: يعنى إتاحة فرص التفاعل بين المستخدم والمادة.

2- **الفردية** Individuality: تعنى تمركز العملية التعليمية حول المتعلم وليس أخصائي المكتبات.

3- **التنوع** Variety: يتيح فرص التنوع في كافة عناصر العملية التعليمية التي يتعامل معها المتعلم.

4- **التكامل** Integration: يتكامل مع الأهداف التي تزيد تحقيقها، ومع بيئة استخدامه.

5- **الإتاحة** Accessibility: لابد أن يكون متاحا عندما يشعر المتعلم أنه في حاجة للتعامل معه.

6- **الكونية** Gullibility: يتيح الفرصة للمستخدم لكي يتعامل مع المعلومات على مستوى أكبر من مستوى المادة التعليمية محلياً.

7- **المشاركة** Engagement: وتعنى القدرة على التحويل الكمي للواقع ومتغيراته جزئيا أو كليا وفقا لإدارة المستخدم (المتعلم) الذاتية مما ينتج تعزيز وتفعيل عملية تعلمه.

8- **الاستقلالية** Autonomy: تعنى درجة الحرية المسموح بها للمتعلم للتجريب وإصدار الأحكام واختيار الأنشطة والتعبير عن آرائه ...وإصدار القرارات، ويوصى ذلك بأن المتعلمين يسلكون ويتبعون المسار أو الطريق نفسه بالرغم من أن كل منهم يفعل ما يتناسب واهتماماته الشخصية.

9- **الشمول** Comprehensive: تنوع المعلومات وترابطها دون تفعيل زائد أو نقص يفقدها معناها وماهيتها.

10- **الملاءمة**: لابد أن يتلاءم المستحدث التكنولوجي والتطورات المعلوماتية وعلوم المستقبل لتحقيق الاتجاهات التربوية ودعمها والتي من أهمها التعلم الفردي والتعلم مدى الحياة، والتعلم من بعد، والاتصال عن بعد.

11- **الوضوح** Clarity: خلوها من الغموض واللبس ومستوى الصعوبة، وأن تتسق فيما بينها دون تعارض أو تناقص وتباين.

12-   **الدقة** Accuracy: تقديم المعلومة في صورتها الصحيحة والخالية من الأخطاء قدر الإمكان.

13-   المرونة Flexibility: إمكانية استخدام المعلومات في مواقف تطبيقية مختلفة، من أجل تلبية الاحتياجات التعليمية والفردية.

14-   الصلاحية Relevance: مدى ملاءمة المعلومات لاحتياجات الفئة المستهدفة.

15-   التعقيد: تتطلب هذه المستحدثات مهارات إنتاجية على درجة تقنية عالية لدى الهيئات والأنظمة المساهمة في إنتاجها سواء من المتخصصين أو المؤلفين أو المبرمجين.

مميزات استخدام الانترنت في المجالات التربوية

1-   الوفرة الهائلة في مصادر المعلومات، ومن أمثلة هذه المصادر:

أ -   الكتب الإلكترونية Electronic Books

ب-   قواعد البيانات Data Bases

ج-   الموسوعات Encyclopedias

د -   الدوريات Periodicals

هـ -   المواقع التعليمية Educational Sites.

2-   الاتصال غير المباشر غير المتزامن: حيث يستطيع الأشخاص الاتصال فيما بينهم بشكل غير مباشر ودون اشتراط حضورهم في نفس الوقت باستخدام:

• البريد الإلكتروني e-mail حيث تكون الرسالة والرد كتابيا.

• البريد الصوتي voice-mail حيث تكون الرسالة والرد صوتيا.

3-   الاتصال المباشر المتزامن: وعن طريقه يتم التخاطب في اللحظة نفسها بواسطة:

- التخاطب الكتابي (Relay-chat) حيث يكتب الشخص ما يريد قوله بواسطة لوحة المفاتيح والشخص المقابل يرى ما يكتب في اللحظة نفسها، فيرد عليه بالطريقة نفسها مباشرة بعد انتهاء الأول من كتابة ما يريد.

- التخاطب الصوتي (Voice – Conferencing) حيث يتم التخاطب صوتيا في اللحظة نفسها هاتفيا عن طريق الإنترنت.

- المؤتمرات المرئية (Video-Conferencing) حيث يتم التخاطب على الهواء بالصوت والصورة.

ومما سبق نلاحظ أنه مع تطور وسائل تكنولوجيا المعلومات عامة والحاسبات الآلية خاصة، وكذلك وسائل الاتصالات أصبحت هذه الوسائل المتطورة أكثر قدرة على توفير وتخزين ونقل كم هائل من المعلومات وبأقل قدر من الأخطاء وبأقل تكلفة ممكنة حيث أصبحت تستخدم في عمليات معالجة المعلومات، ونجد أيضا أن تكنولوجيا المعلومات لديها القدرة على تلبية الاحتياجات الاجتماعية والوظيفية والمهنية للأفراد بما تتمتع به من مرونة وتجديد وتوفير البدائل التعليمية والتدريبية من جهة، وارتباطها بحاجات سوق العمل للعمالة المؤهلة والمدربة من جهة أخرى، وأيضا انخفاض الكلفة التعليمية وتجاوزها عن الكثير من العوائق هذا بالإضافة إلى استخدام الوسائط التكنولوجية الحديثة المتعددة في توصيل العلم والمعرفة وتشمل الوسائط المكتوبة والبصرية والسمعية ولذلك تعددت خصائص ومميزات تكنولوجيا المعلومات كما سبق توضيحه.

تدريب العاملين في المكتبات باستخدام تكنولوجيا المعلومات:

في ظل التقدم المذهل والمتلاحق في مجالات علوم الحاسب الآلي ونظم المعلومات بصفة خاصة وفي مجال تكنولوجيا المعلومات بصفة عامة "بزغت الحاجة الملحة إلى تأهيل وتنمية الموارد البشرية المتخصصة والمؤهلة للعمل في هذه المجالات العلمية والتكنولوجية الحديثة لمواجهة تحديات المستقبل المتنامية، وبالفعل أنشئت في السنوات الحديثة منظمات ومؤسسات رسمية وغير رسمية، عامة وخاصة للاستجابة لمتطلبات التعليم والتدريب المتنوعة والمتعددة للقوى العاملة المرتبطة بقطاع تكنولوجيا المعلومات المتنامي الأهمية في المجتمع والذي يعمل كآلية رجع في أي نظام نشط يتسم بالديناميكية".

ومن هذا المنطلق صار توظيف تكنولوجيا المعلومات في تدريب العاملين في المكتبات ضرورة ملحة تشغل اهتمامات الدوائر الأكاديمية والهيئات والمؤسسات المتخصصة، وذلك لمواجهة التغيرات والتطورات المتلاحقة والمتجددة لتحقيق عملية التوازن المطلوب والانطلاق إلى رحاب المستقبل.

أولا: فلسفة توظيف تكنولوجيا المعلومات في تدريب العاملين في المكتبات:

تلوح في الأفق ملامح ثورة تكنولوجية تطلقها الحاسبات الإلكترونية، التي تتناهى في الصغر يوماً بعد يوم هذه الثورة، قد لا يتبينها سوى القليل، وفي أساس هذه الثورة حقيقة بسيطة هي أن صانعي الحاسبات الإلكترونية انتقلوا ببعضها من حجم المصباح الكهربائي إلى حجم رأس الدبوس.

ويلعب الحاسب الإلكتروني دوراً مهماً في تصميم وبناء نظم المعلومات الحديثة، فهو يحقق لنظام المعلومات مزايا السرعة، والدقة، والثقة، والصلاحية، ويترتب عليها جميعاً الكفاءة العالية في الأداء، كما يقوم الحاسب بإجراء العمليات

الحسابية المعقدة والتي يصعب تنفيذها يدوياً، بالإضافة إلى القدرة الفائقة على تخزين كم هائل من المعلومات بطريقة منظمة بحيث يسهل استرجاعها في أوقات ضئيلة للغاية.

ولما كانت التنمية التكنولوجية عملية تراكمية بطيئة، وباهظة التكاليف، وتحتاج إلى التفاعل مع العديد من المؤسسات والقطاعات المدعمة بوسائل وأدوات سياسية خاصة لتيسير حوزة واستيعاب التكنولوجيا فيكون إذن لكل من الدولة والمجتمع العلمي والتكنولوجي دور أساسي يتعين على كل منهما أن يقوم به في خلق المناخ الذي يحقق الهدف المطلوب، والعمل على بناء الأطر المؤسسية والتشريعية وتوفير الحوافز اللازمة وغير ذلك، وهنا يجب التأكيد على أن القدرة التكنولوجية ليست بالضرورة هي القدرة على إجراء البحوث والتطوير، لأن قلب هذه القدرة في تحديد الأهداف واختيار التكنولوجيا والقابلية للقيام بالتخطيط.

وأسهمت وسائل تكنولوجيا المعلومات في تحديث أساليب التعليم التقليدي الذي يقوم على المحاور الآتية:

- المرسل وهو (أخصائي المكتبات).
- المستقبل وهو (الطالب).
- المنهج المدرسي الذي لا يلبى احتياجات الطالب المعرفية والوجدانية.

ولم يعد دور أخصائي المكتبات هو إلقاء المعلومات التي يتضمنها المنهج المدرسي على الطالب الذي يستقبل المعلومات فقط، وإنما أصبح دور أخصائي المكتبات هو الإرشاد والتوجيه وتفسير بعض المعلومات والحقائق والبيانات التي يصعب على الطالب فهمها أو استيعابها ولقد تحقق ذلك من خلال ظهور النظام التعليمي الجديد، وهو التعليم عن بعد، واستدعى وجود هذا النظام إنشاء

مدارس وجامعات لتطبيق هذا النوع من التعليم بهدف حل المشكلات التربوية المعاصرة وسواء على المستوى الرسمي أو الغير رسمي، ومساعدة العاملين في المكتبات على تغير سلوكهم، وزيادة تحصيلهم للمعارف والمهارات بما يؤدى إلى تكامل وتطوير نموهم المعرفي. ويمكن التعرف على مكانة التربية المهنية في فلسفة التربية في أي نظام تعليمي ما من خلال المفهوم المعتمد للتربية في هذا النظام وذلك في ضوء الفلسفة التربوية التي ينطلق منها. والأنظمة التربوية التي تنطلق من افتراض أن التربية هي إعداد الفرد للحياة ويبنى هذا الافتراض على أساس أن رمز السعادة البشرية هو الشعور بالقيمة الذاتية من خلال القيام بعمل منتج، وأن النجاح في الحياة العملية يتطلب بالإضافة إلى مهارات العمل الاتجاهات والقيم التي تحفز الفرد على أن يكون عمله نافعاً لنفسه ولمجتمعه.

وينطلق توظيف تكنولوجيا المعلومات بأساليبها ووسائلها المتعددة في تدريب معلم المرحلة الثانوية العامة من عدد من المسلمات الفلسفية مفادها أن الوقت الحالي سواء في القرن الماضي أو في القرن الحادي والعشرين هو عصر تفجر المعرفة، إذ أن المعارف أصبحت تتضاعف كل ثلاث سنوات تقريباً، وبوجود هذا الحجم الضخم من المعرفة فإن أساليب التدريب التقليدية كالمحاضرة والشرح والتوضيح وغيرها من الممارسات التي سادت لعقود طويلة هي أساليب قد آن الأوان للبحث عن أساليب وطرائق جديدة مختلفة عنها تمكن أخصائي المكتبات من مسايرة الانفجار المعرفي، وتنص هذه الفلسفة على أنه انتهى عهد الاعتماد على الدور المحوري للمعلم في العملية التعليمية لأن هذا الاعتماد المطلق فيه تقليل من شأن المتعلم وأهمية دوره في العملية التعليمية.

وقد أثرت كثير من المفاهيم والمعطيات الدولية على مسيرة وفلسفة توظيف وسائل تكنولوجيا المعلومات في تدريب أخصائي المكتبات، فقضايا الانفتاح الثقافي

والانفجارات السياسية والعولمة والاقتصاد والسوق المفتوحة والقرية العالمية والهوائيات والبث المباشر وثقافة السلام ونحوها أحدثت نزعة قوية نحو فلسفة لتوظيف تكنولوجيا المعلومات في تدريب أخصائي المكتبات تكون أكثر انفتاحاً وديمقراطية، وترسخ مفهوم الاستثمار في التعلم وربطه بحقوق الإنسان وباحتياجات العمل، ولعبت بعض الأفكار والرؤى التربوية دوراً في بلورة هذه الفلسفة ومن هذه المفاهيم، مفهوم تفريد التعليم، والتعليم المبرمج، والتعليم الذاتي، والتعليم التعاقدى، وتؤكد هذه الفلسفة على عدد من المبادئ أهمها مبدأ الإتاحية (Accessibility) والمرونة، وتحكم المتعلم (أخصائي المكتبات) واختيار أنظمة التوصيل، والاعتماد (Accreditation) للتأكد من ضمان الجودة في التعليم والتدريب.

ويتفق المتخصصون في مجال بناء النصوص الفائقة على وجود فلسفة ومبادئ عامة لنظم النص الفائق، فنجد شنيدرمان Shnederman يطلق على تلك المبادئ اسم القواعد الذهبية للنصوص الفائقة، وهى:

1- هناك جسم ضخم من المعلومات المنظمة في عديد من الأجزاء.

2- تترابط الأجزاء مع بعضها البعض.

3- يحتاج المستفيد إلى معلومة صغيرة في أي وقت.

ويعبر عنها مارميون Marmion بأنها المبادئ العامة لنظم النص الفائق وهى:

1- تقديم استرجاع غير تتابعي لجسم ضخم من المعلومات.

2- استخدام إحالات (يطلق عليها وصلات/ روابط Links) للربط بين أجزاء المعلومات.

3- البناء باستخدام الحاسب.

4- سرعة تقديم المفردات أو أجزاء المعلومات المتصلة ببعضها البعض للمستخدم.

إن الرسالة التعليمية هي وسيلة يقصد منها دعم عملية التعلم وتعزيزها ولعرضها يستخدم المصممون بشكلين رئيسيين هما الكلمات والصور، وتتضمن الكلمات الحديث والنص المطبوع، وتتضمن الصور الأشكال الثابتة (مثل الرسوم والصور الفوتوغرافية) والرسوم الحركية (مثل الصور المتحركة وأفلام الفيديو)، وعندما أدى استحداث تقنية الحاسوب إلى تفجر الإمكانيات البصرية لعرض المادة أصبح من المفيد في ضوء السلطة المتزايدة لرسوم الحاسب أن نتساءل فيما إذا كان قد حان الوقت لتطوير الرسائل التعليمية والخروج بها من الإطار اللفظي للبحث.

وللوسائل التكنولوجية خاصية تقديم الخبرات المتكاملة تارة بالصور الفوتوغرافية والمصورات والخرائط والرسوم البيانية وتارة أخرى بالنماذج والعينات التعليمية والمعروضات، ومن المعروف أن الإنسان يدرك الوسط المحيط به أو مكونات البيئة إما عن طريق أدوات ووسائل الإدراك أو الوسائل الحسية، وفي الحقيقة فإن الإدراك عن طريق الحواس أو الشعور لا يمكن فصل استخدامات كل منهما في تقييمه وتقديره للموقف أو فعالية أحدهما دون الأخر.

وبناءً على ذلك فإن مناخ التدريب التقليدي الذي يسوده التعليم اللفظي يمكن أن يصبح أكثر فعالية وبقاء عندما يستخدم أخصائي المكتبات العديد من الأدوات التي يلزم لإدراكها استخدام أكثر من حاسة، ومن هنا أشار "ادجارديل" Dale إلى الوسائل السمعية والبصرية على أنها مواد يمكن بواسطتها زيادة فعالية التدريب وتزويد العاملين في المكتبات بخبرات تعليمية باقية الأثر، وهذا يؤكد أنها أدوات للتعلم أو وسائل لتحقيق الأهداف وليست غايات أو خبرات في حد ذاتها وهذا يعد الجانب الظاهري الواضح في فلسفة استخدام الوسائل التكنولوجية.

والتعليم الغير مباشر عبارة عن منهج أو أسلوب تعليم وتعلم حيث تقوم فلسفته على عدة محاور هي:

- التعلم عن طريق البحث عن المعرفة Inquiry Learning.
- التعلم عن طريق الاكتشاف Discovery Learning.
- التعلم عن طريق حل المشكلات Problem Solving.

أما عن فلسفة "التدريب عن بعد" وتطبيقها في بعض المؤسسات التربوية، نستطيع أن نقرر أن الجامعة العربية بمساندة من اليونسكو هي أول من نادت بتطبيقها في بعض الدول العربية، وخاصة أن العالم يعيش حالياً مرحلة التطور والتغير السريع، وهذا يستلزم مواكبة هذا التغير.

والمعلمون يختلفون فيما بينهم اختلافاً كبيراً، من حيث قدراتهم على استخدام تقنيات التعليم فمنهم من يستخدم هذه الوسائل والتقنيات بقناعة تامة بأهميتها، ومن ثم فهو يرى ضرورة الحصول عليها وتهيئتها وتجهيزها للاستخدام رغم ما قد يلاقيه من صعاب ذلك أنه يميل أصلاً إلى هذه التقنيات والوسائل، فهو مقتنع بأنها تضيف إلى حصته واقعية ونشاطاً حسياً، وتجعل طلابها منجذبين نحو مادته وطريقة تدريسه.

وتعتبر برامج التدريب القصيرة الأجل من فرص التعلم المتاحة للمعلمين، لكي يتعرفوا على تطبيقات الحاسبات ويشغلوها للمهنيين على كافة مستوياتها وتوجهاتهم للإلمام بكل حديث في الحاسبات ونظم المعلومات، والكثير من برامج التدريب تتجه للتركيز على موضوعات أو تخصصات مثل الاستخدامات المتعددة والحاسبات الكبيرة، لغات البرمجة، النظريات المنطقية والهندسية لعمل الحاسبات، والذكاء الاصطناعي، وتتضمن أيضاً خيارات تدريبية متنوعة تهدف إلى ترضية

وتلبية حاجات واهتمامات خاصة معينة، وقد يركز التدريب على بيئة مهنية معينة مثل تطبيقات الحاسبات في قطاع التعليم، أو في المكتبات ومراكز توثيق، أو في تخطيط ومراجعة المشروعات أو التصميمات الهندسية.

أما عن الصلة بين التعليم المفتوح والتعليم عن بعد، فيوضح "ديرك رونتري" ذلك بقوله: إنه إذا كانت فلسفة التعليم المفتوح تتعلق بتحسين فرص الالتحاق والتركيز على المتعلم، فعندئذ تتضمن الطريقة بعض عناصر التعليم عن بعد (مواد التعلم الذاتي) وعلى الرغم من أن التعليم المفتوح عادة ما يتضمن تعليماً من بعد فليست كل نظم التعليم من بعد مفتوحة (إذاً من الممكن استخدام الطريقة بدون فلسفة)، ومن الناحية النظرية فإن التدريب من بعد لا يحتاج إلى أن يكون مفتوحاً بالمرة، أما في الواقع العملي فإن برامج التعليم والتدريب من بعد تتضمن درجة من الانفتاح تتعلق بحرية الاختيار للمكان والوقت وسرعة التعليم، ولكنها قد تكون مفتوحة بحدود مختلفة تعتمد على بعد العاملين في المكتبات والمتعلمين والزملاء والتجهيزات وغير ذلك من أمور قد تساعدهم على التعلم.

إن التقدم العلمي والتكنولوجي لا يتوقف عند حد استخدام وسائل وأدوات تكنولوجية للمعلومات فحسب وإنما تعدى ذلك فأصبح يرتبط بجميع عناصر العملية التعليمية من معلم ومتعلم وأهداف ومحتوى تعليمي وأساليب تقويم وإجراءات تنفيذية للعملية التعليمية، ومن هذا المنطلق كان الدور البارز للتكنولوجيا في العملية التربوية، فهي بمثابة حلقة الوصل التي تخاطب المتعلم عبر الحواس الخمس التي نحن مسئولون عنها أمام المولى عز وجل، ثم أمام أنفسنا ﴿وَلَا تَقْفُ مَا لَيْسَ لَكَ بِهِ عِلْمٌ إِنَّ السَّمْعَ وَالْبَصَرَ وَالْفُؤَادَ كُلُّ أُولَئِكَ كَانَ عَنْهُ مَسْئُولًا (36)﴾ (الإسراء: 36).

إن المتأمل لهذه الآية الكريمة يجد أن الله سبحانه وتعالى وهب الإنسان الحواس

لكي يدرك ويعرف الأشياء من خلالها، وواجب رجال التربية مخاطبة هذه الحواس وتنشيطها وتنميتها وجعلها تستخدم في العلم وعمل الأشياء وابتكار واختراع كل جديد، وخدمة البشرية، وإرساء الرخاء في المجتمع.

وتنبثق فلسفة التدريب عن بعد من أن الأفراد بطبيعتهم مختلفون في قدراتهم وميولهم واستعداداتهم واتجاهاتهم، ومن ثم فلا يمكن أن يكونوا متساويين في عملية التعليم، بمعنى أن جميع الأفراد يجب ألا يتعلموا نفس الشيء بنفس السرعة وبنفس الطريقة، ولكن يكون من الأجدى أن يتعلم الفرد في الوقت الذي يناسبه وبالوسيلة التي يشعر بأنها يمكن أن تثرى تعلمه، وأن يعتمد على تقويم نفسه بنفسه، وأن يدرك آثار تعلمه وهو ما يطلق عليه "التعلم الذاتي"، وبالتالي يعد التدريب عن بعد أحد التجديدات التربوية الذي يقدم نمطاً تدريبياً جديداً في طبيعة نظامه ومصادره وأساليبه وطرائق تقييمه وأسلوب إدارته، وأنواع برامجه، كما يعتبر وسيلة لخفض تكلفة التدريب، ومن ثم فإن تكلفة التدريب المباشرة هنا لا تصل عموماً إلى المستوى الذي تبلغه في نظم التعليم التقليدي.

إن تضخم المعرفة والتسارع المذهل في تآكلها يحتم توفير برامج مستمرة ومتنوعة تلبى احتياجات الشرائح الاجتماعية والمهنية المختلفة كي تتمكن بصورة مرنة من الحصول على أي نوع من التدريب ترغبه وفى أي زمن تشاء بعيداً عن القيود والضوابط الكلاسيكية، ولعل القصور الواضح في فرص التدريب أثناء الخدمة بالنسبة للتربويين والعاملين في المكتبات والإداريين وغيرهم من الشرائح المهنية الأخرى دليل مهم للغاية عند طرح مسألة التربية المستمرة، فالطريقة الكلاسيكية لتدريب العاملين في المكتبات أو الإداريين والتي تستلزم حضورهم في مكان بعيد وما يستلزم ذلك من جهد ومال ووقت، جعل كل التربويين رغم

كل ما يحدث من تغيرات في مختلف تخصصاتهم لا يحصلون على تدريب يذكر، ومعظمهم يمارسون المهنة وفق معلومات وطرق تعلمها منذ عصور سلفت إبان الدراسة الجامعية، وهذا يعكس الواقع الصعب الذي يعيشه أخصائي المكتبات.

وتتطلب التكنولوجيا تطبيق المعارف لصنع وإنتاج أشياء هادفة ومفيدة، وهى تعبر عن قدراتنا لاستخدام مواردنا لفائدة البشرية، كما أن التكنولوجيا معنية بحل القضايا وسد الحاجات، وفى التكنولوجيا تكون المهمة التي هي صنع الأداة، وهى الغاية، والموارد، وهى الوسيلة، وتشكل المعارف والمهارات العلمية بعض الموارد، ولكن هناك حاجات لمهارات أخرى لتصميم الحلول والبراعة فيها أو تقييمها، وهكذا فإن التكنولوجيا يمكن اعتبارها مزيجاً من الإبداع والبراعة والهندسة الخلاقة التي توجد حيثما تكون، وهناك حاجة بشرية لابد من إرضائها أو مشكلة علمية ينبغي حلها.

وتقوم فلسفة توظيف تكنولوجيا المعلومات في التعليم عامة، وفى تدريب أخصائي المكتبات خاصة على الأسس التالية:

1- اجتماعية المعرفة: أي أن تكون المعرفة متاحة للجميع وواصلة لشرائح المجتمع المختلفة.

2- ديمقراطية التعليم: أي إتاحة الفرص التعليمية لأكبر عدد من الناس الذين يحتاجون إليها.

3- إتاحة المعرفة لسكان العشوائيات والضواحي الفقيرة والقرى والنجوع الذين يصعب وصولهم إلى مراكز التعليم.

4- تأهيل العاملين في المكتبات تربوياً أثناء الخدمة في أماكنهم لتطوير جودة التعليم في البلاد.

5- تحسين نوعية المؤهلات والمهارات الوظيفية للقوى العاملة.

6- توسيع فرص التعليم الجامعي لخريجي المدارس الثانوية والاستجابة للضغوط الاجتماعية على هذا النوع من التعليم.

7- توفير أكبر قدر للدارسين والمتدربين لاختيار زمان التعلم، ومكان التعلم، والمحتوى التعليمي، وأسلوب التعلم وأخصائي المكتبات.

8- استغلال وسائل الثورة التكنولوجية في الوصول إلى أكبر عدد من المتعلمين.

9- تفريد التعليم والتدريب حيث التعلم الذاتي والتعلم المستمر والتعلم مدى الحياة.

10- تيسير وصول المعرفة للمتدربين في أماكن إقامتهم والتغلب على البعد.

ويقوم أي نظام تعليمي على مجموعة من الموجهات التي تكون إطاره الفلسفي، هذا الإطار هو المسئول عن تحديد إجراءات هذا النظام وسلوكيات التعامل فيه، ويستمد التعليم المفتوح والتعليم عن بعد فلسفته من الإطار الثقافي للمجتمع المقام فيه والتي يمكن إيجازها فيما يلي:

1- الفلسفة الاجتماعية: والتي تحرص على تنمية الشخصية الإنسانية للمجتمع، والتي تصلح لكل زمان، وذلك بزيادة قدرة المواطنين التعليمية والعملية، وإتاحة الفرص لأصحاب التخصصات المختلفة لاستيعاب تخصصات جديدة، وتنمية وتحديث معلومات ومهارات العاملين في مختلف المجالات.

2- الفلسفة الاقتصادية: والتي تحرص على استخدام الوسائل التكنولوجية الحديثة والاستفادة من التقدم العلمي في وسائل الاتصال في تحقيق خطط التنمية للمجتمع، ولتحقيق زيادة في الإنتاج ورفع مستوى المعيشة.

3- الفلسفة السياسية: وهى التي تحرص على تحقيق مبدأ التكافؤ في الفرص التعليمية بما يحقق ديموقراطية التعليم لمن لديه القدرة على مواصلة التعليم العالي، ولمن لم تتح له ظروف حياته الاجتماعية أو الصحية من مواصلة تعليمه، وكذلك حرية الطالب في اختيار مقررات الدراسة والتخصص الذي يميل عليه ويرتبط بحاجاته وعمله.

والتوجهات الفكرية الحاكمة للتعليم الافتراضي تنطلق من فلسفة التعلم الذاتي Self Learning التي تقوم على أساس تعليم الدارس كيف يعلم نفسه بنفسه من خلال الحاسب الشخصي وشبكة الإنترنت وغيرها، فالتعليم الافتراضي قد تتجسد فيه فكرة التعليم المستمر مدى الحياة Longlife Instruction، الذي يمثل ضرورة ملحة لا يمكن الاستغناء عنها في ظل ما يفرضه العصر من متطلبات ومتغيرات جديدة، حيث يتيح لأي فرد أن يلتحق به في الوقت الذي يراه مناسبا لظروفه، لتطوير معارفه باستمرار، وإعادة ضبط تقنياته ووسائله من أجل مردود تربوي أفضل، ونتائج معرفية أحسن تؤدى إلى تكوين فرد قابل لتحمل المسئولية والمساهمة في بناء نفسه وسط متغيرات متسارعة تحتم زيادة التأهيل وإعادة التعلم والتطور المستمر بإيجاد بيئات تعليمية متجددة، تتحكم فيها نظريات تتناغم ومبدأ التعلم من المهد إلى اللحد الذي لا يعنى مزيداً من المؤسسات والمناهج والشهادات بقدر ما يعنى شخصاً يستطيع أن يتعلم في الوقت الذي يحتاجه وفقا لمبدأ التعلم حسب الطلب Learning Ondemand.

ومعنى هذا أن التعليم الافتراضي يعكس فلسفة تربوية يسعى من خلالها المتعلم إلى استمرار تطوره التعليمي متى دعته الحاجة إلى ذلك، تواكبا مع مستجدات العصر، وتلبية لاحتياجات المجتمع وحل مشكلاته الناجمة عن هذه المستجدات، والتي قد تتطلب أن يعود المتعلمون إلى مؤسسات التعليم العالي

لاكتساب معارف جديدة، وتعلم مهارات يحتاجون إليها خلال حياتهم المهنية، كي يبقوا على تفاعل مع المبتكرات وفق رؤية جديدة لسياسات التعليم والتدريب باعتبارها عنصراً للتنمية القائمة على أساس المعرفة، تلك التي نظر إليها مشروع الاتحاد الأوروبي للتعلم مدى الحياة EULL، وبرنامج سقراط ولیناردو Socrates & Leonardo Project لزيادة الوعي لدى دول الاتحاد بأهمية التعلم مدى الحياة على أنها شجرة قد أورقت معارف المعرفة، التي تعين التربية على القيام بها مثل فلسفة المعرفة، نظرية المعرفة، وهندسة المعرفة وعلم اجتماع المعرفة، وعلم نفس المعرفة، وفنون المعرفة، وتتطلب فلسفة الاستمرارية في التعليم من المتعلم ألا يقف تعليمه عند مرحلة عمرية واحدة في التعليم، بل لابد له من تدريب مستمر وتدريب تحويلي وتدريب على التعليم طوال عمر الإنسان من خلال برامج تعليمية عصرية تتيح فلسفة التعليم المفتوح.

وتنطلق فلسفة التدريب باستخدام التعليم المفتوح والتعليم عن بعد من واقع المؤسسات التعليمية التقليدية في العالم، ومنها مؤسساتنا العربية، ويمكن القول أن هذه فلسفة تستند إلى المسلمات الآتية:

1- يمكن للإنسان أن يتعلم مدى الحياة، فما دام الإنسان حياً يبقى دائماً بحاجة إلى استكمال عملية التعليم، الأمر الذي يتطلب وجود أشكال عديدة من وسائل التعليم والتدريب بما يتناسب ومرحلته العمرية أو مهنته وموقع عمله أو مسكنه، ويكفى أن نشير إلى أن أول سورة من القرآن الكريم نزلت على رسولنا الكريم محمد صلى الله عليه وسلم أمرته بالقراءة: ﴿اقْرَأْ بِاسْمِ رَبِّكَ الَّذِي خَلَقَ (1)﴾   (العلق: 1) وهى إشارة للبحث عن طلب العلم الذي لا يتحدد بفترة زمنية أو مكانية، بل ويعتبر العلم فريضة بقوله عليه الصلاة والسلام " طلب العلم فريضة على كل مسلم ومسلمة".

2- إن برنامج التعليم المفتوح والتعليم عن بعد يأتي من حاجة الإنسان إلى التعلم التي أكدته الشرائع السماوية وحقوق الإنسان في العالم، وبالتالي فإنها تستهدف تحقيق هذه الحاجة في تحقيق الذات في مجال استيعاب منجزات العلم والمعرفة.

3- إن برامج التعليم في المؤسسات التقليدية في الوطن العربي يجب أن تتكيف وفق متطلبات المتعلم مما يستلزم إعادة النظر في هياكل الأنظمة الحالية، وإعادة تنظيمها بما ينسجم وأهداف التنمية الشاملة، وما تفرزه ثورة المعلومات في مجال الاتصالات من خلال أنماط تعليمية تقدم لجميع الطلبة بغض النظر عن أعمارهم ومهنهم، وعدم اقتصارها على قالب واحد يتمثل بالصف وأخصائي المكتبات والكتاب.

وما يمكن بيانه في هذا الإطار هو أن التعليم المفتوح والتعليم عن بعد ينطويان على فلسفة تؤكد على:

أ- حق الفرد في الوصول إلى المعرفة حتى ولو كانت بعيدة.

ب- حق الأفراد في الفرص التعليمية حتى وإن تجاوزها الزمن.

ج- التحول من التعليم إلى التعلم أو من نشاط أخصائي المكتبات إلى نشاط المتعلم.

د- تدفق المعلومات إلى المتعلم بالمشاهدة وعن بعد وبالتعامل مع البرنامج المنقول بوسائط متعددة.

هـ- يتكيف المتعلم مع البرنامج التعليمي وفقاً لحاجاته واهتماماته وقدراته وسرعته الذاتية وتعلمه الذاتي.

هذا بالإضافة إلى:

• بناء شخصية إيجابية فعالة، قادرة على العطاء وحل المشكلات والتنمية الذاتية وبالتالي التنمية المجتمعية.

• الإسهام في دعم التوجه نحو التربية المستمرة مدى الحياة بشكل يتمشى مع التقدم المعرفي وثورة المعلومات والثورة التكنولوجية.

• تقديم برامج للتنمية المهنية، وما يندرج تحتها من برامج تدريب في مجالات متنوعة يحتاجها المجتمع.

وهذا ويمكن النظر إلى الفلسفة بوصفها تحليلاً للفكر في السياق الحاضر من زاويتين رئيسيتين أولهما: أنها تعنى بجانب " تحليل اللغة " الذي يعنى بفحص واختبار المقولات أو العبارات أو القضايا المعرفية للتوصل إلى ما تشتمل عليه من معاني ومدلولات، وهذا التحليل اللغوي يعد بمثابة مدخل للتوصل إلى فهم طرق التفكير والعلاقات والحقائق القائمة في المجتمع، وثانيهما يتعلق "بتحليل المفاهيم" الذي ينصب على الألفاظ والكلمات المعبرة عن الأفكار والقضايا الكلية كمفهوم العقل ومفهوم الذكاء، ومفهوم المعرفة، ومفهوم الطبيعة الإنسانية، ومفهوم الثواب والعقاب، وغير ذلك من مفاهيم تشكل مادة التفكير التربوي ومن ثم تشكل العلاقات وأنماط التفاعل التي تقوم بين أطراف العمل التربوي.

وبقراءة ما جاء في هذه الفلسفة وتأمل اتجاهاتها المختلفة يتضح أنه مهما كان توجهها الحاكم لها (ذاتيا – مستمرا – مفتوحا – عن بعد) فإنها تأتي انعكاساً للتغيرات الواسعة في المفاهيم التعليمية التي أحدثتها ثورات ثلاث (الثورة المعرفية، الثورة التكنولوجية، العولمة) أدت بدورها إلى ظهور فلسفات تعليمية جديدة تهدف إلى التحرر من القيود والشكليات القديمة والاستفادة مما أحدثته

هذه الثورات وترتكز على فلسفة تعليمية غير محدودة الزمان والمكان، والمحرك الرئيسي وراءها هو شبكة الإنترنت، ويتم من خلاله التأكيد على أبعاد الفلسفة الحاكمة له.

فمع تضخم المعرفة وتنوع الخبرات وسرعة امتلاكها، لم يعد هدف التربية هو نقل المادة التعليمية، بل إكساب المتعلم القدرة على التعلم ذاتياً مدى الحياة، وبعبارة أخرى أن هدف التربية الأساسي هو زيادة قدرة الفرد على التكيف مع ما يستجد من المتغيرات العلمية والتكنولوجية، وبالتالي مع المتغيرات الاجتماعية الناجمة عنها، حيث أن هذه التحديات التي تواجه الإنسان كل يوم تحتاج إلى إنسان مبدع ومبتكر، بصيرته نافذة، قادر على تكييف بيئته الطبيعية والاجتماعية وفق القيم والأهداف المرغوبة وليس التكيف معها فقط، ولا يتحقق ذلك بدون تربية تواكب متطلبات العصر وتواجه تحدياته، تربية تكون نقطة الانطلاق الأساسية لتحسين نوعية الحياة، ومساعدة الأفراد والجماعات على تحقيق الأهداف التنموية المطلوبة، تربيته بشقيها النظامي وغير النظامي، تتوافر لجميع الأفراد بصرف النظر عن كلفتها وعائدها الاقتصادي، تربية لكل من يحتاجها ويريدها، وفى أي وقت يحتاج إليها فيه، وفى أي مكان يعيش فيه، وبالطرق التي تتلاءم مع كل ما يحتاج إليه لتحقيق النجاح والسيطرة على المعرفة التي تؤهله للاستفادة مما تعلمه والاستمرار في هذا حتى نهاية حياته.

وبذلك نجد أن التوجهات الفكرية الحاكمة لتدريب العاملين في المكتبات باستخدام تكنولوجيا المعلومات تنطلق من الفلسفة التي أساسها تعليم الدارس كيف يعلم نفسه بنفسه مدى الحياة من خلال وسائل وأساليب تكنولوجيا المعلومات وبذلك يجب أن تصمم برامج تدريب العاملين في المكتبات وفق متطلباتهم وحاجتهم بما يحقق أهداف التنمية الشاملة وثورة المعلومات.

المفاهيم المرتبطة بتكنولوجيا المعلومات في المكتبات

استمرت تكنولوجيا المعلومات في تقديم الفرص الثمينة للمكتبات؛ لخدمة روادها حسب احتياجاتهم ومتطلباتهم. وإلى وقت ليس ببعيد كانت المكتبة المكان الذي يقصده الناس للقراءة واستعارة الكتب والتعليم. إلا أن التطوير التكنولوجي قد أتاح المجال للمكتبات لتصبح موزعاً إلكترونياً للمعرفة لمن يطلبها وهو في البيت أو في المكتب أو في أي مكان آخر يتواجد فيه القارئ. وربما يكون الإنترنت أكثر من أي تكنولوجيا معلومات أخرى، قد جلب تغييراً في الطريقة التي يستعمل بها الناس المكتبات، ومكنت تكنولوجيا المعلومات المكتبات حتى الآن من توفير الوصول إلى النصوص والصور والتسجيلات السمعية والبصرية، المخزنة محلياً أو في أماكن بعيدة، كما مكنت من تحويل المجموعات الورقية المطبوعة أو غير المطبوعة إلى أشكال إلكترونية يمكن تراسلها مع مستفيدين بعيدين.

وفي عالم أصبح التوجه فيه أكثر نحو المرئيات، غدا من الضروري أن تطور المكتبات أساليب عملها لاستيعاب هذه التغيرات. كما أن بروز تكنولوجيا المعلومات لتقنيات الحاسوب مع الاتصال والتصوير الرقمي والأفلام المرئية المتحركة مع الصوت، مكن المكتبات من توفير توليفة قوية ومتعاظمة من أساليب بث المعلومات وإيصالها للمستفيد النهائي، في المكان الذي يقرره وبالشكل الذي يناسبه.

ولكي تتمكن المكتبات من الاستمرار كمهنة وكمؤسسات، فإن عليها قيادة المؤسسات التابعة لها نحو بناء وتقوية البنية التحتية اللازمة لتكنولوجيا المعلومات، فعلى سبيل المثال أصبحت الأقراص المتراصة والوسائط متعددة التفاعل، والنصوص المقروءة آليا وعبر الإنترنت، والمواد المخزنة ضوئياً، أصبحت بشكل متزايد جزءا لا يتجزأ من المجموعات المكتبية، وأصبحت هذه المجموعات

متوافرة عبر برمجيات محملة على شبكات المحلية ومرتبطة أيضاً مع الإنترنت، فالشبكة المحلية بما توفره من قدرة للبحث في مجموعة كاملة من الأقراص المتراصة المحملة على خادم خاص بها ومرتبطة مع الإنترنت، وفرت طريقة متكاملة للحصول على المعلومات من مصادر داخلية وخارجية بشكل غير مرئي للمستفيد النهائي، وأصبح مستخدم المكتبة أكثر انسجاماً مع وجود الحواسيب حوله، فهو يستخدم النشرات الإلكترونية والبريد الإلكتروني وخدمة البحث المباشر والبحث في قواعد البيانات المحلية من نفس الموقع.

ومن هنا يتوجب على المكتبات أن تطور طرقاً ووسائل لإدارة عمليات الوصول إلى المعلومات المتوافرة بأشكال إلكترونية، والمشاركة في الموارد وإتاحتها عبر الشبكات، كما كانت تفعل عبر السنوات السابقة في الإعارة المتبادلة والتعاون المكتبي.

ولكي تصبح المكتبات إحدى مظاهر وأدوات عصر المعلومات، فإن عليها القيام بدمج الوسائل التقليدية لإدارة المعرفة مع التخطيط الإستراتيجي لما ترنو إليه، وتوفير الميزانيات المناسبة والاستفادة من التكنولوجيا المتاحة، وفوق كل ذلك تشجيع التغيير الإيجابي في الاتجاهات لدى العاملين في المكتبات نحو ذلك، إذ أن تحقيق توليفة متوازنة من إدارة نظم المعلومات ومناهج تعليم المكتبات، قد توفر الأساس المهني ذا الاتجاه الايجابي لبناء المكتبة في القرن الحادي والعشرين.

المفاهيم المتصلة بتكنولوجيا المعلومات:

أ- المعلومات:

من المعروف أن المعلومات هي المعالجة الإنسانية للبيانات؛ وهي أيضاً البيانات التي جرت معالجتها للاستخدام، كما أنها مجموعة من البيانات تحتوي

على معنى، وهي بيانات جرت معالجتها فأخذت شكلاً مفهوماً. وليست كل البيانات قابلة للتحويل إلى معلومات، فنوعية البيانات هي أحد المعايير الأساسية التي تجعل منها معلومات تصلح لبناء القرارات عليها. ومسألة رداءة نوعية البيانات هي مشكلة أساسية، فالبيانات الخام ليست معلومات، بل يجب تمحيصها وتحليلها ومقارنتها والتأكد من مصدرها وتقييمها. وقد تضيف المعلومات إلى المعنى ما يجعل منه ذا فائدة أو قيمة، كما أن ما يمكن أن يكون معلومات بالنسبة لشخص ما ربما لا يكون معلومات بالنسبة لغيره، إضافة إلى أنه يجب أن تكون المعلومات في وقتها صحيحة وكاملة، وأن تزيل الشك، وأن تكون جاهزة للاستخدام في دعم اتخاذ القرار أو أداء مهمة فنية أو حل مشكلة.

ب - قيمة المعلومات:

أثبتت التجربة أن نقص المعلومات وضعف نظم المعلومات، هما السببان في تدني نوعية ومستوى الوصول إلى الخدمات، والاستفادة من الموارد من قبل الأفراد والمجتمع بشكل عام، فاتخاذ القرار والإدارة بشكل عام، هو سلوك عقلاني يتطلب الاستخدام الكامل أو الجزئي للمعلومات أو عدم استخدامها، وهذا يعني أن للمعلومات قيمة لكونها ترفع من مستوى عقلانية اتخاذ القرار من خلال نوعية المعلومات المستخدمة. وتشكل نظم المعلومات، الأدوات الحيوية لتشخيص المشكلات وإدارة الموارد واتخاذ القرارات الفنية والإدارية، حيث أنها الأساس الذي تبنى عليه وتمارس من خلاله، وهذا هو الدور الهام والذي يشكل الأساس في نجاح المؤسسات في أداء أعمالها على أكمل وجه.

وتعتبر عملية تلبية حاجات المعلومات عملية معقدة وتحتاج إلى فهم عميق لهذه الحاجات؛ لأنها تعبر عن سبب استخدامها وكيفيته لاتخاذ القرار. ولكي

تكون المعلومات صالحة للاستخدام لابد أن تكون ذات نوعية ممتازة ومتوافرة في الوقت المناسب وكاملة، وهذه هي الجودة النوعية للمعلومات.

ج - المعلوماتية:

هي العلم الذي يدرس استخدام ومعالجة البيانات والمعلومات والمعرفة. فالمعلوماتية ليست علم الحاسوب، بل هي تطبيق لعلم الحاسوب، ومعالجة المعلومات إلكترونياً لا يعطيها قيمة إضافية لها إلا إذا كانت هي في الأساس على مستوى عال من الجودة، فالمعلومات الخام الجيدة تأخذ قيمة كبيرة إذا ما عولجت بالوسائل الإلكترونية.

د - المكتبة الرقمية:

للمكتبة الرقمية العديد من التعريفات وسنقوم بذكر بعضها، ولكن لابد من أن ننوه على معلومة هامة وهي أن (مكتبة الكونغرس) تعتبر بحق صاحبه هذا التعبير، ألا وهو "المكتبة الرقمية" قبل أي جهة أخرى في تخصص المكتبات والمعلومات. ومن تعريفات المكتبة الرقمية ما يلي:

هي عبارة عن "مكتبة يجري إنشاؤها دون رفوف توضع عليها أوعية المعلومات، وإنما هي حاسبات مضيفة خادمة (Servers) تحتضن المليزرات بداخلها من دون مستفيدين يستخدمون المكتبة الأم، وإنما هي حاسبات (Computers) تحت أيدي المستفيدين في أي مكان على وجه الأرض إلى جانب حاسبات موجهة (Routers)، وهي بحق الذروة العليا التي بلغتها التطبيقات التجارية لتكنولوجيا المعلومات".

كما تعرف بأنها عبارة عن: "نظام فرعي في شبكة المعلومات العالمية،

ويستطيع المستفيد من خلال الطرفيات المتوافرة في هذا النوع من المكتبات الدخول على مصادر المعلومات في أي مكان في العالم. وهذا يعني أن هذا المرفق المعلوماتي لا يحتفظ بالوثائق على غرار المكتبة التقليدية، ولكنه يتيح الحصول على الخدمات، ويتيح الوصول إلى النصوص الكاملة وليس مجرد البيانات الوصفية عنها".

وهناك تعريف أكثر شمولية وهو أن المكتبة الرقمية: "هي المكتبة الإلكترونية التي تعكس مفهوم الإتاحة من بعيد لمحتويات وخدمات المكتبات وغيرها من مصادر المعلومات، بحيث تجمع بين الأوعية على الموقع on – site collection والمواد الجارية والمستخدمة بكثرة سواء كانت مطبوعة أو إلكترونية، وتستعين في ذلك بشبكة إلكترونية تزودنا بإمكانيات الوصول إلى المكتبة أو المصادر العالمية الخارجية واستلام الوثائق منها.

هـ - جودة البيانات:

عند تطبيق نظام إدارة الجودة ظهر ما يعرف بجودة البيانات، والمقصود بجودة البيانات: هو الاستخدامات الرئيسية للإحصاءات الاقتصادية والاجتماعية التي تنتجها الجهات والمكاتب الإحصائية الرسمية التي تتطلب مستويات من الجودة تقف حائلا دون إنتاج إحصاءات متعارضة أو غير منسقة، أو تعاني من مشكلات تتعلق بالجودة، وهو ما يؤدي عادة إلى فقدان الثقة في المعلومات المنتجة للإحصاءات.

و - نظام المعلومات:

يسمى النظام الذي يعالج البيانات (Data) ويحولها إلى معلومات (Information) ويزود بها المستفيدين نظام معلومات، وتستخدم مخرجات هذا النظام وهي

المعلومات لاتخاذ القرارات وعمليات التنظيم والتحكم داخل المؤسسة. وعليه، يمكننا تصور نظام المعلومات على أنه مكون من الإنسان والحاسوب والبيانات والبرمجيات المستخدمة في معالجتها بهدف إمداد المؤسسة بالمعلومات اللازمة لها عند الحاجة ويتصوره آخرون على أنه مكون مما يلي:

- المدخلات Input وهي البيانات.
- المعالجة (العمليات) Processing وتتكون من جهاز الحاسوب نفسه والبرمجيات المستخدمة في معالجة البيانات والملفات والأشخاص.
- المخرجات Output وهي المعلومات Information.

ز - مصادر المعلومات الإلكترونية:

إن مصادر المعلومات الإلكترونية "تعتبر من أبرز التطورات الحديثة التي شهدتها المكتبات ومراكز المعلومات في العقود الأخيرة، وتعرف بأنها: "كل ما هو متعارف عليه من مصادر المعلومات التقليدية الورقية وغير الورقية مخزنة إلكترونياً على وسائط ممغنطة أو ليزرية بأنواعها، أو تلك المصادر المخزنة أيضاً إلكترونياً حال إنتاجها من قبل مصدريها أو ناشريها (مؤلفين وناشرين) في ملفات قواعد بيانات وبنوك ومعلومات متاحة للمستفيد عن طريق: الاتصال المباشر On - Line، أو داخلياً في المكتبة عن طريق منظومة الأقراص المتراصة CD - Rom وغيرها".

ح - خدمات المعلومات الإلكترونية:

خدمات المعلومات الإلكترونية هي الخدمات التي تميز عصرنا الحالي وترتكز أساساً على سحب الأرصدة إلى طرفية المستفيد وتوجيهه إلكترونياً إلى المكتبات ومراكز المعلومات المحلية والإقليمية والعالمية في ظل التطورات الحديثة.

كما أنها تتميز بتعدد التشغيل (Inter – operable system) لتوزيع واسع لأنماط

المعلومات دون الحاجة إلى إعادة تعليب وسيلة البث، والتي تسمح أيضاً للفئات المستفيدة الاتصال فيما بينهم بواسطة المقاييس المشتركة (الأفغاني، 2002، ص10).

أهمية استخدام تكنولوجيا المعلومات في المكتبات

لقد كان لاختراع الطباعة، أثر كبير في المخزون العلمي الإنساني إلى درجة كبيرة، لا يمكن مقارنتها بما سبقها قبل هذا الحدث الهام، مما شجع المهتمين بعلم المكتبات على إنشاء نظم التصنيف واعتماد الأساليب العلمية في الفهرسة والاستخلاص والتكشيف.

ونحن اليوم أمام ثورة المعلومات والاتصالات، نلاحظ أن الطرق التقليدية التي كانت تستخدم في النظم الورقية، لم تعد صالحة لمواجهة النمو الهائل في حجم المعلومات الذي بلغ حداً، جعل المختصين، يستنبطون مصطلحا لوصف هذه الظاهرة بـ (انفجار المعلومات). ولا شك أنه حدثت تأثيرات عديدة لثورة المعلومات والاتصالات، وتظهر تأثيرات أخرى بشكل شبه يومي، ولصعوبة حصرها، يمكن الإشارة إلى بعضها:

- إشاعة استخدام الأقراص المدمجة (CD-ROM)، المخزن عليها مواد معرفية مختلفة وتوفرها في المكتبات التجارية، كما تستخدم مواد معرفية متاحة بمختلف المكتبات العامة والمدرسية وذلك للاختيار بواسطة الباحثين والمعلمين والمحتاجين لمثل هذه المواد المعرفية.

- يمكن البحث عن عناوين الكتب التي تغطي مجالاً معيناً يطلبه المستفيد وذلك بصورة سريعة من خلال برامج حاسوبية، وإذا لم تكن النتائج مرضية للمستفيد تستطيع الاستعانة بشبكة إنترنت للنفاذ إلى فهارس المكتبة البريطانية، أو مكتبة

الكونجرس الأمريكية، ويمكن للمستفيد الحصول على كل هذه المعلومات مطبوعة خلال دقائق معدودة وفي فترة زمنية وجيزة.

- يتم استخدام قواعد بيانات متقدمة تستعين بركائز متخصصة، وذلك لاختزان المعارف المختلفة المتزايدة بشكل كبير في مقالات وكتب وتقارير ونشرات وغيرها، وتقوم بعض المنظمات العلمية بتحديث هذه القواعد بصورة تعاونية مع المؤسسات المشابهة لها، وتصور القوائم المحدثة سنوياً على أقراص مدمجة وتوزيعها بهدف تعميم الفائدة منها.

- بدلاً من إصدار نشرات الإحاطة الجارية شهرياً، تستطيع المكتبات الحديثة إصدار هذه النشرات بشكل يومي من خلال موقعها على شبكة الإنترنت، ودون أن تتكلف جهود الطباعة ونفقات الإرسال البريدي.

- تستطيع المكتبات الحديثة اليوم نشر كشافاتها ومستخلصاتها ونظم استرجاع المعلومات الخاصة بها من خلال موقعها على شبكة الإنترنت، وبالتالي يستطيع المستفيد الحصول على هذه المعلومات وهو في مكتبه أو في بيته، مما يسهل عليه تحديد الكتاب أو المقال المطلوب وبالتالي طلب تصويره.

- تستطيع المكتبات الحديثة بناء نظم للأرشفة الضوئية تحل محل تقنيات المصغرات الفيلمية، وذلك لحفظ صور المقالات المهمة من الدوريات والتقارير والنشرات، وبذلك يمكن إدخال المقالات الحديثة واسترجاعها بسهولة تامة.

- يمكن للمكتبات الحديثة التعامل مع الكتب الرقمية الإلكترونية، وتستطيع تحقيق الفائدة القصوى من ذلك باستخدام واسترجاع المعلومات للنص الكامل.

- نظراً للارتفاع الشديد في أسعار بعض المطبوعات العلمية، فإن الحل الذي

يبدو ممكناً لحل مثل هذا الإشكال يكمن في الاعتماد على النشر الإلكتروني للدوريات والكتب العلمية المتخصصة، بالإضافة إلى اعتماد المكتبات الصغيرة على مقتنيات المكتبات الكبرى من خلال شبكة الإنترنت.

إن المكتبات وكل ما له علاقة بالتعليم العالي، أصبح في الفترة الأخيرة مواجهاً نحو ضرورة إجراء تغييرات أساسية. إن التغييرات في تكنولوجيا المعلومات، وطلب المزيد من الخدمات المحسنة لجودتها من أصحاب المصلحة ذوي العلاقة بالمكتبة، والمطالبة بتقديم المزيد في ظل قلة الموارد المتاحة بالمكتبات. كل ذلك تطلب إعادة الهيكلية والتطوير والتغيير، ووضع ضغوطاً والتزامات أكبر على العاملين بالمكتبات، وتطلب تغييرات في الأدوار التي يقومون بها.

ومن المعروف بأن المكتبات هي المكان الأمثل لإنشاء وتقديم خدمات شبكات وقواعد المعلومات، على الرغم من أن هناك جهات أخرى تشارك المكتبات في تقديم هذه الخدمة، ولعل ما يهم المستفيدين هو نوع الخدمة المقدمة بصرف النظر عن مكان وجودها، غير أن وجود خدمة شبكات وقواعد المعلومات داخل المكتبة، وتحت إدارتها وإشرافها يساعد على توثيق الصلة بالطلاب وأعضاء هيئة التدريس، ويجعل المكتبة، أكثر تجاوباً مع متطلباتهم واحتياجاتهم بفضل التقنيات الحديثة في مجال خزن المعلومات واسترجاعها.

ولا شك أن استخدام شبكات المعلومات يتطلب إعادة تشكيل وهيكلة وبناء خدمات المكتبات في كافة أنحاء الجامعة، كما أن عدم الإقدام على التطوير وبما ينسجم ويتفق مع الاتجاهات الحديثة يمكن أن يعرض المكتبات إلى التقادم وإلى أن يصبح ما تقدمه من خدمات غير ملائم لاحتياجات المستفيدين. ولهذا، فإن عملية إعادة الهيكلة هي في الواقع تتفق مع عمليات التطوير التنظيمي حيث تعني المواءمة الوظيفية مع التحديات الجديدة في البيئة.

إن عملية إعادة الهيكلة هي عملية تطوير وتحديد وارتباط الخدمات المكتبية مع ربطها بخدمات مركز الحاسب الآلي لتقديم موارد المعلومات المختلفة من خلال الشبكات بمباني المدينة، للجامعة، وذلك بهدف دعم البحث العلمي والبرامج الدراسية بالجامعة.

ومن أهم الموضوعات في هذا المجال أن تحرص المكتبة، على أن تكون محافظة على توافقها مع التكنولوجيا السائدة، وأن تستخدم الاتصالات الإلكترونية بفاعلية، ومساعدة أعضاء هيئة التدريس وطلاب الدراسات العليا والباحثين، بتوفير مختلف مصادر المعلومات وما إلى ذلك. ولا شك أن ذلك يمثل أكبر تحد يمكن للمكتبات، أن تواجهه، فهل المكتبات قادرة فعلاً على مواجهة تلك التحديات؟

تاريخ استخدام تكنولوجيا المعلومات في المكتبات

بدأت المكتبات في الخمسينات من هذا القرن باستخدام الأساليب المحوسبة لإدارة المعلومات. وقد كان ذلك باستخدام البطاقات المثقبة وأدوات الفرز والتجميع والحساب بالآلة لتحليل رؤوس الموضوعات وتكرار عناوين المجلات وتطوير قوائم المصطلحات من أجل التكشيف، ونتج عن مثل هذه المحاولات كشافات متخصصة كالكشاف الطبي (Index Medicus) وكشاف العلوم التربوية (ERIC) والمستخلصات الكيميائية (Chemical Abstracts).

وفي الفترة ما بين (1960- 1970م) جرى الانتقال من إدارة المجموعات المكتبية على أساس الحصر والرصد الجامد إلى خدمات المعلومات الديناميكية والمتحركة، من خلال نظم الاتصالات وتبادل المعلومات، ومن هنا بدأ الاستخدام الفعلي للحواسيب المركزية القادرة على خدمة عدد من المكتبات على أساس مشاركة الوقت.

وفي السبعينات بدأت تكنولوجيا الحاسوب توفر خدمات الضبط الببليوجرافي، عن طريق استخدام قواعد بيانات مركزية يساهم عدد من المكتبات في إثرائها، مما مكن من إيجاد فهارس مركزية وخدمات الفهرسة المركزية بين المكتبات. ومكنت هذه الفهارس من الخروج من مأزق الكتب غير المفهرسة في المكتبات، وساعدت على الوصول إلى المجموعات المكتبية بشكل أسرع، وساهمت في جعل الإعارة المتبادلة جزءاً لا يتجزأ من خدمات المكتبات، وجعلت من الإعارة والحجز وضبط الدوريات إجراءات أقل تعقيداً وأكثر نفعاً في المكتبة.

وفي الثمانينات دخل مفهوم المكتبة الموزعة أو غير المركزية، والمكتبة من غير جدران، والمكتبة الإلكترونية. فأصبح بالإمكان استخدام المكتبة بدون الحضور إلى مبنى المكتبة، وذلك عن طريق الحاسوب والمودم والهاتف، وأصبح الفهرس المقروء آلياً السمة الغالبة في المكتبات، وبدأ تدريجياً اختفاء الفهرس الورقي أو البطاقي، حيث قل استخدامه المستفيدين من المكتبات، وزاد اعتماد الرواد على الأنظمة المحوسبة للبحث عن المعلومات، ومرت السنوات خلال الثمانينات حيث كان نوعا الفهارس (الآلي والورقي) متوافرين جنباً إلى جنب، وبدأ الفهرس غير المقروء آلياً يخسر لصالح الوصول إلى المعلومات والفهارس عن بعد، وبدون الاضطرار للوقوف أمام صناديق الفهرسة أو حتى الحضور للمكتبة، وأصبح بالإمكان البحث في أكثر من فهرس مكتبة في نفس الوقت.

من هنا ظهرت ثلاثة نماذج من تطبيق أو دخول تكنولوجيا المعلومات للمكتبة، وهي:

- **الأول:** بدأت الأساليب المحوسبة تحل محل الإجراءات اليدوية لإتمام أعمال مكتبية بشكل أكثر كفاءة وسرعة ودقة، وكانت الإجراءات في العديد من الحالات تتم آلياً ويدوياً في نفس الوقت.

- **الثاني:** استفادت المكتبات من الحوسبة لإنجاز أعمال لم يكن من الممكن إتمامها بشكل يدوي. ويضم ذلك من ضمن ما يضم: إنتاج الكشافات التراكمية والمعقدة، والتكشيف الآلي، ونشر الفهارس بشكل دوري ومحدث بشكل منتظم. وبدأ كذلك تطوير نظم المعلومات المتكاملة التي تعتمد على إجراء السلسلة التوثيقية آلياً ومن غير تكرار؛ لإدخال البيانات عند كل إجراء، بدءاً باختيار المواد وانتهاء بإعارتها ومروراً بالشراء (التزويد) والتكشيف والفهرسة والتصنيف والترميز.

- **الثالث:** تشكل هذه المرحلة مرحلة التحول الكامل؛ حيث قامت التكنولوجيا بتغيير الطريقة التي يتم فيها العمل، بل وتغيرت فيها طريقة البحث عن المعلومات كلياً، فمثلاً أصبح بالإمكان استخدام المكتبة من البيت أو المكتب أو غرفة الدرس، وأصبح بإمكان الباحث تغيير إستراتيجية البحث ومعالجة المعلومات أثناء إجراء البحث، وأصبح بالإمكان توصيل الوثائق إلكترونياً للمستفيد إلى المكان الذي يقرره.

لقد أدرك المكتبيون قبل العديد من العاملين في مجال صناعة المعلومات، أن تكنولوجيا الحاسوب تجعل الأشياء ممكنة ولكنها لا تجعل الأشياء تحدث. وأدركوا أن التركيز على التكنولوجيا من غير التحديد الواضح للغرض منها يقود حتماً إلى الفشل، حيث توفر التكنولوجيا البنية التحتية التي يمكن البناء عليها والارتكاز إلى مكنوناتها، وأدركوا أيضاً أن أدوات العمل الجديدة تكون مفيدة ومقبولة فقط عندما تساعدهم في حل مشكلاتهم الآنية والمستقبلية.

تكنولوجيا المعلومات المستخدمة حالياً

ما هي الأدوات التي تستخدمها المكتبة في العقد الأول من القرن الحادي والعشرين؟ وكيف ظهرت هذه الأدوات إلى حيز الوجود؟ عندما نقول الأدوات، فإننا لا نعني فقط الأجهزة والمعدات، بل نضيف إلى ذلك البرمجيات وأساليب العمل والأفكار التي تسير كل ذلك، فمن حيث الأجهزة والمعدات نجد أن المكتبة تستخدم، الحواسيب الشخصية، والحواسيب الصغيرة، والمودم، وسواقات الأقراص المتراصة بكافة أنواعها، والماسحات الضوئية، والفيديو التفاعلي، والشبكات المحلية والموسعة. أما بالنسبة للبرمجيات فإن استخدام قواعد إدارة البيانات أصبح هو الشائع، بالإضافة إلى نظم المعلومات المتكاملة. وباستخدام تكنولوجيا المعلومات أصبحت المكتبة شريكاً كاملاً في التعليم الأكاديمي، فهي لا تقدم البحث الببليوجرافي فحسب، بل تقدم أيضاً الأقراص المتراصة متعددة الوسائط والتي هي إحدى بدائل التعليم الصفي في بعض الحالات، وفي الحالات الأخرى هي جزء منه. أما في داخل الصف نفسه فنجد العديد من أدوات تكنولوجيا المعلومات، أبسطها جهاز العرض الداتا شو، وأعقدها الاتصال عن بعد بواسطة الأقمار الصناعية والحاسوب.

وقد بدأت المكتبات في السنوات الأخيرة من هذا القرن بدمج الخدمات التقليدية مع الخدمات المدعمة إلكترونياً، كخدمات المراجع والرد على الاستفسارات والإرشاد، فبعد أن كان على مستخدم المكتبة الحضور شخصياً إلى مبنى المكتبة ليتمكن من الاستفادة من خدماتها، تغير الوضع الآن وأصبح بالإمكان الاستفادة من هذه الخدمات دون الاضطرار لمغادرة البيت أو مكان العمل، ليس هذا فحسب بل إن السرعة والكفاءة في تقديم هذه الخدمات هو ما يجعل بدايات هذا القرن مختلفة بالنسبة للمكتبات، فقد غير استخدام تكنولوجيا المعلومات الطريقة التي

يتم بها توصيل هذه المعلومات إلى المستفيد النهائي، ويبقى هدف المكتبة هو توفير المعلومات بأفضل أسلوب يناسب المستخدم، ومكنت التكنولوجيا المكتبة من القيام بذلك وبكفاءة عالية. لقد شكلت المعلومات وما زالت تشكل أحد مظاهر التكوين الإنساني التي قام ويقوم بإدارتها وتنظيمها وتبادلها بطرق وأساليب يبتدعها كل يوم، وما الحاسوب إلا واحد من هذه الأدوات التي تمكن من إدارة المعلومات بشكل أفضل، خاصة مع الازدياد الهائل في كميات المعلومات التي تنتج كل يوم، ومكنت هذه الأدوات من خلق بيئة مهدت بشكل كامل لتسهيل مهمة المستفيد النهائي، بغض النظر عن سبب استخدامه للمعلومات، سواء كانت للبحث أو للتعليم أو لتبادل المعلومات.

مظاهر استخدام تكنولوجيا المعلومات في المكتبات:

أ- الوصول إلى موارد المعلومات:

ساعدت التكنولوجيا على تحديد ومعرفة محتوى المجموعات المكتبية بشكل أسرع، وزادت من القدرة على الغوص في أعماق الوثائق ومعرفة محتواها عن طريق الكشافات والفهارس المفصلة. ومع أن الكتب والمواد المطبوعة ستبقى أحد أهم الموارد في المكتبات، إلا أن عملية تسهيل الوصول إلى محتوياتها لن تكون ميسرة وكفؤة إلا باستخدام التكنولوجيا، فحتى وقت قريب كان لابد للقارئ من الحضور إلى المكتبة لكي يستخدم الفهرس البطاقي لمعرفة إن كان في المكتبة كتاب لمؤلف معين أو في موضوع معين أو بعنوان معين، لكن الآن أصبح بالإمكان معرفة كل ذلك من غير الاضطرار للحضور إلى المكتبة شخصياً، ولم يعد مستخدمو المكتبة محددين بمحتوى مكتبة واحدة، بل أصبح بالإمكان البحث في فهارس عدة مكتبات في نفس الوقت، سواء في منطقة واحدة أو قطر واحد أو حتى في العالم

أجمع، إذ تساهم المكتبات، على كافة المستويات ومن كل أنحاء العالم، في تشكيل شبكة من قواعد البيانات بكافة أشكالها ومحتوياتها، وبالتالي إتاحتها للجميع.

وحيث أن العديد من القواعد الببليوجرافية أصبحت متاحة عبر شبكات المعلومات، فقد صار من الممكن توفير نتائج البحث للمستخدم بشكل أسرع وأوفر، وباستخدام تقنيات خاصة عبر إرسال نتائج البحث على دفعات، ومع أن المستفيد قد لا يأتي شخصياً إلى المكتبة إلا أنه ما يزال معتمداً على أمين المكتبة بشكل أو بآخر.

وتعتمد المكتبات على شبكات الاتصالات الوطنية والدولية لتراسل البيانات فيما بينها؛ ولذا فقد تمكنت المكتبات من تسخير تكنولوجيا الاتصالات للاستفادة منها في تبادل الخبرات والمعلومات الفنية والمهنية، كما هو الحال في الاتصال عن بعد، ومجموعات النقاش والبريد الإلكتروني وما إلى ذلك. ومع أن المكتبتين كانوا من أوائل من ساهموا في المشاركة بالموارد وتبادل المعلومات، فإنهم أدركوا مبكراً أن وسائل الاتصال الحديثة سوف تمكنهم من أداء وظيفة تبادل المعلومات على نطاق أوسع.

ب- البحث المباشر عن طريق المستفيد النهائي:

لقد نقلت تكنولوجيا المعلومات عملية البحث في قواعد البيانات إلى يدي المستفيد النهائي، إذ تشير الإحصائيات إلى أن العدد الأكبر من البحوث الببليوجرافية يجريها المستفيد النهائي وليس أمين المكتبة. فمثلاً تشير الإحصائيات الخاصة باستخدام قاعدة (ميدلاين الطبية) إلى أن ما يقارب ثلث ما مجموعه (4-5) مليون بحث قد أجراها أطباء أو عاملون في المجال الصحي والطبي.

واكتسبت المكتبات سيطرة أكبر على التكنولوجيا عندما جرى تحميل قواعد

البيانات على نظم محلية في داخل المؤسسة، وأصبح من الممكن من خلال الحصول على محتوى قواعد البيانات تحميلها على نظم وبرمجيات مكنت المكتبات من إعادة تنظيم هذه القواعد مع قواعد بيانات أخرى، ومن نوع آخر في المؤسسة عن طريق الإنترنت، لتشكل جميعاً مصدراً موحداً للمعلومات.

وتمكن تكنولوجيا ذات الذاكرة المقروءة فقط المكتبات حالياً من توفير بحث مباشر للمستفيد النهائي بكلفة متدنية جداً. وقد وجد منتجو هذه الأقراص والمكتبات أنها الشكل الأفضل لتوزيع قواعد البيانات، وعلى الرغم من الانخفاض في أسعار وكلفة هذه التكنولوجيا إلا أن لها بعض السلبيات التقنية، كالبطء في الاسترجاع وازدياد احتمالات الفشل في الأجهزة والمعدات الخاصة بهذه الأقراص أكثر من غيرها، بالإضافة إلى بعض المشاكل الخاصة بشبكات المعلومات المحملة عليها هذه الأقراص. ومن المتوقع أن يصبح المستفيد النهائي هو المستهدف في عملية التسويق والتوزيع، إذ أصبح وجود سواقة خاصة بالأقراص المتراصة أمراً عادياً وليس اختيارياً في الحواسيب المنتجة حديثاً. فأصبحنا نرى الموسوعات، كموسوعة دائرة المعارف البريطانية، والقواميس كمعجم أكسفورد، والمورد، التي تشكل ركناً أساسياً من أركان استخدام الحاسوب في البيت، مما يعني أن المستفيد لن يلجأ إلى المكتبة للحصول على مثل هذه الخدمات المرجعية، فهي متوافرة لديه متى شاء.

ج- النظم المتكاملة للمعلومات:

جرى تعريف إدارة المعلومات بأنها عملية إنتاج وتنسيق وخزن واسترجاع وبث المعلومات بشكل كفؤ من مصادر داخلية وخارجية من أجل تحسين أداء المؤسسة. ويعتبر تكامل المعلومات ذات العلاقة أو الأهمية للمؤسسة أداة ربط

لقواعد البيانات الداخلية والخارجية لتهيئ نظاماً بسيطاً وسهل الاستخدام، وتعتبر شبكة الإنترنت أحد مظاهر ونتائج هذا التوجه، إن نظام المعلومات المتكامل من الناحية المثالية مؤهل لأن يلبي كافة حاجات المعلومات للمستفيدين المتوقعين بغض النظر عن مكانهم، ولماذا يحتاجون تقديم هذه المعلومات للمستفيدين المتوقعين بغض النظر عن مكانهم، ولماذا يحتاجون هذه المعلومات. ولكن الواقع يقول، إن التشتت في مكونات نظام المعلومات يجعل من الصعب تلبية مثل هذه الحاجات وبالكفاءة ذاتها، إذ على المستفيد التنقل بين أكثر من نظام للوصول إلى الصورة الكاملة للمعلومات التي يحتاج إليها. وإذا بذل الجهد لمزيد من التكامل بين نظم المعلومات، فإنه يصبح من الممكن تقديم خدمات معلومات أفضل للباحثين والطلبة والمتخصصين والعلماء والأكاديميين، وكل فئات المستفيدين.

وتجدر الإشارة إلى أن التكامل هو أحد الوظائف الحيوية لإدارة المعلومات، حيث أن ذلك يكون من خلال:

- التكامل التنظيمي بين المجموعات والدوائر.
- تكامل المعلومات، بغض النظر عن الوسط أو المصدر.
- التكامل على واجهة الحاسوب على شكل واجهة استخدام مشتركة.
- التكامل بين الأدوات التي يستخدمها المستفيد النهائي في البحث.
- التكامل بين كافة أجزاء شبكة المعلومات.

وقد تنبأ كثير من الباحثين، إلى أنه ستكون هناك حاجة كبرى إلى التركيز على الإستراتيجيات في الإدارة وعلى التكامل بين نظم معالجة البيانات وإدارة المكتبات والمعلومات ونظم دعم اتخاذ القرار، وقد أكدوا على أن زيادة الكفاءة في العمل

تولد ازدياداً في الطلب على المعلومات حول ضبط الجودة وإدارتها، ومع أن الحاجة إلى المعلومات تتفاوت حسب تنوع المؤسسات، إلا أن جميع المؤسسات تحتاج إلى إدارة فعالة لموارد المعلومات فيها، وبخاصة تلك التي تركز على إنتاج سلع جديدة، وترسم إستراتيجيات عمل وطنية، أو تقدم خدمات بحث أو تعليم أو غيرها. فالمعلومات من هذا النوع، يجب أن تكون متوافرة بأسرع وقت ممكن وبأفضل جودة ممكنة؛ لكي تمكن من اتخاذ قرار أو القيام بإجراء مناسب أو فعال، وتكاد تتوازن الحاجة إلى المعلومات الداخلية في المؤسسة مع الحاجة للمعلومات الخارجية. إلا أن المعلومات الخارجية أصبحت الآن أكثر خضوعاً للاعتبارات التكنولوجية ولك التكامل بين المصدرين الخارجي والداخلي، والتكامل بين أنواع وأشكال مصادر المعلومات سيمكن المستفيد النهائي من تلقي المعلومة التي يطبقها بشكل أسرع وأفضل.

ويعتبر التكامل بين الحاسوب والاتصالات أحد الأوجه التي تنظر إليها المكتبات ومراكز المعلومات وتجهل الاستفادة منها كثير من المكتبات ومراكز المعلومات في الوطن العربي. فوجود الشبكة الرقمية المتكاملة (ISDN) سوف يمكن المكتبات من خدمة روادها بشكل أفضل، إذ من خلال الشبكة الرقمية سوف تتمكن المكتبة من استخدام بروتوكول تبادل البيانات إلكترونياً بين الحواسيب، ومن خلاله يمكن للمؤسسات إرسال بيانات بأشكال إلكترونية معيارية، مما يقلل الحاجة إلى إرسال الوثائق الورقية، كما يقلل الجهد اللازم لإعادة إدخال البيانات من نظام حاسوبي إلى نظام آخر. وسوف يمكن هذا البروتوكول المكتبات من إرسال واستقبال معلومات حول الدوريات والطبعات الجديدة والاعارات المتبادلة والحجوزات وفرص التدريب، وما إلى ذلك.

د- الوصول إلى قواعد البيانات واسترجاع محتوياتها:

تقوم قواعد البيانات بتخزين وتنظيم وتكشيف البيانات والبحث وتلخيص واسترجاع تقارير عنها، وقد تكون هذه البيانات ببليوجرافية أو إحصائية أو نصوصاً كاملة أو أدلة أو صوراً أو خليطاً من كل ذلك. وتقوم برمجيات الاسترجاع أو البحث الببليوجرافي على نظم طورت منذ أكثر من ثلاثين سنة مضت، حيث كان يترتب على الباحث أن يقوم بصياغة البحث بطريقة شديدة الصرامة ودقيقة، وباستخدام لغات برمجية خاصة، بينما كان القليل من النظم يقبل اللغة الطبيعية، ولم تكن النظم قادرة على تقديم أي صيغة مساعدة للباحث في صياغة البحث أو فرز المخرجات أو تحديد مدى علاقتها بالبحث. وعلى الرغم من أن النظم الجديدة تعتبر واجهة بحث تمكن من التحاور الطبيعي مع النظام، وتشتمل على العديد من رسائل المساعدة وقوائم الاختيار ومبنية على الواجهات المرئية، فإن المستفيد أو الباحث غير المتمرس يواجه مشاكل في البحث والاستخدام، ولا بد من التأكيد هنا على أن عمليات تحليل نتائج البحث في العديد من قواعد البيانات أوضحت أن كثيراً من المستفيدين ما زالوا غير قادرين على فهم طريقة خزن وتكشيف واسترجاع المعلومات باستخدام رؤوس الموضوعات.

هـ - شبكات المكتبات والمعلومات:

استعار علم المكتبات والمعلومات كلمة "الشبكة" من الهندسة الإلكترونية، حيث أنها تمثل عدداً من المكونات الإلكترونية التي ترتبط معاً لتلبي حاجة معينة. وهذه المكونات أو العناصر في مجال المكتبات والمعلومات هي المكتبة أو مركز المعلومات، وتربط شبكة المعلومات أو المكتبات عدداً من هذه الخدمات معاً لتلبي حاجة معينة هي حاجة المعلومات. وعند الحديث عن شبكات المعلومات

والمكتبات ترد العديد من المفاهيم التي يجري تداولها مثل: التعاون المكتبي، ومشاركة الموارد، وائتلاف المكتبات، وشبكات المعلومات. وقد جرى اختيار مصطلحي شبكات المكتبات وشبكات المعلومات للإشارة إلى ذلك كله.

ولعل أبسط تعريف لشبكة المعلومات هو: "اشتراك مكتبتين أو أكثر بطريقة رسمية لتبادل المعلومات على نطاق واسع بينهما، بهدف تطوير أساليب للاتصال من أجل بث المعلومات وتبادلها بين المستفيدين" وفي حالة الإنترنت، فإن الاتفاق غير الموقع عليه بين سائر المشاركين في الشبكة يتمثل باستخدام معايير وبروتوكولات محددة، بحيث يصبح هؤلاء المشاركون جزءاً من الشبكة، أما الطريقة البسيطة لتمثيل الشبكة فتكون عبر وجود ثلاث مكتبات تشكل "عقد الشبكة" وبحيث ترتبط معاً وتتراسل البيانات فيما بينها؛ كل واحدة منها مع العقدتين الأخريين للحصول على المعلومات وخدماتها.

وقد لعبت الحواسيب دوراً فاعلاً في تطوير شبكات المعلومات، إلا أنه يتعين علينا التأكيد هنا على أن شبكة الحواسيب تختلف عن شبكة المعلومات، وأن ليس كل شبكة معلومات هي بالضرورة شبكة حواسيب، والعكس صحيح. فالحواسيب مع شبكات الاتصالات جعلت المشابكة الإلكترونية أمراً سهلاً عن طريق ربط حاسوبين معاً، **أما تكنولوجيا المعلومات فمكنت شبكات المكتبات والمعلومات من توفير أدوات وأشكال عديدة للمشابكة في مجالات عديدة، منها:**

- أدوات وخدمات الإنترنت التي تمكن من تبادل المعلومات والوصول إلى مواردها.
- التزويد التعاوني.
- التزويد المركزي.
- الفهرسة التعاونية.

- الفهرسة المركزية
- الفهارس الموحدة.
- إعادة الإنتاج والتصوير المصغر.
- التخزين التعاوني.
- الإعارة بين المكتبات.
- الخدمات المرجعية.
- خدمات الإحاطة الجارية.
- خدمات البحث الببليوجرافي المباشر.
- البث الانتقائي للمعلومات.
- تنمية الموارد البشرية والتدريب.
- تدريب المستفيدين والتوعية.
- الاتصال من بعد.
- مكتبة الواقع التخيلي، أو المكتبة بلا جدران.

نظم المعلومات الإدارية في المكتبات ومراكز المعلومات

تخضع المعلومات العلمية والتقنية في صميمها إلى فن إدارة الموارد، والتي تتصل بمنافع النشاط البحثي خاصة وبالفائدة للمجتمع الإنتاجي والخدمي عامة، ولهذا فالتصور أنها ستظل متأثرة بموقع المستفيدين ووجهة نظر المسؤولين والقائمين على خدمات المعلومات وبمنهجية إدارة المكتبات، وإن بناء هذه التصورات سيختلف وبدرجات متفاوتة من أساليب إدارة المكتبات بالنمط التقليدي، وحتى يصل إلى الأساليب الذكية المتطورة التي تسعى حثيثاً نحو المستفيد. ومن هذه الاختلافات يمكن أن تبزغ بالضرورة ملامح صورة المستقبل،

حيث ستكون للمكتبة، أهداف عامة مرغوبة ومطلوب تحقيقها تلبية لحاجات المستفيدين، وستكون أيضاً موضوع إجماع واقتناع، ومن ثم تنشأ الحاجة الملحة لإدارة ذكية لهذا النشاط تنفذ السياسات المتجددة وفق مشروعية القصد بقيمه الجديدة وموازينه المتحركة دائما للتغيير نحو الأفضل.

لقد أصبحت المعلومات العلمية والتقنية الحديثة تتسم بكثافة عالية في التغيير وسرعة في التدفق، مما ينعكس على تزايد التأثير على إحداث الابتكار المتتالي في تصميم عملية ما أو منتج ما أو إبداع ما، ولهذا يحتاج التعامل مع المعلومات العلمية والتقنية إلى إدارة ذكية راشدة تواكب التحولات المتسارعة في التقدم العلمي والتقني، وتساعد أيضاً في ضبط وتنظيم ودفع النشاط البحثي العلمي والتقني لآفاق أعلى. من هنا، يقع على عاتق المكتبات مسؤولية تنظيم إدارة المعلومات، وتقديمها للمستفيدين في المجالات العلمية والتقنية والأكاديمية المختلفة.

وتعتبر نظم أو أنظمة المعلومات من المفاهيم نسبياً، وقد تعاظمت أهمية هذا المفهوم خلال الفترة التي تلت الحرب العالمية الثانية للعديد من الأسباب التي قد يقف على رأسها ظهور الحاسوب وتطوره. وتشمل هذه الأسباب أيضاً تضخم حجم المنظمات وتعقد نشاطاتها وتعددها، وتضخم حجم البيانات (أو المعلومات) التي تتعامل معها، وتطور وسائل الاتصالات السلكية واللاسلكية، والحاجة الملحة إلى المعلومات الدقيقة والسريعة من قبل إدارات المنظمات وفئات المستفيدين على اختلافهم، وضعف الأنظمة اليدوية التقليدية في إمداد المستفيدين بالمعلومات التي يحتاجون بالسرعة الممكنة وفي الوقت المناسب.

ولم تقتصر أهمية نظم المعلومات على حقل معين من حقول المعرفة البشرية

دون آخر، لذلك نرى اليوم العديد من نظم المعلومات المتخصصة مثل نظم المعلومات الإدارية ونظم المعلومات الاقتصادية ونظم المعلومات المحاسبية ونظم المعلومات الزراعية ونظم المعلومات الطبية ونظم المعلومات في المكتبات ومراكز المعلومات، وغيرها ونستطيع القول إن العالم الذي نعيش فيه تحكمه مجموعة من النظم من أنواع مختلفة.

وتشكل المعلومات المحور الأساسي لأي نظام معلومات في مؤسسة ما، والذي يشكل بدوره جزءاً مهماً في منظومة المعلومات في أي مجتمع. وتعتبر المعلومات من العوامل المهمة التي تساعد في تقدم المجتمع وتطوره، وفي اتخاذ القرارات على اختلافها والتي يتوقف نجاحها على مدى توافر المعلومات الكافية بالمواصفات الكمية والنوعية والزمن المناسب. ولا بد لنا من أن نتذكر بأن المعلومات مهما كانت أهميتها وقيمتها لن تكون مفيدة ما لم نمتلك وسائل الوصول إليها والإفادة منها. ومن هذا المنطلق تنبع أهمية نظام المعلومات في مساعدة المديرين وصانعي القرار في صناعة القرارات الرشيدة والقيام بالأنشطة الإدارية على النحو الأمثل من خلال ما يقدمه لهم من معلومات.

وتشكل الإدارة الذكية للمكتبات، ركناً أساسياً رائداً في تعزيز التنافسية، مما يمكن أن يكون لها مردود اقتصادي، لهذا يتصور أن تتضافر الإدارة الذكية في المكتبات مع كل من السياسة الإنتاجية والسياسة الاقتصادية والسياسة التعليمية والمعرفية للجامعة الأم، في تعزيز القدرات التنافسية لتحقيق معدلات عالية وبشكل تنافسي. فقد تجلت أهمية دور الإدارة الذكية للمكتبات، في إحكام السيطرة الفنية على المعلومات العلمية والتقنية، ويزيد من قوة هذا العنصر البعد الإستراتيجي المتمثل في الاختراعات والابتكارات والإبداعات كآليات لتحقيق التنافسية، خاصة في تغذية الصناعة كثيفة المعرفة، وفي تحقيق مجتمع المعرفة. ومن

هنا تنبع أهمية رسم إستراتيجية ووضع سياسة للمعلومات العلمية والتقنية وإدارة ذكية للمكتبات، على المستوى الوطني، ثم التعامل من خلالها على المستوى العالمي أيضاً.

نظم المكتبات ومؤسسات المعلومات المبنية على الحاسب الآلي

تتكون المكتبة أو مركز المعلومات عادة من أجزاء منفصلة من الناحية الشكلية، إلا أنها متصلة وظيفياً تعرف بالنظم. ويختلف النظام المكتبي التقليدي عن النظام المحوسب في أن النظام التقليدي يعتمد اعتماداً كاملاً على العمل اليدوي الذي يقوم به الأفراد، أما إذا استخدم الحاسوب في تنفيذ بعض أو كل العمليات المكتبية فيعرف النظام بأنه نظام مبني على الحاسوب.

ويعرف النظام هنا بأنه "تفاعل منظم يتكون من الإنسان والمعلومات ومصادرها والحاسوب والبرمجيات المستخدمة المرتبطة معاً لتحقيق غايات وأهداف معينة". فالحاسوب هو مجرد آلة أو أداة تساعد المكتبي على تأدية أعمال مختلفة ومعقدة بأقل كلفة ولكن بدقة أكبر وبسرعة فائقة تزيد عن دقة النظم التقليدية وسرعتها.

وقد يشتمل كل نظام مكتبي على عدد من النظم الصغيرة تعرف باسم النظم الفرعية (Sub - Systems). فقد تشتمل المكتبة الحديثة (نظام كلي) على نظم فرعية للخدمات الفنية، والخدمات العامة، والإنتاج، وتسويق المعلومات، والعلاقات العامة، والمالية، وغيرها. ويقسم كل نظام فرعي من النظم السابقة إلى نظم أخرى فرعية، فقد يشتمل النظام الفرعي للخدمات الفنية مثلاً على نظم أصغر مثل نظام تنمية مصادر المعلومات، ونظام الفهرسة والتصنيف، وينتج عن هذا التقسيم مستوى آخر من النظم تقسم بدورها إلى نظم أصغر. فعلى سبيل المثال، قد يشتمل نظام تنمية مصادر المعلومات على نظم فرعية خاصة بمجتمع المستفيدين،

وبالتزويد وبتقييم المصادر، وبتنقيتها. وتستمر عملية تقسيم هذه النظم الفرعية إلى نظم صغيرة كلما أمكن ذلك.

أسباب الاهتمام بنظم المعلومات الإدارية في المكتبات

أصبحت نظم المعلومات الإدارية مهمة وضرورية جداً للمكتبات ومراكز المعلومات في الوقت الحاضر، لا سيما، منها؛ وذلك للأسباب التالية:

- تضخم حجوم المكتبات ومراكز المعلومات وزيادة عدد وحدتها التنظيمية على نحو لم تعد فيه الأنظمة التقليدية قادرة على إمداد الإدارة بالمعلومات اللازمة لها بالنوعية والكمية المناسبتين وفي الوقت المطلوب.

- التطور المتلاحق في تكنولوجيا المعلومات والاتصالات واستعمال هذه التكنولوجيا على نحو مكثف في المكتبات ومراكز المعلومات، إذ تعد هذه التكنولوجيا أحد العناصر الأساسية المكونة لنظام المعلومات الإداري الحديث.

- زيادة التعقيد في مهام ووظائف إدارة المكتبات أو مراكز المعلومات،نتيجة لتأثر المكتبة أو مركز المعلومات بالتغيرات السياسية والثقافية والاقتصادية والاجتماعية والقانونية والتكنولوجية وغيرها في البيئة الخارجية على الصعيدين المحلي والدولي، وما يواكبه من تعقيد في عملية اتخاذ القرار. لذلك، لابد لمديري المكتبات ومراكز المعلومات كمتخذي قرارات استخدام وسائل ونظم جديدة تساعدهم في اتخاذ القرار وتمدهم بالمعلومات اللازمة لذلك.

- احتدام المنافسة بين المكتبات ومراكز المعلومات في مجالات كثيرة مثل تنوع المنتجات والخدمات وتسويقها، وتطور النوعية والتقنيات والمستخدمة، واستقطاب المستفيدين، وغيرها، مما يستدعي المديرين إلى وجوب مواجهة

منافسيهم، من حيث سرعة اتخاذ القرارات، وحل المشكلات، واستشعار مجالات تحسين الأداء العام.

● زيادة أهمية المعلومات وقيمتها في المكتبات ومراكز المعلومات، على اعتبار أنها مورد إستراتيجي، وأنها الأساس في التقدم والتطور والبقاء والاستمرارية وزيادة الإنتاجية. إن معالجة المعلومات وتحليلها هي وظيفة جديدة لإدارة المكتبة أو مركز المعلومات، وهي بعد آخر من أبعاد العملية الإدارية. هذه الوظيفة فرضتها تطبيقات أنظمة الحاسوب وتكنولوجيا المعلومات الأخرى في مختلف النظم الوظيفية للمكتبة أو مركز المعلومات من إنتاج، وتسويق وخدمات، وشؤون مالية، وغيرها.

إذن، فالتحدي الذي تواجهه المكتبات ومراكز المعلومات، في الوقت الحاضر، يكمن في كيفية الإفادة من تكنولوجيا المعلومات في تصميم نظم معلومات إدارية تمكنها من المنافسة، ومن ملاحقة التغيرات البيئية، وتحقيق الكفاءة الإنتاجية.

أنواع خدمات المعلومات الإلكترونية في المكتبات

● خدمة البحث بالاتصال المباشر Online Searching Service.

● خدمة استرجاع المعلومات Information Retrieval Service.

● خدمة الإنترنت Internet Service.

● خدمة البث الانتقائي (بام) Selective Dissemination of Information (SDI).

● خدمة الإحاطة الجارية Current Awareness Service.

● خدمة التكشيف Indexing Service.

● خدمة الاستخلاص Abstracting Service.

● خدمة الترجمة Translation Service.

- خدمة الإعارة Circulation Service.
- الخدمة المرجعية Reference Service.
- الخدمة الببليوجرافيه Bibliographic Service.

دوافع اتجاه المكتبات للخدمات المعلوماتية الإلكترونية

- القدرة على تحسيس الفئات المستفيدة بديمومة الاتصال (Permanent Connection) ووجود متابعة مكتبية من أجل تبسيط نظام التحاور وزيادة فرص التجول المكتبي في قاعدة البيانات المتاحة، إضافة إلى الاستفادة من الخدمات الإلكترونية الأخرى (شحن وتفريغ المعلومات والبريد الإلكتروني ...).

- إيجاد سبل لربط المستفيدين بعدة نقاط في وقت واحد لتلبية احتياجاتهم من مختلف أنواع المعلومات المطلوبة.

- إتاحة الفرصة للمستفيدين من استغلال جميع أرصدة المعلومات المختلفة في شكل الوسائط المتعددة (Multi Media Data Banks).

الاتجاهات الراهنة في عالم المكتبات والمعلومات،

يشهد عالم المكتبات والمعلومات، ثورة في مجالات عديدة، يمكن إيجازها في المحاور التالية:

1- اتجاهات خدمات المعلومات:

يتأثر مجال المكتبات والمعلومات، بصفته ذي علاقات متبادلة مع فروع المعرفة الأخرى، بالأساليب والإجراءات والنظريات التي تم تطويرها في تلك المجالات، ومن ذلك تأثره بعلم الإدارة بالأهداف وإدارة الجودة النوعية (TQM)

Total Quality Management. ولقد ظهر فرع جديد يعنى بإدارة موارد المعلومات   (IRM)
Information Resources Management حيث يضع الأساس لعمليات وإجراءات خدمات المعلومات
وما تتطلبه من إدارة وتنظيم. ومع تركيز إدارة موارد المعلومات على المستفيد كمحور
للخدمة، ودعم اللامركزية في إدارة موارد المعلومات، والتكامل بين جميع أشكال المعلومات،
والإفادة من التقنية وتبادل المعلومات إلكترونيا فإن هذا المجال ينظر إلى المعلومات من
وجهة النظر الإدارية التي تنظر إلى نوعية الخدمة المقدمة ومناسبتها للمستفيد.

**أسس إدارة موارد المعلومات والتي هي صالحة للتطبيق في جميع أشكال المؤسسات المعنية
بتقديم خدمات المعلومات.**

- تعتبر المعلومات مورداً، فهي مثل أي مورد آخر لها قيمة ويمكن إدارتها.

- تكتسب المعلومات قيمة باستخدامها.

- وبما أن المعلومات تكتسب قيمة بالاستخدام فإنه يجب توفيرها لأكبر عدد ممكن من
المستفيدين.

- ينبغي تنظيم المعلومات لسد احتياجات المستفيد؛ وينبغي تنظيم المنشآت وفقا لانسياب
المعلومات.

- سيتحور العمل بشكل رئيس إذا: تمت إدارة المعلومات كمورد، وتنظيمها بغرض بثها
للمستفيد، وتم تنظيم العمل حسب انسيابية المعلومات.

2- اتجاهات الخدمات الفنية:

استفادت وظيفتا التزويد والفهرسة من نظم المكتبات الآلية منذ وقت مبكر.
ولهذه النظم مزايا عديدة وظفتها المكتبات في العمليات التي كانت تحتاج إلى جهد
وقوة بشرية كبيرة قبل دخول هذه النظم. ومن هذه المزايا التحقق من صحة البيانات

الببليوجرافية، وإرسال الطلبات أو إلغائها إلكترونياً، وتقنين السجل الببليوجرافي، وانتشار الفهارس الموجهة للجمهور، والإطلاع على السجلات الببليوجرافية الخاصة بالمكتبة ذاتها وغيرها من المكتبات من خلال البحث في قواعد البيانات الخاصة بالمرافق الببليوجرافية أو الفهارس الآلية للمكتبات الأخرى المتاحة عبر الإنترنت، وكذلك إدارة الميزانية واستخدام المجموعات وإصدار التقارير والبيانات الإحصائية.

وتواجه المكتبات في عصر مصادر المعلومات الإلكترونية، مشكلتان لهما تأثير قوي على الاقتناء وتوفير المعلومات هما: خفض الميزانيات، والانفجار المعرفي. فلا توجد مكتبة جامعية في أي مكان من العالم، تستطيع أن تؤمن الموارد المالية اللازمة لتوفير المعلومات - التقليدية والإلكترونية - المناسبة لسد احتياجات المستفيدين. وتحتاج المكتبات إلى أساليب جديدة لمواجهة هاتين المشكلتين كاستخدام التقنية في المهام التي تحتاج إلى قوة بشرية كبيرة، وتعزيز التعاون بين المكتبات والإفادة من الإعارة المتبادلة والمشاركة في الموارد، والإفادة من الاتصال المباشر بخدمات الدوريات ذات النصوص الكاملة المرسمة، وتفعيل عمليات الإهداء والتبادل.

ومع ظهور مصادر المعلومات الإلكترونية فقد طبق أسلوب جديد في توفير المعلومات للمستفيدين هو التزويد عند الحاجة (Just in Time Acquisition). وفيما يتعلق بالمصادر الإلكترونية التي يمكن توفيرها عن طريق الإعارة المتبادلة مع المكتبات الأخرى أو عبر خدمة توصيل الوثائق؛ فإن ذلك يتطلب إعادة هيكلة أقسام التزويد والإعارة المتبادلة وتوصيل الوثائق ودمجها مع بعض لتشابه عمليات التحقق والطلب والاستلام والمعالجة فيها. كما يجب التنسيق أيضاً مع

قسم الإعارة لطلب الكتب الإلكترونية عند حاجة المستفيد إليها من المكتبات الأخرى عن طريق الإعارة المتبادلة.

ومن الاتجاهات الحديثة في مجال الخدمات الفنية، والتي ينبغي أن تدرس بعناية من قبل المكتبات ومراكز المعلومات، هو قيام مؤسسات تجارية بأداء أعمال(Outsourcing) كان يقوم به أقسام التزويد وتنمية المجموعات والفهرسة. وقد لخص ويلسون وكولفر النتائج المستهدفة أو المتحققة من مشروعات أداء الخدمات الفنية خارج المكتبة في عدد من المكتبات الأكاديمية والعامة والمتخصصة بالآتي:

- تحسين نوعية الفهرسة.
- إتاحة وقت أكبر للمفهرسين للمشاركة في مهام خدمات المستفيدين.
- إعادة توزيع المفهرسين على الخدمات الأخرى.
- إعادة هيكلة الخدمات المكتبية.
- تأمين الضبط البيليوجرافي للمادة المكتبية النادرة.
- التعامل مع المواد المتراكمة التي تنتظر الإعداد الفني.
- الإفادة من الخبرات غير المتوافرة لدى المكتبة.
- تعويض عدم توافر المكان داخل المكتبة.
- تعزيز تأمين الوصول إلى الدوريات الإلكترونية.
- تفعيل الإفادة من المجموعات والخدمات.
- رفع معدل سرعة استلام الكتب الجديدة جاهزة للترفيف.
- إنشاء ملفات استناد للأسماء والموضوعات.
- التوسع في الخدمات المكتبية دون الحاجة إلى زيادة الموارد.
- خفض عدد الإصابات في أثناء العمل.

ومن الخدمات التي تقدمها المؤسسات التجارية في مجال التزويد وتنمية المجموعات،
خطة الشراء رهن الموافقة book approval plan، وخطة الشراء بناء على جذاذة الكتاب slip no
deification plan، وخطة التوريد الشامل blanket order plan، وخطة التوريد الدائم standing order
plan، وتحليل المجموعات collection analysis وخدمات توريد الكتب النافذة out of print services،
وخدمات توريد الكتب القديمة والنادرة antiquarian and rare books services، وخطة الاشتراك في
الدوريات serials subscription plan، وبرامج استلام الدوريات والمطالبة بالأعداد الناقصة، وخطة
حساب التأمين deposit account plan، والطلب على الخط المباشر والمحاسبة الإلكترونية online
ordering and electronic invoicing، وخدمات توصيل الوثائق document delivery services، ونظم التزويد
والدوريات الآلية.

3- مصادر المعلومات المشبكة:

تنقسم مصادر المعلومات عموماً إلى ثلاثة أقسام: المصادر المطبوعة، وتشمل الكتب
والدوريات والأوعية الورقية الأخرى. والمصادر غير المطبوعة، وتشمل المصغرات الفيلمية
والموارد السمعية والبصرية والسمع بصرية وغيرها من الأوعية غير المطبوعة والمصادر
الإلكترونية والتي يمكن تعريفها بأنها مصادر المعلومات التي يمكن الوصول إليها أو قراءتها
بواسطة الحاسب. وتشمل مصادر المعلومات الإلكترونية الأقراص المليزرة وقواعد البيانات
على الخط المباشر وقواعد البيانات المخزنة على القرص الصلب وغيرها من المصادر الأخرى.

ومصادر المعلومات الإلكترونية التي يمكن الوصول إليها عبر الإنترنت، هي
عبارة عن نوع من أنواع ملفات الحاسب، ولها على الأقل موقع واحد من

مواقع الإنترنت؛ وقد يكون لها نسخ أخرى في مواقع أخرى. وما تحتويه ملفات الحاسب يتكون من النصوص وصور الوثائق والصوت وصور الفيديو أو من مجموعة منها.

وهناك العديد من مصادر المعلومات المتوافرة عبر الإنترنت المفيدة لمهنة المكتبات والمعلومات. وهي:

- أدلة موارد الإنترنت، وتشمل أدلة منتديات النقاش وأدلة البرامج والفهارس العامة للمكتبات وغيرها من الموارد المتوافرة.

- منتديات النقاش والمؤتمرات الإلكترونية والأسئلة المتكررة FAQ.

- الدوريات الإلكترونية والنشرات، وتماثل التنوع الموجود في الإصدارات المطبوعة من المجلات والنشرات والصحف إلى الدوريات العلمية. كما يوجد أيضاً مجلات يصدرها أفراد هواة وليست للربح.

- أرشفة النصوص الكاملة. يوجد في الإنترنت أرشيف للنصوص الكاملة للكتب على الخط المباشر والأعمال الأخرى القصيرة..

- الأعمال المرجعية العامة. يوجد عبر الإنترنت عدد من الأعمال المرجعية العامة مثل القواميس العامة والفنية، وقواميس الاختصارات، والمكانز، والموسوعات وغيرها من الأدوات المرجعية.

- أدلة استخدام الإنترنت ومواد التدريب. يوجد العديد من الوثائق لشرح جميع تطبيقات الإنترنت وهي موجهة لجميع فئات المستخدمين.

- البرامج. تتاح آلاف من برامج الحاسب الآلي عبر الإنترنت لجميع الأغراض ولجميع أجهزة الحاسب وملحقاته، وهي إما أن تكون برامج مرسمة Shareware

(يمكن استخدامها لفترة محدودة على سبيل التجربة مجاناً) أو برامج مجانية Freeware.

وتعد مصادر المعلومات الإلكترونية واحدة من أهم التطورات التي تؤثر في المكتبات ومراكز المعلومات في الوقت الحاضر خصوصاً بعد انتشار استخدامات الإنترنت بين جميع طبقات المجتمع. فتوافر المصادر الإلكترونية عبر الأقراص المليزرة والشبكات غيرت من أساليب استخدام المكتبات وسلوكيات البحث عن المعلومات. وليس من المتوقع أن تختفي مصادر المعلومات التقليدية في المستقبل المنظور لأسباب بعضها يتعلق بالمكتبات والمستفيدين وتنوع احتياجاتهم، وأخرى تتعلق بإنتاج المعلومات وتكلفتها والاعتبارات القانونية لاقتناء مصادر المعلومات أو الإفادة منها وكذلك التقنيات المتاحة حالياً.

4- الدوريات الإلكترونية: E - Journals

تعد الدوريات الإلكترونية E - Journals من مصادر المعلومات المشبكة، ولكن لأهميتها سنفرد لها تفصيلاً أكثر. إذ تعتبر الدوريات شرياناً هاماً من شرايين المعلومات في المكتبات ومراكز المعلومات وخاصة المكتبات، التي تولي اهتماماً خاصاً للدوريات العلمية في مختلف مجالات المعرفة. ولقد ظلت الدوريات المطبوعة هي السائدة في مقتنيات المكتبات حتى قبيل نهايات القرن الماضي، وقبل التحول الجذري في وسائل نقل المعلومات إلى الوسيط الآلي الذي يزداد يوما بعد يوم.

ومنذ بضع سنوات تسارعت خطى النشر الإلكتروني، حتى أصبحت نسبة كثيرة من الدوريات العلمية تنشر إلكترونياً بجانب النشر الورقي، مما أدى إلى صدور الكثير من الدوريات المتخصصة في مجالات مختلفة في الوسط إلكتروني، مما سهل عملية إصدار هذه الدوريات المتخصصة، وخفض تكلفة النشر والإصدار،

وليس هذا فحسب بل سهل أيضاً عملية توزيع هذه الدوريات ووصولها إلى المهتمين بها.

وفي ظل ارتفاع أسعار الدوريات الورقية، وتزايد العبء المالي على ميزانية المكتبات، فقد وجدت هذه المكتبات في الدوريات الإلكترونية مخرجاً للاشتراك في أكبر عدد ممكن من عناوين الدوريات، وبأسعار أقل من الاشتراك المعتاد في الدوريات الورقية.

وتعرف الدوريات الإلكترونية بأنها دوريات تعد وتوزع بشكل إلكتروني وتغطي موضوعات عريضة بدءاً من المواد الإخبارية إلى المقالات العلمية المحكمة. ويوجد عدد من الدوريات الإلكترونية يمكن الاطلاع عليها عبر الإنترنت مجاناً. كما توجد دوريات أخرى تصدرها مؤسسات خاصة حيث يجب أني دفع المستفيد رسوم اشتراك كي ترسل إلى صندوق بريده الإلكتروني.

ويتزايد عدد الدوريات الإلكترونية باطراد. ونظراً لنجاح الدوريات الإلكترونية المنشورة حتى بداية عقد التسعينيات الميلادية فمن المتوقع أن تحظى بنشر نصيب أكبر من المقالات خلال السنوات المقبلة.

ومن مزايا الدوريات الإلكترونية سرعة النشر، والتكشيف الآلي، وانخفاض التكلفة بالنسبة للمكتبات، إضافة إلى إمكان إعدادها كوثائق وسائط متعددة تجمع بين النص والصوت والصورة الثابتة والمتحركة وارتباطات تشعبية مع وثائق أخرى منشورة عبر الإنترنت. والميزة الأخيرة كفيلة بجعلها وعاء مختلفاً عن الدوريات الورقية مما يدعم نجاحها وسرعة انتشارها.

القضايا المهمة التي ينبغي أن تأخذها المكتبات في الاعتبار عند اختيار الدوريات.

- الاختيار من بين الخدمات المتاحة: ما هي الدوريات والمميزات التي تسد احتياجات المستفيدين، وما مدى تكييفها لتتناسب واحتياجات المستفيدين والمكتبة؟

- مبررات التكلفة: ما القيمة التي تحملها الدورية الإلكترونية، وكيف يمكن وضع قيمة سعرية للمزايا التي تهم المستفيد مثل سهولة الاستخدام وتوفير الوقت وتأمين الوصول المستمر طوال الـ 24 ساعة في اليوم؟ وهل يوجد مزايا أخرى تعوض عن الدوريات الإلكترونية في مجالات أخرى مثل أسعار منخفضة للإعارة المتبادلة، أو التجليد، أو التخزين، أو مبنى جديد؟

- بوابات الدخول للخدمة: يقدم الناشرون والموزعون خدمات عديدة، لكن كيف يمكن للمكتبة أو لمجموعة المكتبات أن تكون بوابة تقدم خدمات الدوريات الإلكترونية بشكل ثابت ومستمر؟

- تحديد موقع الخدمات الجديدة: يملك أعضاء هيئة التدريس السلطة والتأثير ولكن أكثر المستخدمين هم من طلاب الدراسات العليا.

- الدعم: ما هو موقع الخدمة من سياسات المؤسسة المتعلقة بالحاسبات الشخصية وشبكة المعلومات، ومن المسئول عن التعريف بالخدمة وتقديم التدريب والدعم ... الخ؟

- الأرشفة: بما أن الأرشيف يتنامى مع الوقت، من المسئول عن صيانته الموزعون أو الناشرون أو المكتبات؟.

وتصدر الدوريات الإلكترونية في صورتين مختلفتين كالتالي:

- دوريات مطبوعة؛ ولها إصدار مواز في شكل الإلكتروني وهذا يشمل الجزء الأكبر من الدوريات.
- دوريات إلكترونية فقط؛ أي أنها تصدر في شكل إلكتروني فقط وهي لا تحتاج إلى ناشر بل إلى محرر وربما هيئة علمية إذا كانت الدورية علمية محكمة.

ولكلا النوعين أهميتهما في المجتمع العلمي وأثرهما على خلق المعرفة ونشرها أكاديمياً، لذلك حظيت الدوريات الإلكترونية بأهمية في صناعة المعلومات كما حظيت باهتمام الكتاب والمؤلفين والناشرين والمكتبات ومراكز المعلومات،.

وهناك شكلان للدوريات الإلكترونية الموجودة علي شبكة الإنترنت والتي أثرت على تحول الكبير من الدوريات العلمية من دوريات مطبوعة فقط إلى دوريات إلكترونية:

عناوين النص الكامل (Full text Titles):

وتحوي عدداً من المجلدات السابقة للدورية بالإضافة للأعداد الحديثة وكل عدد يحوي جميع المقالات المنشورة به مع مقدمة المؤلف ومراجعات كتب وورود قصيرة وبعض المواد الملحقة. وقد تعامل المقالات في هذه الدوريات كملفات مستقلة أو كحزمة واحدة وتوزع بطريقة توحي بان الدورية أو العدد من الدورية يعامل كملف. وينقسم الاشتراك فيها إلى ثلاثة أقسام:

- عناوين تتوافر على الإنترنت بالمجان ولا تحتاج إلى اشتراك، ويوجد عدد كبير من هذه الدوريات العلمية وشبة العلمية والإخبارية كاملة النص والمجانية على شبكة الإنترنت.

- عناوين تصدر في شكلها الإلكتروني بالإضافة إلى النسخة المطبوعة ويكون الاشتراك الآلي مصاحبا للاشتراك الورقي. أي انه في حالة الاشتراك في النسخة المطبوعة فإن الإصدار الآلي يعطي بالمجان. كما يمكن الاشتراك في النسخة الإلكترونية منفردة.

- عناوين تصدر مطبوعة وإلكترونية ويكون لكل إصدار اشتراك منفصل.

عناوين المختصرات (Abstracts Titles):

- وهي عبارة عن عناوين تقوم فقط بنشرمستخلصات المقالات والبحوث المنشورة بالأعداد المطبوعة ولها قيمتها من حيث كونها أشعار بالأعداد الجديدة وفي نفس الوقت مرجع يودي إلى مستخلصات الأعداد القديمة. وهذا النوع من الدوريات الإلكترونية لا يتطلب اشتراكاً للبحث في مستخلصات الأبحاث بل يتوفر ذلك بالمجان ويمكن طلب البحوث كاملة من الناشر مباشرة لقاء مبلغ محدد.

- لقد تطور النشر الإلكتروني للدوريات تطوراً سريعاً تحقق فيه تحسن في نوعية المادة المنشورة، وذلك عن طريق نشر المجلات العلمية المحكمة المعروفة، ونوعية النشر عن طريق استخدام برامج ناقلة محسنة تفحص جودة النشر، كاستخدام برنامج PDF.

- تعتبر الدوريات أوفر أوعية المعلومات نصيباً في ميزانية المكتبات، وتشير الإحصائيات المتوفرة إلى تفاوت نسبة مخصصات اشتراكات الدوريات بشكل ملحوظ، حيث أنها تستأثر بثلاثة أرباع ميزانية المكتبات... وتشير التقديرات الحديثة إلى وجود ما يزيد عن 25000 دورية علمية تهم المكتبات، نصفها تصدر الواحدة منها أكثر من 1000 نسخة. كما ارتفعت أسعارها في السنوات الخمس

عشرة الماضية بنسبة 35%، مما اضطر غالبية المكتبات إلى إلغاء بعض العناوين المشتركة فيها. إلا أن الناشرين رفعوا الأسعار أكثر بسبب تراجع الاشتراكات، بغية تغطية التكاليف والأرباح.

وقد أثارت عملية التحول من الدوريات المطبوعة إلى الدوريات الإلكترونية عدة تساؤلات هامة وهي:

- ما تكلفة الدوريات الإلكترونية وهل ستكون أكثر أم أقل من الدوريات المطبوعة؟

- كيف ستكون اتفاقية الاشتراك من الناشرين أو الممولين؟

- ما هي الفترة أو المرحلة الانتقالية التي يجب أن تأخذ في الحسبان للتحول من المطبوع إلى الإلكتروني؟

- هل ستقوم المكتبة على توقيف الاشتراك في الدوريات المطبوعة؟

- ما مدى تأثير ذلك على مستخدمي المكتبة، وعلى الباحثين في الدوريات؟

- أي من خدمات الدوريات الإلكترونية ستختار المكتبة، لتفي بحاجة قراءها، وما مدى الثقة بهؤلاء الممولين الجدد؟

- هل ستحتاج المكتبة، إلى أكثر من ممول في هذا المجال وكيف سيتم الربط بين الدوريات الإلكترونية المختلفة؟

- هل ستتمكن المكتبة، من اختيار العناوين التي ترغب في الاشتراك بها أم ستضطر إلى الاشتراك في الحزم التي يعرضها الممولين دون اختيار العناوين؟

- كيف يتم الربط بين الدوريات الآلية وفهرس المكتبة الآلي والخدمات المرجعية الأخرى كقواعد البيانات الآلية؟

- ماذا عن الأعداد القديمة أو أرشيف الدورية وعن إمكانية توفره عند الاشتراك في الدورية آليا؟ وماذا عن بقاء أرشيف الدورية بعد قطع الاشتراك؟

- هل سيكون للمكتبة، الحق في التصرف واستخدام العناوين المشترك في نظام الإعارة بين المكتبات والذي هو ممكن في حالة الدوريات المطبوعة؟

- ما هي الإمكانات الآلية اللازمة للدخول إلى مواقع الدوريات والتي تشمل Hardware وSoftware والتوصيلات والمحولات الاتصالات والشبكات الإلكترونية؟

- ما هو أثر الاشتراكات الآلية على خدمة قسم الدوريات والنشاط اليومي في خدمة المستفيدين وهل سيؤثر ذلك سلباً أم إيجاباً؟

- ما تأثير ذلك على أقسام المكتبة الأخرى كقسم المراجع والإعارة؟

5- الكتب الإلكترونية: E-Books

يعرف النشر الإلكتروني E – Publishing بأنه شكل من أشكال النشر حيث تنتج الكتب وتخزن إلكترونياً بدلاً من الطباعة المعتادة. ويمكن إنتاج الكتب الإلكترونية E-Books بأشكال عديدة تشمل إنتاجها على الخط المباشر، أو في أقراص مرنة أو مضغوطة، أو على شكل ملف حاسب يمكن تحميله أو إرساله عبر البريد الإلكتروني، أو على شكل ملف يمكن تحميله في جهاز قارئ محمول أو أي جهاز مماثل. ولا يشمل النشر الإلكتروني حسب هذا التعريف إنتاج نسخة إلكترونية (على الخط المباشر أو في أقراص مضغوطة) لكتاب سبق نشره وطباعته على الورق، أو طرح نسخة إلكترونية بالتزامن مع نشر الكتاب ورقياً.

ومن مزايا النشر الإلكتروني أنه يساعد على تخفيض المدة التي يستغرقها نشر العمل، ويفتح المجال أمام عدد أكبر من المؤلفين المبتدئين، ويتيح إخراج الكتب وتضمينها كل أشكال المعلومات من نص وصوت وصورة، ويوفر الكتب على مستوى العالم، ويخفض تكلفة بقاء الكتاب معروضا لدى الناشرين ودور البيع،

أما عيوبه فهي ارتفاع الأسعار، وانخفاض معدل المبيعات، وعدم تواجد الكتب الإلكترونية في محلات بيع الكتب، والاعتماد في إعداد الكتب ونشرها على برامج وتقنيات محددة قد لا تتوافر لدى المستفيد، وعدم الحماية ضد النسخ أو تغيير المحتوى، وعدم إقبال المستفيدين في الوقت الراهن على القراءة من الشاشة (Allen, 2000).

ولأن الكتب الإلكترونية تتكون من الأجهزة التي تعرض النصوص الإلكترونية والنصوص الإلكترونية ذاتها فيمكن للمفهرس أن يفهرس الجهاز وما يحتوي من عناوين أو يفهرس العناوين فقط ويعد مداخل لها في الفهرس العام. وفي هذه الحالة يستطيع المستفيد استعراض بيانات ببليوجرافية عن الكتب الإلكترونية وكذلك استعراض النص الكامل.

6- ملكية مصادر المعلومات وإتاحة الوصول إليها:

يوجد نموذجان لتنمية المجموعات: النموذج الأول هو امتلاك أوعية المعلومات وفقاً لاحتياجات المستفيدين وإتاحتها لهم. أما النموذج الثاني فينظر إلى مجموعات المكتبة بأنها ما تقتنيه من أوعية إضافة إلى ما يمكن تأمين الوصول إلى محتواه. والواقع أن الإفادة من تأمين الوصول إلى المعلومات - خصوصاً في المكتبات،- ليس جديداً. ولا يزال الحصول على الوثائق عبر خدمة الإعارة المتبادلة أو تقديم خدمات المعلومات من قواعد البيانات على الخط المباشر أو من الأقراص المليزرة يقتطع جزءاً من ميزانيات المكتبات.

ولكن مع انتشار مصادر المعلومات الإلكترونية وتزايدها كماً ونوعاً، فإن هناك اتجاه إلى تأمين الوصول إلى المحتوى بدلاً من امتلاك أوعية المعلومات. وقد يكون الوقت مبكراً لحدوث التحول الكامل، ولكن من المؤكد أننا نعيش بدايته

ولا ينبغي الاستمرار في الجدل حول هذه القضية لأنها تتعلق بفعالية خدمات المعلومات مقارنة بتكلفتها؛ بل يجب التركيز على التوازن المثمر بين الامتلاك وتأمين الوصول إلى المحتوى.

7- المكتبات الرقمية (الإلكترونية):

بعد انتشار تطبيقات الإنترنت، دأبت كثير من المكتبات إلى إنشاء مواقع لها في الشبكة، وربط فهارسها على الخط المباشر، وعبر هذه المواقع حيث يستطيع المستفيد أن يصل إليها والإفادة منها من أي مكان من العالم وفي أي وقت. وهذا الاستخدام للإنترنت لا يحول المكتبات التقليدية إلى مكتبات رقمية التي تختزن معلومات إلكترونية وتتيحها للمستفيد عبر الإنترنت كما سنرى لاحقاً.

إن فكرة المكتبة الرقمية لم تكن وليدة عقد التسعينيات الميلادية، بل كانت – مثلها مثل أي تطور– نتيجة تراكم جهود عدد كبير من العلماء والرواد في هذا المجال.

تعريفات المكتبة الرقمية حسبما هو متداول بين المهتمين:

• مجموعة من المواد التي تم تحويلها إلى بيانات رقمية أو المواد المرمزة بصيغة قابلة للتبادل إلكترونياً.

• المؤسسة التي تملك هذه المواد أو التي تتحكم في استخدامها.

• الجهة التي تربط في شبكة المؤسسات القائمة لتوفير الاتصال بالمعلومات الإلكترونية، وتضع الأسعار، وتوفر أدوات البحث، وتحمي حقوق التأليف.

• مجموعة المؤسسات التي تجمع المعلومات.

• المكتبة التي تمسح جميع أشكال المواد ضوئياً، وتدخلها عن طريق لوحة المفاتيح، وترمزها بهدف إتاحة الوصول إلى جميع مقتنياتها إلكترونياً من أي مكان.

- أو هي المكتبة التي يتوافر لديها اتصال بالإنترنت ومجموعة قواعد معلومات مليزرة.

وتتميز المكتبات الرقمية بميزات عديدة، منها:

- إيصال المعلومات إلى المستفيد أينما كان في عمله أو في منزله إذا توافر له حاسب شخصي واتصال شبكي.

- استغلال طاقات الحاسب الهائلة في البحث عن المعلومات واستعراضها.

- المشاركة في المعلومات خصوصا النادر منها وقليل الاستخدام.

- حداثة المعلومات التي تشكل محتويات المكتبة الرقمية.

- إتاحة المعلومات في جميع الأوقات.

- إمكان إنشاء أشكال جديدة من المعلومات.

- إمكان تخفيض تكلفة المكتبة الرقمية وإدارتها.

8- تسويق المعلومات العلمية والتكنولوجية:

يقوم النشاط التسويقي معبراً عن أحد ملامح الإدارة الذكية الفاعلة من أجل إرضاء وإشباع الحاجات المتطورة والمتغيرة للباحثين، وليصبح التسويق إحدى القوى الدافعة للارتقاء بخدمات المعلومات، فمن المهم التعرف على دوافع القارئ والباحث وتحديد مكان تواجده وما الذي يؤثر في قراراته للاستفادة بالخدمة المعلوماتية، حتى يمكن أن يتم التوجه إليه بإستراتيجية وسياسات جاذبة، فمن المفيد والمهم للقائمين على المكتبات ومراكز المعلومات فيها، أن يعلموا أنهم يخدمون قراء ودارسين وباحثين متنوعي الرغبات، لذا يلزم السعي لتطوير ما لديهم من مقتنيات مما يجعل هذا القارئ أو الباحث هو دائماً الزائر المرتقب.

إن تفحص ما هو متاح من خدمات معلومات وتحليل معناها يمكن القائمين على الخدمات المعلوماتية من رسم شكل المستقبل، مع توقع حجم ونوعية النشاط، تمهيداً لصياغة إستراتيجية التسويق ورسم السياسة الهادفة للوصول للمستفيد المرتقب بأقل جهد وأدنى تكلفة، كذلك يتعرف الباحث أو المستفيد على ما أعد له من خدمات معلوماتية لإشباع حاجاته ورغباته المتنوعة والمتعددة.

لقد أصبح التسويق صيحة العصر في مجال المعلومات العلمية والتكنولوجية لإشباع الحاجات، من خلال المزيج المتكامل من الخدمات الذي يقدم عليه المتخصصون ومسؤولياتهم في إشباع الرغبات، والحاجات المتطورة والمتغيرة للمستفيدين، والتي تعتبر المبرر الاقتصادي والاجتماعي المجدي لمجهوداتهم، على افتراض أن الاهتمام بالزائر أو الباحث أو المستفيد هو أصل ومبرر قيام النشاط ذاته.

ويمكن أن يتضمن النشاط ثلاث مهام رئيسة في ظل إدارة فاعلة للمعلومات العلمية والتكنولوجية في المكتبات ومراكز المعلومات، **وهذه المهام هي:**

- تدبير الاحتياجات وتوفير الموارد البشرية والمادية والمدخلات المعلوماتية اللازمة.
- تنظيم الموارد وتوجيهها وتشغيلها.
- التصرف في المخرجات بالعرض الذكي بما يعطي أقصى عائد ممكن من المعلومات العلمية والتكنولوجية.

أ) الحاجات والرغبات:

تعد الرغبة والحاجة لخدمات المعلومات العلمية والتكنولوجية هي نقطة البدء في النشاط التسويقي لها، كما تعتبر الرغبة في تقديم خدمات المعلومات بمثابة السبيل لاختيار الوسيلة اللازمة لإشباع هذه المتطلبات، لذا فالقائمين على إدارة

المعلومات العلمية والتكنولوجية لا يعتنوا بتنمية الحاجات وتوليدها فقط، بل يقوموا أيضاً بإشباع الرغبات وتوجيهها والتأثير في القرارات الخاصة باختيار نوع الخدمة المعلوماتية اللازمة، حيث تتحقق قيمة الخدمة وفقاً لقدرتها على إشباع منافع مباشرة لدى المستفيدين.

ب) تبادل المنافع:

تعتبر عملية التبادل لب قضية التسويق، فعلى مقدم الخدمة المعلوماتية أن يعطي للمستفيد شيئاً ذا قيمة بالنسبة له، مقابل شيء ذي قيمة يقدمه المستفيد للقائمين على الخدمة المعلوماتية، ألا وهو مزيد من الإقبال والازدهار في العمل ومزيد من التدفق على طلب الخدمة التي تقدمها المكتبة.

بناء على مفهوم تبادل المنافع، فإن هذا التبادل يقوم على:

- وجود طرفين في التعامل (المستفيد ومقدم الخدمة المعلوماتية).
- يكون لكل طرف القدرة على الاتصال والتلقي في الوقت المناسب وبالشكل الصحيح، من المرة الأولى وفي كل مرة.
- الانطلاق نحو جهة المستفيد (القارئ، الدارس، الباحث).
- الترابط بين النشاط التسويقي للمعلومات العلمية والتكنولوجية والعملية التنظيمية والإدارية الفاعلة والحاكمة (التحليل- التخطيط- التوجيه).
- استمرار الوظيفة الترويجية للمعلومات، أي استمرارية الارتباط بالمستفيد والعمل على جذب مستفيدين جدد.

ج) العرض والطلب:

تعتبر المواءمة بين العرض والطلب على خدمات المعلومات العلمية والتكنولوجية

ضرورة يطلبها مجتمع المستفيدين، لذا فمن المهم التنبؤ بحجم الطلب في الأجلين القصير والطويل في إطار إدارة ذكية للمعلومات العلمية والتكنولوجية. وتتمثل الصعوبات التي تعترض عملية التبادل بين مقدمي الخدمة والمستفيدين على مدى إثارة الطلب الانتقائي وفق النقاط التالية:

- زيادة عدد مستخدمي المعلومات (الرغبة والقدرة على الاقتناء).

- زيادة معدلات الاقتناء (توسيع قاعدة الخدمة – تشجيع المستفيد على التعامل).

- المحافظة على المستوى الإشباعي للمستفيد ثم الارتقاء بهذا المستوى.

- التغلب على فجوة المنافسة مع المؤسسات المشابهة.

- مجاراة المنافسين ثم التميز عليهم في تقديم تنوع في خدمات المعلومات.

وتسعى جهود التسويق في خدمات المكتبات، إلى تخطي الفواصل المختلفة من خلال توليد بعض المنافع مثل المنفعة الزمانية والمنفعة المكانية ومنفعة التملك، هذا فضلا عن المنفعة في بعض الأحيان.

د) زيادة الخدمة التسويقية:

يمكن أن يتحقق مزيد من الخدمة التسويقية في مجال المعلومات العلمية والتكنولوجية في المكتبات ومراكز المعلومات، من خلال:

- ارتياد مناطق جديدة لتواجد المستفيدين والعمل على جذب مستفيدين جدد.

- عرض استخدامات جديدة ونماذج متنوعة لخدمات المعلومات العلمية والتكنولوجية.

- تنوع الإتاحة الممكنة من خدمات المعلومات.

تأثير التكنولوجيا على المكتبات

1- **المباني والتجهيزات:** لم تكن معظم المكتبات مصممة لتستوعب التكنولوجيا الحديثة، التي يدفع إدخالها إلى التفكير والأخذ بالاعتبار نوع وعدد وتطبيقات أجهزة معالجة البيانات وكافة أشكال تكنولوجيا المعلومات، كما يؤخذ في الاعتبار عند التصميم تزويد كافة أجزاء المكتبة بوصلات ونقاط كهربائية غير متقطعة، وفي ضوء ذلك لابد من إعادة النظر في حجم المكتبة وشكلها وتصميمها.

2- **التشريعات والقوانين:** لقد تحقق من خلال تكنولوجيا الحاسوب وتكنولوجيا الاتصالات مفهوم القرية الكونية، فالمستفيد المتواجد في مدينة ما في العالم يستطيع الآن الوصول إلى معلومات مخزنة على حواسيب في مدينة أخرى بعيدة آلاف الأميال، ومع أنه قد لا يجمع بين هاتين المدينتين إلا القليل من حيث اللغة والدين والثقافة والبيئة، أو غيرها من القوانين والأنظمة والتشريعات والقواعد الأخلاقية والقيم، إلا أنهما يتشاركان في استخدام مصدر واحد للمعلومات بما ينطوي عليه ذلك من فوائد ومخاطر. ذلك أن انتقال المعلومات عبر الحدود أصبح حقيقية واقعة من خلال الإنترنت أو غيرها، وأصبح من الضروري التفكير في كيفية استيعاب معلومات وأفكار وثقافات من أصل ليس متوافقاً بالضرورة مع الآخرين، كما أن بعض فئات المعلومات كالسجلات الحكومية أو المعلومات الشخصية أو المعلومات التي تحكمها قوانين الحماية المؤقتة أو الطويلة تعامل بطرق مختلفة في دول متعددة؛ ولذا يتوجب أخذها في الاعتبار عند التشريع.

3- **تعليم علم المكتبات والمعلومات:** كان لابد في عصر المعلومات الجديد

من توافر نوع جديد من العاملين في مجال المكتبات، وهنا يبرز جانبان يتطلبان اتخاذ خطوات حاسمة هما:

أ- هناك حاجة ماسة وحقيقية لتأسيس برنامج لعلم المكتبات والمعلومات في واحدة من الجامعات في كل قطر عربي على الأقل، على أن يكون هذا البرنامج على مستوى الدرجة، الثانية؛ من أجل تخريج متخصصين أكاديميين وخبراء مؤهلين للتعامل مع تكنولوجيا المعلومات في المكتبة.

ب- يجب تصميم البرنامج بطريقة مدروسة تعكس الحاجات الحالية والمتوقعة لمتخصصي المعلومات، على أن يكون التركيز على إدارة المعلومات والمعرفة والمعلوماتية والاتصالات.

4- الموظفون والتوظيف: يجب إيلاء الاهتمام الكافي لمتطلبات التوظيف في المكتبات ومراكز المعلومات من حيث المؤهلات والاختيار ونوع التوظيف، والتدريب أثناء الخدمة والدوافع والرضي عن العمل، ويتعين على المكتبات والقائمين عليها الأخذ بما يلي:

أ- مواصفات المكتبي المؤهل: لابد للمواصفات التقليدية للمكتبي أو المسئول عن خزن المعلومات من أن تتغير، وينبغي البحث عن المكتبي الذي تتوفر لديه الخبرة والقدرة على التعامل مع التكنولوجيا، على أن يكون قادراً على التعامل مع موارد المعلومات الجديدة والبحث فيها والاستفادة منها، فعلى أمين المكتبة أو متخصص المعلومات أن يكون جزءاً من المكتبة العالمية أو مكتبة الواقع التخيلي، بحيث يساهم فيها ويستفيد منها لصالح المستفيد النهائي.

ب- حاجات التدريب: لابد في عصر المعلومات من دعم التعليم المستمر، والتعليم عن بعد، والتعلم من خلال الخبرات المكتبية، ويتوجب على

أمناء المكتبات تعلم كل ما هو جديد؛ ليكونوا قادرين على التعامل مع الحواسيب وشبكات المعلومات والاتصالات وقواعد البيانات وحاجات المستفيدين، وهذا لا يتأتى إلا من خلال التعلم المستمر مدى الحياة.

ج- **دور المكتبي في نقل التكنولوجيا:** على كل مكتبة أن تضع سياسات، وتحدد أهدافاً واقعية لإدخال التكنولوجيا إلى المكتبة ودعمها لصالح المستفيد النهائي. ويتطلب هذا الأمر التعاون المستمر والنقاش العلمي بين العاملين في المكتبات ومراكز المعلومات والعاملين في مراكز الحاسوب والتكنولوجيا، وسوف يتدعم دور المكتبي في المستقبل حين تسود التكنولوجيا ليكون أكثر قدرة على توفير المعلومات للمستفيد بشكل أكثر كفاءة وبكلفة أقل، من خلال إرشاد المستفيدين لأفضل الطرق للبحث في موارد المعلومات والوصول إليها.

5- المخصصات المالية: لعل من أكثر القضايا التي تؤثر على المكتبات في عصر المعلومات أهمية المخصصات المالية والموارد البشرية وطريقة توزيعها، إذ بدأت الميزانيات تأخذ أشكالاً جديدة من حيث توزيع بنودها، التي تتأثر بنوع وعدد الموظفين الذين سيتم استخدامهم، والموازنة بين المواد المطبوعة وغير المطبوعة في المكتبة، والوصول إلى موارد المعلومات خارج المؤسسة والمتشابكة ومشاركة الموارد وتنمية الموارد البشرية، وتعليم المستفيدين، وتسويق المعلومات. ولا يتطلب الأمر بالنسبة للجامعات تخصيص موارد مالية أكثر للمكتبات فحسب، بل النظر في طريقة توزيعها أيضاً.

6- سلوك البحث عن المعلومات: نتيجة للتغيير في مصادر المعلومات وطريقة الوصول إليها في أماكن بعيدة ومتعددة، وسرعة التغير في حاجات المعلومات بناء على كميات المعلومات المسترجعة، فقد تأثرت الطريقة التي يبحث بها

المستفيد عن المعلومات والطريقة التي يغير بها إستراتيجية البحث من وقت لآخر، كما تغير سلوك المستفيد في البحث عن المعلومات بسبب التغير في مكان وجود المعلومات. ولعل أوضح الأمثلة على ذلك، هو وجود الموسوعات والمصادر المرجعية الأخرى بين يدي المستفيد في البيت كالموسوعة البريطانية وقاموس أكسفورد والأطالس العديدة الأخرى، بالإضافة إلى العديد من قواعد البيانات الإحصائية والببليوجرافية الأخرى المحملة على الأقراص المتراصة أو على الإنترنت، ولعل كل ذلك يعني أن المستفيد لن يحضر بنفسه إلى المكتبة إلا إذا كان قد استنفد وسائل البحث الأخرى المتاحة أمامه، ومن هنا فإن دوراً جديداً ومختلفاً ينتظر أمين المكتبة بناء على التغير في سلوك المستفيد، في ضوء التغيرات التكنولوجية.

7- التفاعل بين المستفيد والنظام: إن المستفيد هو النقطة المحورية في نظام المعلومات، وهو جوهر النظام، ورضاه هو الهدف الأساسي من تطوير الخدمات وتحسينها، وعليه فإن التكنولوجيا مهدت وسهلت عملية التغذية الراجعة من المستفيد لكي يقوم النظام بالاستفادة من ردود الفعل وتقديم نتائج بحث وخدمة أكثر جودة، كما مكن هذا التفاعل بين المستفيد والنظام المستفيد من التعبير عن آرائه في واجهات البحث وطريقة عمل الكشافات وسرعة النظام والدقة في الاسترجاع. ومن خلال التفاعل بين النظام والمستفيد، أصبحت الفترة التي يتعين على المستفيد خلالها الانتظار للحصول على نتائج قصيرة جداً، وربما غير موجودة.

مراجع الفصل الأول

بدريه أحمد عبد الـلـه المطروشى: دور التكنولوجيا في تصميم الهياكل التنظيمية مع دراسة ميدانية على الأجهزة الحكومية الاتحادية بدولة الإمارات العربية المتحدة – رسالة ماجستير غير منشورة – كلية الاقتصاد والعلوم السياسية – جامعة القاهرة – 2001م.

عوض مختار: المراكز التكنولوجية ودورها في نقل وتوطين التكنولوجيا – الطبعة الأولى – المكتبة الأكاديمية – 1999م.

طلعت عبدالحميد، وآخرون: إشكاليات التعليم المستمر والتدريب المعاود – الطبعة الأولى – دار فرحة – المنيا – 2004م.

محمد السيد سعيد: الثورة التكنولوجية، خيارات مصر للقرن 21 – الطبعة الأولى – مركز الدراسات السياسية والإستراتيجية – القاهرة – 1996م.

عز الدين عبدالمجيد صابر: أثر استخدام نظم دعم القرار على فعالية القرارات الإدارية – رسالة ماجستير – كلية التجارة – جامعة الإسكندرية – 1995م.

عبدالوهاب نصر، وشحاتة السيد شحاتة: دراسات متقدمة في الحاسبات وتكنولوجيا المعلومات – الدار الجامعية – الإسكندرية – 2003م.

على محمد عبدالمنعم: تكنولوجيا التعليم والوسائل التعليمية – دار النعمان – القاهرة – 1996م.

سالم محمد سالم "تطوير الموارد البشرية في قطاع المعلومات في البيئة الإلكترونية: دراسة للاهتمام المؤسسي في المملكة العربية السعودية" في: التحديات والفرص المتاحة للمكتبات الخليجية في الألفية الجديدة: أعمال المؤتمر السنوي الثامن لجمعية المكتبات المتخصصة. أبوظبي: جمعية المكتبات المتخصصة، 2000.

محمد فتحي عبدالهادى.المعلومات وتكنولوجيا المعلومات على أعتاب قرن جديد .دراسات في علم المكتبات والمعلومات.5. القاهرة: مكتبة الدار العربية للمكتبات، 2000.

محمد محمد أمان. "التعليم المستمر وتحديث المعلومات لأخصائي المعلومات في الوطن العربي ."المجلة العربية للمعلومات مج 8، (1987) ع1.

محمد محمود الحيلة. تكنولوجيا التعليم بين النظرية والتطبيق. عمان: دار المسيرة، 1998.

إبراهيم عبد الوكيل الفار: تربويات الحاسوب وتحديات مطلع القرن الحادي والعشرين دار الكتاب الجامعي – العين – 2003م.

أحمد جمعه أحمد، وآخران: التعليم باستخدام الكمبيوتر (في ظل عالم متغير) – الطبعة الأولى – دار الوفاء – الإسكندرية – 2006م.

أحمد حامد منصور: المدخل إلى تكنولوجيا التعليم – سلسلة تكنولوجيا التعليم – جامعة المنصورة – 1992م.

أحمد محمد الشامي وسيد حسب اللـه: الموسوعة العربية لمصطلحات علوم المكتبات والمعلومات والحاسبات - المجلد الثاني - المكتبة الأكاديمية - القاهرة - 2001م.

أحمد محمد سالم: تكنولوجيا التعليم والتعليم الإلكتروني – الطبعة الأولى – مكتبة الرشد – الزقازيق – 2004م.

نبيل علي. ثورة المعلومات الجوانب التقانية (التكنولوجية). في العرب والعولمة. بيروت: مركز دراسات الوحدة العربية، 2000. ص 103-126.

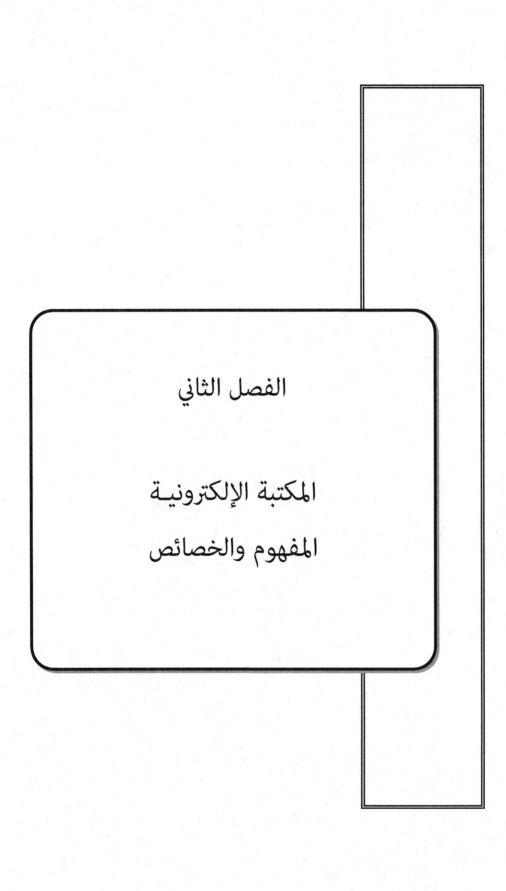

الفصل الثاني

المكتبة الإلكترونية

المفهوم والخصائص

الفصل الثاني

المكتبة الإلكترونيـة : المفهوم والخصائص

المكتبة الإلكترونية:

تعد احتياجات المستفيدين بمثابة حجر الزاوية لتخصص المكتبات والمعلومات، ولمواجهة احتياجات المستفيدين والإجابة على تساؤلاتهم تجرى العديد من الدارسات والبحوث على أوعية المعلومات وما يرتبط بها من عمليات كالاقتناء والتنظيم والاختزان والاسترجاع؛ ذلك أن مواجهة تلك الاحتياجات إنما يتوقف على طبيعة المعلومات المقدمة كماً وكيفاً.

ومما لا شك فيه أن التقنيات الحديثة وما تنتجه من قدرات هائلة في مجال إنتاج المعلومات ومعالجتها واختزانها واسترجاعها وبثها قد أحدثت تغييرات جوهرية في طبيعة المعلومات من ناحية وأشكال الوسائط التي تنطوي عليها من ناحية أخرى.

وتكتسب المكتبات الإلكترونية دون سائر التطبيقات المختلفة لتقنيات المعلومات وشبكاتها أهمية متزايدة في المشرق والمغرب في الوقت الراهن. ويضطلع هذا النوع من المكتبات العصرية بتقديم مستو راق من الخدمات المعلوماتية من خلال: اقتناء مصادر معلومات متنوعة، وإنتاج وتصميم مصادر معلومات جديدة، وإنشاء قنوات للتواصل والتحاور بين مجتمعي المكتبيين والمستفيدين، واقتفاء أثر المعلومات والبحث عنها أينما وجدت.

ولا تقتصر أهمية المكتبات الإلكترونية على إتاحة أساليب غير مسبوقة لتطوير المكتبات فحسب، وإنما تمتد هذه الأهمية لتشمل استعراض المتطلبات المستقبلية اللازمة لتحديث المكتبات التقليدية، وبخاصة فيما يتعلق بتنمية الجوانب المهنية للعاملين بالمكتبات ومرافق المعلومات بهدف صياغة نموذج جديد لأخصائي المكتبات والمعلومات.

تعريف المكتبة الإلكترونية وخصائصها:

يظهر من خلال تنبؤات المتخصصين في مجال المعلومات والمكتبات أن دور المكتبة الإلكترونية سيتسع، وعلى المكتبات أن تغامر للدخول في هذا الاتجاه، وكان (ولفرد لانكستر) في مجمل كتاباته يؤكد على تسارع الزحف الإلكتروني وظهور نظم المعلومات غير الورقية، ويعمل على تحفيز المكتبيين على إعادة النظر في تقييم دور المكتبة ودور المكتبيين كاختصاصي معلومات، ويشير إلى أننا نقترب من اليوم الذي يمكن أن تكون فيه مكتبة عظيمة للعلوم داخل مساحة لا تضم سوى منافذ إلكترونية ومعدات توصيل أخرى.

ويؤكد كذلك بأننا نتحرك الآن بسرعة وفي مد لا ينحسر نحو مجتمع بلا ورق، وتكفل لنا التطورات الهائلة في علوم الحاسوب وتقنية الاتصال القدرة على تصور نظام عالمي يتم فيه تنفيذ تقارير البحوث ونشرها وبثها والإفادة منها في جو إلكتروني خالص، ولن تكون هناك حاجة إلى الورق في هذا المجتمع، ونحن الآن في مرحلة انتقالية في حلقة التطور الطبيعي من الطباعة على الورق إلى الإلكترونيات.

وتتنبأ ماري وولف (M. Wolff) بتطورات حديثة في موضوعات مختلفة مثل المؤتمرات الإلكترونية، والبريد الإلكتروني، والنشر الإلكتروني، والتي سيكون لها تأثيرها الملموس على تنفيذ وظائف المكتبة في المستقبل.

ويرى جيمس طومسون (J. Thompson) أن المكتبات لها دور حيوي في العصر الإلكتروني، وأن رسالتها في اختيار وتخزين وتنظيم ونشر المعلومات سوف تبقى ذات أهمية عالية، وأن طريقة تنفيذ هذه الرسالة أو المهمة يجب أن تتغير بصورة فعلية إذا ما أريد لهذه المكتبات مواصلة الحياة. فضلاً عن ذلك سوف تتضاعف مصادر المعلومات بأشكالها الإلكترونية وخاصة الوسائط المتعددة (Multi-media)

ويورد حشمت قاسم عرضاً وتحليلاً لمجموعة مقالات حول المكتبة في القرن الحادي والعشرين نقتطف منها بعض تصورات الباحثين وتوقعاتهم لمكتبة المستقبل.

إذ يرى ديفيد بنيمان (W. David Penniman) رئيس مجلس الموارد المكتبية في الولايات المتحدة الأمريكية في بحثه عن (تشكيل مستقبل المكتبات من خلال القيادة والبحث) أن مفتاح استعداد المكتبات للمستقبل هو الرغبة في التغيير,

وضرورة تركيز المكتبات على الإمداد بالمعلومات لا مجرد اختزان المعلومات، كما ينبغي أن يكون تقييم المكتبات بناءً على ما تقدمه من خدمات لا على ما تملكه من مقتنيات.

ويقدم كينث داولين (Kinneth E. Dowlin) تصوراته من خلال خبرته في إدارة مكتبة سان فرانسيسكو في بدايتها المبكرة، ويتساءل هل ستظل المكتبات قائمة عام 2020م ؟ ويعتقد أن المكتبات ستشغل مبنى ذكياً يحتوي على وحدات للبث السمعي والمرئي قادرة على إيصال خدمات المكتبات إلى المنازل.

وعن تقنيات المعلومات الحديثة وكيفية الإفادة منها في المكتبات ومرافق المعلومات يسجل ديفيد رايت (David Raitt) تأملاته عن مكتبة المستقبل ويسجل

تطور استخدام الحواسيب في المكتبات وصولاً إلى المشابكة على اختلاف مستوياتها، والمقر الذكي الذي تدار جميع عناصره وعملياته من خلال الحواسيب والذي يطلق عليه ميناء المعلومات (Infoport) ويذكر تقنيات مكتبة المستقبل مثل الكتب الإلكترونية، والحواسيب، والأسطوانات الضوئية المتراصة، والبرمجيات التي تستثمر إمكانات النظم الخبيرة والذكاء الاصطناعي، والشبكات العصبية وغيرها.

ويقدم باحثون آخرون في دراستهم عن (مركز المعلومات الفعلي، العلماء والمعلومات في القرن الحادي والعشرين) تصوراتهم المستندة إلى ثلاث مسلمات هي:

1- إن مكتبات المصادر الورقية في سبيلها للانقراض.

2- إن المعلومات ما دامت متوافرة فإن المستفيد لا يحفل بمصدرها أو بكيفية تقديمها.

3- أن احتياجات المستفيدين من المعلومات لا حدود لها، إلا أنه يمكن التعرف إلى معالمها.

ويتضح من خلال هذا العرض لمجمل هذه الآراء والتصورات ووجهات النظر المختلفة أن أغلبية الآراء تتفق على ضرورة تقييم المكتبات بناء ما تقدمه من خدمات لا على ما تضم من مقتنيات، كذلك فإن دور هذه المكتبات سوف يتغير، فقد لا تصبح المكان الذي يرتاده المستفيدون وإنما المصدر الذي يمكن الإفادة منه عن بعد، فضلاً عن التغيرات في مهن المكتبيين ووظائفهم في ظل هذه التطورات التكنولوجية المتلاحقة والتحديات التي تواجهها المكتبات ومرافق المعلومات.

ولابد من مواجهة حقيقية واضحة وهي أن المكتبات بأنواعها المختلفة قد تأثرت بالتكنولوجيا الحديثة، وأصبحت وسيطاً بين المستفيد ومصادر المعلومات الإلكترونية.

فالحواسيب وتقنيات الاتصال عن بعد المتاحة في هذه المكتبات أصبح بإمكان المستفيد استخدامها للحصول على ما يريده من المصادر المتوافرة في قواعد بيانات إلكترونية أغلبها في مواقع بعيدة ومتفرقة خارج المكتبة.

وقد وفرت مصادر المعلومات الإلكترونية للفرد إمكانية الاتصال وهو في بيته، أو محل عمله للحصول على ما يحتاجه من المعلومات لقضاء حاجاته كإيجاد فرص للعمل، أو للحصول على أحدث الأخبار، أو الشراء، أو التسلية، وكذلك لمعرفة الأحوال الجوية وأسواق العملة، وما إلى ذلك.

ومن خلال ذلك يمكن القول إن مكتبة المستقبل هي المكتبة التي تحقق الوصول السريع والفوري للمعلومات عبر شبكات الاتصال بغض النظر عن مكان الوجود المادي للمصادر والمعلومات.

كما أنها لا تشغل حيزاً مكانياً واسعاً ولا تضم سوى التقنيات والأجهزة ومنافذ ومعدات التوصيل المختلفة لربط المستفيد بقواعد وشبكات المعلومات أينما كانت. لا سيما أن إدخال المزيد من التكنولوجيا لأتمتة وظائف المكتبة سيجعلها في النهاية مركزاً مفتوحاً في عصر بدأ يتجه نحو النشر الإلكتروني للإنتاج الفكري في مختلف حقول المعرفة مع وجود تسهيلات أكبر للوصول إلى شبكات المعلومات.

ونتيجة لهذه التطورات المتلاحقة في تكنولوجيا المعلومات والاتصال، فإن المكتبات ستواجه تغيرات حتمية فيما يتعلق بدورها في المجتمع، وبطريقة عملها في المستقبل، وسيكون تركيزها بالنسبة للتزويد والتخزين، على سبيل المثال، منصباً على إستراتيجية الوصول إلى المعلومات بدلاً من سياسة الاقتناء وتجميع مصادر المعلومات.

وبذلك فإن مثل هذه المكتبات ستنفق رؤوس الأموال على الأجهزة والتقنيات التي تحقق الوصول السريع للمعلومات بدلاً من شراء مصادر المعلومات نفسها.

ويرى بعض المتخصصين أن إحدى مواصفات المكتبات الإلكترونية هي قدرتها على خزن وتنظيم وبث المعلومات إلى المستفيدين من خلال قنوات ومصادر المعلومات الإلكترونية.

سمات المكتبة الإلكترونية:

ويحدد بعض الباحثين أربع سمات أساسية للمكتبة الإلكترونية وهي:

1- قدرة النظام المؤتمت (الآلي) على إدارة مصادر المعلومات.

2- القدرة على ربط متعهد المعلومات بالباحث (المستفيد) من خلال القنوات الإلكترونية.

3- قدرة العاملين على التدخل في التعامل الإلكتروني عندما يعلن المستفيد عن حاجته لذلك.

4- القدرة على تخزين المعلومات وتنظيمها ونقلها إلكترونياً، واستيعاب التقنيات الجديدة المتاحة في عصر الإلكترونيات لدعم قدرتها على تقديم خدمات جديدة متطورة.

مميزات المكتبة الإلكترونية:

1- توفر للباحث كماً ضخماً من البيانات والمعلومات سواء من خلال الأقراص المتراصة، أو من خلال اتصالها بمجموعات المكتبات ومرافق المعلومات والمواقع الأخرى.

2- تكون السيطرة على أوعية المعلومات الإلكترونية سهلة وأكثر دقة وفاعلية من

حيث تنظيم البيانات والمعلومات وتخزينها وحفظها وتحديثها مما سينعكس على استرجاع الباحث لهذه البيانات والمعلومات.

3- يستفيد الباحث من إمكانات المكتبة الإلكترونية عند استخدامه لبرمجيات معالجة النصوص، ولبرمجيات الترجمة الآلية عند توافرها، والبرامج الإحصائية، فضلاً عن الإفادة من إمكانات نظام النص المترابط، والوسائط المتعددة (Multimedia).

4- تخطي الحواجز المكانية والحدود بين الدول والأقاليم واختصار الجهد والوقت في الحصول على المعلومات عن بعد، وبإمكان الباحث أن يحصل على كل ذلك وهو في مسكنه أو مكتبه الخاص.

5- تمكن من استخدام البريد الإلكتروني والاتصال بالزملاء في المهنة والباحثين الآخرين، وتبادل الرسائل والأفكار مع مجموعات الحوار (Discussion groups) وتوزيع الاستبانات واسترجاعها وغيرها.

6- تتيح هذه المكتبات للباحث فرصة كبيرة لنشر نتائج بحثه فور الانتهاء منها في زمن ضاقت فيه المساحات المخصصة للبحوث على أوراق الدوريات.

مهام أمين المكتبة الإلكترونية:

تغيرت مهام ووظائف أمين المكتبة الإلكترونية من أداء الوظائف التقليدية إلى مهام استشاري معلومات، ومدير معلومات، وموجه أبحاث، ووسيط معلومات للقيام بعمليات معالجة المعلومات وتفسيرها وترجمتها وتحليلها، وإتقان مهارات الاتصال للإجابة عن أسئلة المستفيدين، وكذلك الارتباط ببنوك وشبكات المعلومات وممارسة تدريب المستفيدين على استخدام النظم والشبكات المتطورة، وتسهيل مهمات الباحثين.

ويرى بعض الخبراء والباحثين أن المكتبة الإلكترونية ستزيد الطلب على اختصاصي المعلومات من أصحاب الخبرة والمعرفة الواسعة للقيام بالمهام الآتية:

1- استشاري معلومات يعمل على مساعدة المستفيدين وتوجيههم إلى بنوك ومصادر معلومات أكثر استجابة لاحتياجاتهم.

2- تدريب المستفيدين على استخدام المصادر والنظم الإلكترونية.

3- تحليل المعلومات وتقديمها للمستفيدين.

4- إنشاء ملفات بحث وتقديمها عند الطلب للباحثين والدارسين.

5- إنشاء ملفات معلومات شخصية وتقديمها عند الحاجة.

6- البحث في مصادر غير معروفة للمستفيد وتقديم نتائج البحث.

7- مساعدة المستفيد في استثمار شبكة الإنترنت وقدراتها الضخمة في الحصول على المعلومات.

ومثل هذه المهام تتطلب إعداداً خاصاً لاكتساب مهارات معينة في مواجهة التطورات السريعة والمذهلة في تكنولوجيا المعلومات والاتصالات، وتقديم خدمات شاملة ومتجددة تتماشى مع روح العصر وثورة المعلومات.

إن هذه التحديات الكبرى التي تواجهها المكتبات ومرافق المعلومات فرضت عليها إعادة النظر في برامجها وخدماتها، كما حتمت أيضاً على مدارس المكتبات والمعلومات تغيير وتطوير مناهجها لتواكب التطورات الحاصلة في عالم المعلومات نتيجة لاستخدام الحواسيب ووسائل الاتصال بعيدة المدى، ومن ثم العمل على إكساب خريجيها المهارات اللازمة لمواجهة هذه التحديات والتحكم في هذا الفيض الهائل من المعلومات.

وقد حدد لانكستر بعض المتطلبات التأهيلية للمكتبيين للتعامل مع التقنيات الجديدة مثل المعرفة التامة بمصادر المعلومات المقروءة آلياً، وكيفية استغلالها بأكبر قدر من الفعالية، ومعرفة جيدة بسياسات وإجراءات التكشيف وبناء المكانز، وصياغة إستراتيجيات البحث، ومعرفة استخدام تقنيات الاتصال، وتحقيق أقصى قدر من التفاعل في تسهيل طلبات المستفيدين.

ويذهب سمير عثمان إلى أن الوظيفة الأساسية التي يقوم بها أمين المكتبة الإلكترونية هي تحديد مكان المعلومة أو أماكنها، أو المعلومات المطلوبة منه سواء أكان طالب المعلومة رجل أعمال، أو شركة، أو باحثاً، وسواء أكانت المعلومة خاصة بمنافسة تجارية، أو تتعلق بدراسة موضوع علمي أو صناعي، أو تتعلق بتحديد خلفية بحثية لموضوع ما.

ولتحقيق ذلك يستخدم أمين هذه المكتبة جميع وسائل الاتصال الإلكترونية.

أما النسبة المئوية لما يجده في تعزيزات واستخدام الخط المباشر (Online) فيمكن القول إن ذلك يشكل حوالي 50% أو أكثر من الأعمال البحثية التي يقوم بها، فهو يقضي الكثير من وقته في تحديد نوعية الموضوع، أو الموضوعات المطلوبة منه داخل أدلة الموضوعات الموجودة على الخط المباشر أو الإنترنت.

ويبدأ عمله بإجراء عمل مبدئي لمعرفة ما إذا كانت هنالك موضوعات مشابهة وأماكن وجود هذه الموضوعات في داخل الأدلة والفهارس المختلفة، وبمجرد تحديد موقع الموضوع أو مكانه يقوم بتحرير نشرة أو إصدارة بالموضوع، وعرضها في مجموعة الأخبار أو القوائم البريدية (Mailing Lists) أو الآليات الباحثة (Search Engines) أو الأدلة الموضوعية (Subject Directories) لتيسير إتاحتها للباحثين.

ويفضل بعض أمناء هذه المكتبات استخدام الشبكة العنكبوتية .World Wide Web (WWW) لسهولة الملاحة فيها نسبياً للاستخدامات العامة، ولاعتبارها الشبكة الأسرع نماءً من غيرها، فضلاً عن استخدام مجموعات الأخبار والقوائم البريدية قبل الدخول في الشبكات الأخرى.

معوقات إدخال التقنية الرقمية للمكتبات

من المشكلات التي تقف عائقًا أمام إدخال التقنية الرقمية للمكتبة على الوجه الأمثل المشكلات الناجمة عن قلة الخبرة في إدارة مثل هذه المشروعات، وعدم توافق برنامج المكتبة مع برنامج التشغيل، أو مع المواصفات الفنية لخادم الشبكة، فضلاً عن الصعوبات التي تكتنف نظم الاتصالات والانقطاعات المتكررة التي تسبب خسائر تلحق بكل من النظام والخدمات، ولغرض تقديم خدمات معلوماتية متكاملة، وتخطي مثل هذه المعوقات لابد من العمل على تحقيق الآتي:

1- الاتفاق على بروتوكول موحد ومقنن يتيح مرونة الاتصال بين المكتبات ومرافق المعلومات على المستويين المحلي والعالمي.

2- إنشاء قطاع مركزي لتأمين أوعية المعلومات الرقمية والتنسيق بين المكتبات لإتباع الأسلوب الأمثل للمشاركة في استخدامها.

3- التأكيد على ضرورة التقييم الدوري خلال مراحل إنشاء النظام الرقمي.

4- الاهتمام بالتدريب الموجه للكفاءات، وإتقان الأساليب الحديثة في التخطيط والتقييم، ومعرفة استخدام تقنيات المعلومات والاتصالات الحديثة.

5- تأمين حماية رقمية شاملة للنظام.

6- زيادة دعم نظم الاتصالات بين المشروع والمكتبات والمرافق المناظرة.

7- تضمين خطط المشروعات والخدمات الجديدة بوقائع وأحداث معينة عن طريق خدمات الإحاطة الجارية وإعلام المستفيدين بمثل هذه التطورات.

المكتبة الإلكترونية والمصطلحات ذات العلاقة:

هناك العديد من المفردات العصرية والمصطلحات التي ترد في أحاديث ومؤلفات ودراسات الباحثين المتخصصين في مجال المكتبات والمعلومات والتي تطلق على المكتبات التي تتميز بالاستخدام المكثف لتقنيات المعلومات والاتصالات وأعمال الحوسبة، واستخدام النظم المتطورة في اختزان المعلومات واسترجاعها وبثها إلى الباحثين والجهات المستفيدة منها، ومن هذه التسميات والمصطلحات، المكتبة الإلكترونية (Electronic Library)، ومكتبة المستقبل (Library of future)، والمكتبة الرقمية (Digital Library)، والمكتبة المهيبرة أو المهجنة (Hybrid Library)، والمكتبة الافتراضية (Virtual Library)، وغير ذلك.

ومن خلال مسح بعض الدراسات والنتاج الفكري الخاص بهذا الموضوع يمكن توضيح دلالات ومعاني هذه المصطلحات بشكل موجز:

1- المكتبة المهيبرة أو المهجنة:

هي المكتبة التي تحتوي على مصادر معلومات بأشكال مختلفة منها التقليدية والإلكترونية.

2- المكتبة الإلكترونية:

هي المكتبة التي تتكون مقتنياتها من مصادر المعلومات الإلكترونية المختزنة على الأقراص المرنة (Floppy) أو المتراصة (CD-Rom) أو المتوافرة من خلال البحث بالاتصال المباشر (Online) أو عبر الشبكات كالإنترنت.

3- المكتبة الافتراضية:

يشير هذا المصطلح إلى المكتبات التي توفر مداخل أو نقاط وصول (Access) إلى المعلومات الرقمية وذلك باستخدام العديد من الشبكات، ومنها شبكة الإنترنت العالمية، وهذا المصطلح قد يكون مرادفاً للمكتبات الرقمية وفقاً لما تراه المؤسسة الوطنية للعلوم

وجمعية المكتبات البحثية (Association of Research Libraries) في الولايات المتحدة الأمريكية.

4- المكتبة الرقمية:

هي المكتبة التي تشكل المصادر الإلكترونية الرقمية كل محتوياتها، ولا تحتاج إلى مبنى، وإنما لمجموعة من الخوادم (Servers) وشبكة تربطها بالنهايات الطرفية للاستخدام.

ويظهر من خلال استعراض هذه التعريفات أن بعضها قد يستخدم تبادلياً كما هو الحال بالنسبة للمكتبات الإلكترونية، والافتراضية، وكذلك مكتبات بلا جدران، من حيث توفير نصوص الوثائق في أشكالها الإلكترونية المختزنة على الأقراص المليزرة المتراصة، أو المرنة، أو الصلبة، أو من خلال البحث بالاتصال المباشر، فضلاً عن دورها في تمكين المستفيدين من الوصول إلى المعلومات والبيانات المختزنة إلكترونياً عبر نظم وشبكات المعلومات وهم في بيوتهم أو مؤسساتهم ومكاتبهم الخاصة.

أما المكتبة الرقمية فتمثل الوجه المتطور للمكتبة الإلكترونية من حيث تعاملها مع المعلومات كأرقام ليسهل تخزينها وتناقلها في تقنيات المعلومات والاتصالات واستثمارها وتداولها إلكترونياً بأشكال رقمية، ونصوص ورسوم وصور متحركة

بقدر عال من الدقة والاستخدام عبر مختلف مدارات العالم. وتكمن أهمية توافر مثل هذا النوع من المكتبات في مواجهة تحديات ثورة المعلومات والاتصالات الحديثة في عالمنا المعاصر، وتنوع احتياجات الباحثين والدارسين ورغبتهم في الحصول على معلومات سريعة وحديثة، وعجز نظم استرجاع المعلومات التقليدية عن تلبية مثل هذه الاحتياجات، كما أن هذه المكتبات تجعل المستفيد على اتصال مباشر بقواعد ونظم المعلومات المتطورة من خلال الاستخدام الأفضل للإمكانات والتسهيلات التي يقدمها هذا النموذج العصري للمكتبة بمبانيها وخدماتها وتقنياتها وبرامجها المتنوعة المتجددة دائماً.

ورغم الاتجاهات والتطورات الحديثة في مختلف المؤسسات المعلوماتية باستخدام الأساليب الرقمية في تخزين البيانات ومعالجتها. إلا أن هناك عقبات تقنية تحتاج مصادر المعلومات الإلكترونية إلى التغلب عليها قبل تمكنها من منافسة الطبع على الورق بنجاح، ومنها على سبيل المثال، ضرورة تأسيس تقنيات مناسبة موحدة لتشفير الرسوم والمخططات والأشكال، ومثل هذه المقاييس الموحدة لابد أن يتبناها المختصون بتطوير البرامج والأجهزة، ولا بد للأنظمة الناتجة من أن تحقق القدرة العالية لنقل المعلومات، والاستخدام الفعال لها، وتسهيل إتاحتها للمستفيدين عبر نظم المعلومات وشبكاتها المختلفة. فضلاً عن الصعوبات المتعلقة بالتصميم التقني والجهود والتكاليف الباهظة.

وفي ظل البيئة التكنولوجية المتطورة والنمو الهائل في نشر مصادر المعلومات الإلكترونية ولدت المكتبات الإلكترونية على اعتبارها مكتبات تمثل واجهات تخاطب متعددة الأشكال للوصول إلى المعلومات عبر أجهزة الحاسبات للقيام بعمليات وإجراءات البحث، والاستعراض لانتقاء المعلومات المطلوبة، كما أنها

مؤسسات تمكننا من البحث عن ينابيع الثقافة عبر سلسلة من عمليات اكتشاف المعرفة وإجراء عمليات التنظيم والبث والأرشفة والاختيار، وإعادة الاستخدام، وعادة ما تربطنا هذه المكتبات بطيف واسع من أدوات البحث والتطوير والتطبيقات التي تهدف إلى مساعدة المستفيدين للحصول على كم هائل من المعلومات.

وبذلك تحولت المكتبات في ظل تكنولوجيا المعلومات والاتصالات إلى مكتبات بلا جدران من خلال هذا النسيج العنكبوتي العالمي الذي يربط الكون كله عبر شبكة هائلة من الحواسيب في خدمات الإنترنت التي مثلت اختراقاً للحدود الجغرافية والسياسية للدول والأقاليم وحولت العالم إلى (قرية كونية صغيرة). وكان لها دورها في التثقيف ونشر المعلومات وكسر حواجز الأمية المعلوماتية.

وتتنوع مصادر المعلومات الإلكترونية في هذه المكتبات كاستخدام البحث بالاتصال المباشر (Online) وأقراص الليزر المتراصة (CD-Rom) والإنترنت، والوسائط المتعددة (Multimedia)، والدوريات الإلكترونية، وأقراص الـ (D. V. D) الرقمية... وسواها.

وتتفق تعريفات هذا النوع من المكتبات مهما اختلفت التسميات في الجوهر وهو إدخال تطبيقات الحاسوب والشبكات في تنظيم الوثائق وإدارة واسترجاع المعلومات وهي تأتي كتتويج لتطور طويل تمادى حوالي نصف قرن. وقد تبين أن هنالك العديد من التسميات التي فرضت نفسها على أدبيات علوم المكتبات والمعلومات: المكتبات الإلكترونية أو الرقمية والافتراضية Electronic, Digital, Virtual Library. وقد حصل بينها بعض الخلط لذا يتوجب توضيح ما تشمله هذه المصطلحات من معاني.

مراحل التحول إلى المكتبة الرقمية:

عادة ما يتم التحول من المكتبة الورقية إلى المكتبة الرقمية عبر ثلاث مراحل:

1- في المرحلة الأولى تكثف الجهود والطاقات لإعداد شبكة قادرة على تغطية أنشطة المكتبة مكونة من حاسبات آلية ينظم التعامل معها خادم شبكة عالي الأداء يتم تشغيلها ببرمجيات منتقاة تربط لاحقاً بالوظائف الأساسية للمكتبة من إعارة وتزويد وفهرس آلي للاتصال المباشر والتعامل مع قواعد المعلومات داخل المكتبة وخارجها إلى جانب تدريب كفؤ للمكتبيين الفنيين والارتقاء بمستويات أدائهم، والتزود بنخبة من مصادر المعلومات الإلكترونية للتحقق من فاعلية أداء النظام في مرحلته التجريبية.

2- في المرحلة الثانية يتم التركيز على علاج مواطن الضعف التي قد تبرز خلال تطبيق إنجازات المرحلة الأولى فضلاً عن التزود بعدد إضافي من مصادر المعلومات الإلكترونية المقرر تزويد المكتبة بها خلال هذه الفترة، ومن ثم التقييم الدوري الدقيق للخدمة من جميع جوانبها.

3- تضطلع المرحلة الثالثة بربط المكتبة بالمكتبات ومرافق المعلومات المناظرة على المستوى المحلي وما يتبع ذلك من اتصال بقواعد المعلومات الدولية. ومن المفترض أن تعنى المرحلة الثالثة بتطوير شامل للنظام يضم العناصر الآتية:

أ-   البدء في تقديم خدمات المكتبة الرقمية.

ب-   الحفظ الآلي للأوعية الرقمية وحماية محتوياتها.

ج-   استثمار إمكانات الشبكة في تلبية الاحتياجات المتنوعة وتوسيع منافذ الاتصال مع الشبكات ونظم المعلومات الإلكترونية العالمية.

إن التغييرات المتسارعة التي أحدثتها ثورة الاتصالات الحديثة والشبكات المتطورة ومنها الإنترنت في إبهار المستفيد وإثارته وتزويده بالمعلومات المتنوعة الغزيرة جعلت المكتبات تسعى إلى التحول نحو نمط المكتبة العملية الحديثة، والتي هي مكتبة رقمية تملك تواجداً على النسيج العالمي، وتتيح نفاذاً مقنناً ومدروساً إلى مصادر المعلومات.

وهذه المواصفات هي التي أوجدت هذا النمط الحديث من المكتبات بعد النمط التقليدي للمكتبات، وصولاً إلى المكتبات الرقمية.

خصائص المكتبة الرقمية:

تكمن مظاهر الاختلاف الرئيسية بين المكتبات الرقمية، والتقليدية أو ما قبل الرقمية

1- التحول من الامتلاك إلى الإتاحة:

لم يعد يقتصر دور المكتبات على إتاحة المواد التي تقتنيها فحسب، ولكن أيضاً إتاحة الوصول إلى المصادر الرقمية المتشابكة بغض النظر عن المواقع التي تقتنيها أو تملكها. ويترتب على ذلك حدوث تغييرات جوهرية في طبيعة المكتبة كمؤسسة مادية. ومن شأن ذلك أيضاً أن يؤثر على نوعية المهارات التي يجب أن يتقنها المكتبيون، فإلى جانب المهارات التقليدية مثل القدرة على تنظيم المعرفة ؛ ينبغي على المكتبين إتقان مهارات التعامل مع تقنيات المعلومات والاتصالات الحديثة مثل: القدرة على توظيف النظم المحسبة واستخدامها والبحث عن المعلومات على شبكة الانترانت، وتطبيق الأساليب الحديثة في تقييم المعلومات، وتصميم صفحات الويب... الخ.

2- **التحول من إتاحة المواد والقدرة على تصفحها مادياً إلى البحث والإبحار فيما بين المواد أو داخل محتوى كل مادة على حدة:**

لقد أصبح القيام بالتصفح المادي Browsing Approach سواء للأعمال المتاحة أو لمحتويات تلك الأعمال في بيئة المكتبات الرقمية إنما يعد درباً من الخيال. ويعني ذلك أن المكتبيين عليهم أن يعمدوا إلى اكتساب مهارات إضافية إلى جانب تلك المرتبطة بالمعرفة كالتمرس في عمليتي تنظيم المقتنيات المادية، والإرشاد الببليوجرافي لمصادر المعلومات، وتتمثل هذه المهارات في القدرة على تصميم نظم استرجاع المعلومات، والإحاطة بمستويات الاسترجاع، والتمرس في استخدام أوامر وأساليب الاسترجاع،... الخ.

فلكي يضطلع المكتبي بوظيفته في البيئة الجديدة، عليه أن يقوم بمد يد العون للمستفيدين حتى يستطيعوا التمييز بين الأنواع المختلفة لمصادر المعلومات، وإدراك الاختلافات بينها، والوقوف على الغرض الذي يخدمه كل من هذه المصادر.

3- **صعوبة التنبؤ باحتياجات المستفيدين:**

تهم مثل هذه القضايا مجتمعا المستفيدين والمكتبيين على حد سواء. فبالنسبة للمكتبيين عليهم أن يغيروا من رؤيتهم للعملية التعليمية استجابة لما طرأ عليها من تطورات. لقد كان التوافق بين توقعات المستفيدين من ناحية وبين ما تقدمه نظم المعلومات من ناحية أخرى أهم ملامح الأجيال السابقة من نظم المعلومات. ومهما يكن من أمر هذا التوافق في الماضي فقد أدى الاهتمام المستمر بعنصري المرونة والسهولة لتيسير تعامل المستفيدين مع نظم المعلومات المتاحة الآن إلى افتقار القدرة على توقع احتياجات المستفيدين. ويدعم ذلك ما ذهبت إليه كرستين بورجمان (14) من أن ما يتوقعه المستفيدون من نظم المعلومات الآن

أصبح من الصعوبة بمكان التنبؤ به في ظل تزايد وتنوع عناصر مجتمع المستفيدين.

ومن ثم ينبغي التعامل مع توقعات المستفيدين في البيئة الرقمية بشيء من الحذر، حيث يعتقد غالبية المستفيدين أنه دائما يمكنهم التوصل إلى "كل المعلومات" التي تتيحها نظم المعلومات باستخدام أساليب بحث بسيطة كتلك التي توفرها محركات البحث العامة مثل: Google، وهكذا يمكنهم باستمرار الحصول على أحدث المعلومات. وفي واقع الأمر ينبغي أن يتم إقناعهم بأن هذه الانطباعات يمكن أن تنطبق على المواد المطبوعة أو تلك المواد التي تتيحها نظم المعلومات المتخصصة، إلا أنه ما من سبيل لقبول مثل هذا التصور في بيئة المكتبات الرقمية. وتتركز أهمية المكتبات الرقمية في قدرتها على إمداد المستفيدين بواصفات البيانات (الميتاداتا) للمواد التي تقتنيها، وكذلك الإرشاد إلى مواقع تواجدها بصورة تفوق قدرتها على إتاحة النص الكامل لكل المواد. ويشير ذلك إلى الدور المهم الذي يمكن للمكتبي أن يضطلع به كمساعد يعين المستفيدين على الوصول إلى المعلومات التي ينشدونها، بيد أن هذه المساعدة ينبغي أن تكون واقعية وفعالة أيضاً.

نحو تطوير مكتبات إلكترونية عربية:

مما لا شك فيه أن واقع المكتبات ومرافق المعلومات في الوطن العربي يختلف عما هو سائد في الدول المتقدمة التي تحظى فيها مؤسسات المعلومات بالرعاية، والاهتمام، والدعم المتواصل لتطويرها وتحديثها، وبناء نظم معلومات وطنية شاملة إلا أنه يمكن القول إن هناك تقدماً ملحوظاً في العديد من المكتبات ومرافق المعلومات في التحول نحو حوسبة أعمالها وإجراءاتها المكتبية، وتطوير آفاق الخدمة المكتبية لتزويد المستفيدين بمهارات البحث عن المعلومات، وتلبية الاحتياجات

البحثية المتنوعة، فضلاً عن وجود العديد من المشروعات الخاصة بتنمية مجموعات هذه المكتبات وبناء شبكات المعلومات الوطنية، والدخول في النظم والبرامج التعاونية على المستوى المحلي والدولي، واستخدام التكنولوجيا المعاصرة في عمليات اختزان المعلومات واسترجاعها وبثها لشرائح مختلفة من المستفيدين والباحثين العلميين.

إن نظام معلومات المكتبة العصرية يعتمد اعتماداً كبيراً على مؤهلات العاملين في المكتبة وخبراتهم، ومدى قدرتهم على التعامل مع تكنولوجيا المعلومات والاتصالات.

وبذلك فإن نجاح مشاريع حوسبة المكتبات يعتمد على وجود مكتبيين على درجة عالية من التخصص، واستيعاب قدرات تكنولوجيا المعلومات.

ويتصور الكثير من صناع القرار أن عملية حوسبة أعمال المكتبات عملية بسيطة، وأن تزويد المكتبة بمجموعة من الحواسيب يكفي لنجاح مثل هذه المشروعات، غير أن ذلك ليس سوى جزء بسيط من نظام المعلومات الحديث، وهو نظام معقد نسبياً، ويعتمد بصورة أساسية على تدريب العاملين والمستفيدين، وعلى وجود برمجيات جيدة، وموارد مكتبية كافية.

فإذا كانت مكتباتنا العربية بمختلف أشكالها ليست بالمستوى المطلوب بشكل عام، فإن النهوض بها وتحديثها لكي تكون مكتبات حديثة متطورة على المستويات كافة يتطلب جملة من الإجراءات يمكن إيجازها بالآتي:

1- تقديم تمويل حكومي مخصص لدعم وحوسبة هذه المكتبات ضمن أولويات وخطط متصلة لتحقيق أفضل النتائج.

2- إعداد البرمجيات المناسبة لحوسبة أعمال المكتبة ومقتنياتها.

3- بناء شبكات المعلومات الوطنية، وتطوير مجالات التعاون مع نظم وشبكات المعلومات العالمية في مختلف المجالات.

4- تدريب أمناء المكتبات والمعلومات لتحقيق استثمار أفضل لتكنولوجيا المعلومات وتطبيقاتها في مؤسسات المعلومات، وتطوير مهارات البحث عن المعلومات، والاتصال مع المستفيدين.

5- تدريس تكنولوجيا المعلومات ومهاراتها الأساسية على مستوى المدارس الثانوية والجامعات لبناء مجتمع متقدم علمياً وتقنياً، ومن ثم محو الأمية المعلوماتية في التعامل مع التكنولوجيا وتطبيقاتها.

6- تطوير قواعد البيانات المختزنة على الأقراص الملیزرة (CD-Rom) ومنح المستفيدين فرص النفاذ إلى إمكانات شبكة الإنترنت العالمية.

7- تطوير المجموعات المكتبية باستخدام مصادر المعلومات الإلكترونية كالمراجع والدوريات الإلكترونية، وخدمات التكشيف والاستخلاص بما يتناسب مع الإمكانات المتاحة.

8- تأمين صيانة وتطوير البرمجيات والشبكات والتجهيزات الإلكترونية.

9- دعم الاتصال الدولي بشبكة الإنترنت.

10- عقد المؤتمرات والندوات والحلقات النقاشية، وإشراك العاملين في المكتبة فيها وذوي الاختصاصات العالية في حقل المعلوماتية لتطوير القدرات والكفاءات، وخلق بيئة تعليمية مناسبة.

مصادر المعلومات الإلكترونية (Electronic Information Resources):

مصادر المعلومات الإلكتروني هي: المعلومات المخزنة إلكترونيا على أحدى وسائل حفظ المعلومات ممغنطة أو ليزرية، يستلزم استخدام الحاسوب في العرض

والتشغيل والحفظ، ومن أشهرها: القرص الصلب (Hard disk)، القرص المرن (Floppy disk)، الأقراص المليزرة (CD-ROMS)، الانترنت (Internet).

أشكال المعلومات الإلكترونية:

- الحواسيب (القرص الصلب (Hard disk)، القرص المرن Floppy disk).
- المعلومات على الخط المباشر (On-line Information Retrieval).
- الأقراص المليزرة (CD-ROMS).
- الانترنت (Internet).

المعلومات على الخط المباشر (On-line Information Retrieval).

هو عبارة عن نظام لاسترجاع المعلومات بشكل فوري عن طريق استخدام الحواسيب والمحولات إضافة إلى البرمجيات الجاهزة التي تتيح المستفيدين بإجراءات تخزين واسترجاع قواعد المعلومات المقروءة آليا.

خدمات البحث بالاتصال المباشر:

- الإجابة على الاستفسارات
- الإحالة إلى مصادر المعلومات.
- توفير النصوص الكاملة للمقالات وبعض الكتب الإلكترونية.
- الإحاطة الجارية، والبث الانتقائي للمعلومات.
- خدمات بناء الملفات وتخزينها.

الأقراص المليزرة (CD-ROMS /Compact Disk Read Only)

هي عبارة عن أقراص مسطحة مستديرة بلون فضي، لا يزيد حجمها عن 12 سم، تعتمد على تكنولوجيا أشعة الليزر في تخزين المعلومات عليها، يستوعب

القرص حوالي ربع مليون صفحة مطبوعة 330000 صفحة، تقرأ بواسطة جاهز حاسوب يرتبط به جهاز قارئ الأقراص (CD-Rom Drive). ويطلق عليها الأسماء التالية: الأقراص المكثفة أو المكتنزة المضغوطة أو الأقراص الضوئية أو الأقراص الفضية..

هناك أربع اتجاهات لنوعية المعلومات على الأقراص المليزرة:

- أقراص المعلومات الببليوغرافية كشافات ومستخلصات مثل (ERIC / MEDLINE)
- أقراص النصوص الكاملة (Full Text).
- الأقراص المرجعية.
- أقراص التسلية والترفية وإعلام مرئي ومسموع.

مميزات الأقراص المليزرة:

- إمكانات التخزين الكبيرة (Storage Capacity).
- سهولة التعامل واستخدامها(Information Retrieval).
- لا تحتاج إلى معدات وخطوط اتصالات خارجية.
- التكاليف الثابتة (Fix Cost).
- سهولة النقل.

عيوب الأقراص المليزرة:

- التقنيين (Standardization).
- تحديث المعلومات ((Information Updating.
- التملك (Ownership).
- تكاليف الاشتراك (Subscription Cost).

تطبيقات الأقراص المليزرة في المكتبات:

- بناء الفهارس الموحدة.
- استخدام المصادر المرجعية.
- استخدام الكشافات.
- استخدام قواعد المعلومات البحثية.
- استخدام كوعاء للنص الكامل: كتب أو دوريات إلكترونية.

خدمات الانترنت

هي الشبكة التي تضم عشرات الألوف من الحواسيب المرتبطة مع بعضها مع مئات الدول، وتستخدم الحواسيب المرتبطة بروتوكول النقل والسيطرة.

بعض مسمياتها:

- الشبكة العالمية World Wide Web.
- الطريق الإلكتروني السريع Electronic Superhighway.
- الشبكة The Net.

استخدامات الانترنت في المكتبات

- البريد الإلكتروني
- المراجع الإلكترونية
- الدخول على فهارس المكتبات الأخرى.
- تنمية وتطوير مقتنيات المكتبة (الاشتراك والشراء وطلب الإهداء).
- الخدمات المرجعية.
- إنشاء مواقع للمكتبة.
- خدمات المستفيدين.

- تقديم الإحاطة الجارية.
- المجموعات الإخبارية.
- المناقشات.

أنواع المعلومات المتوفرة على الانترنت:

1- فهارس المكتبات

- الببليوجرافيات
- قواعد المعلومات
- مواقع دور النشر
- الاستشارات
- المواقع الشخصية
- المقالات: أدبية، علمية، ثقافية.
- مواقع حكومية
- الصحف والمجلات العامة
- البث التلفيزيوني
- خدمات تجارية
- الكتاب الإلكتروني E-Book / Web Book
- المجلة الإلكترونية Web Journal/ E-Journal

2- النشر إلكتروني

النشر إلكتروني هو عملية تحميل المعلومات ونقلها بالطريقة الرقمية عبر ملفات إلكترونية يسهل التعامل معها، ومن ثم تداولها في قالب متناسق يتيح إنتاجها إما بصورة رقمية أو ورقية، ويمكن أن يحتوي النصوص على الصور أو الرسومات

قابلة للتعديل بالشكل والحجم، ويعد الانترنت الأساس للنشر إلكتروني، يتوفر الآن شكلان للنشر إلكتروني: الدورية إلكترونية، الكتاب إلكتروني.

3- الدوريات إلكترونية E-Journals

هي الدوريات التي تصدر على شكل إلكتروني بانتظام، وهي إما أن تكون دوريات مطبوعة أصلا ولها نسخ إلكترونية أو دورية أنشئت على أن تصدر على شكل إلكتروني فقط وتصدر على الإشكال التالية: على أقراص مليزرة أو الشبكات Web-Journals، أو من خلال الاتصال المباشر.

مميزاتها:

- سرعة الاتصال
- سرعة حداثة المعلومات.
- سرعة التوزيع.
- إمكانيات الربط الموضوعي.
- صعوبة السرقة
- لا تتطلب التجليد
- لا تحتاج إلى حيز على الأرفف.

عيوبها:

- ارتفاع السعر.
- التحكيم والمصداقية.
- المشاكل التقنية.
- الحواجز الثقافية.

4- الكتاب الإلكتروني:

هو عبارة عن ملف حاسب من نوع خاص هذا الملف يتضمن نصا لكتاب مطبوع يقرأ بواسطة الحاسب الآلي أو جهاز إلكتروني مخصص لقراءة الكتب الإلكترونية.

مميزاته للمستفيدين:

- إمكانية إجراء عملية بحث عن كلمة أو مصطلح داخل الكتاب.
- إمكانية قراءته في الظلام أو الضوء.
- إمكانية الاختيار بين أنواع الخطوط والإشكال والألوان.
- بعض الأنظمة توفر النظام السمعي.
- يحتوي على مواد سمعية وبصرية متحركة.
- الحفاظ على البيئة من خلال الحد من تلوث الناتج عن نفايات الورق.
- إمكانية إجراء التحديث والحذف والإضافة.

عيوبه:

- ارتفاع سعر الكتب إلكترونية وأجهزتها.
- التغيرات التقنية المستمرة.

5- الوسائط المتعددة Multimedia

هي تقنية Technology تستخدم أكثر من وسط أو وسيلة في وقت واحد وتشمل النصوص، الصور، الصوت، والحركة لنقل رسالة أو معلومات.

استخدامات الوسائط المتعددة

لا شك في أهمية هذه التقنية بالنسبة لجميع القطاعات ومعظم نواحي الحياة إلا أنها ذات أهمية خاصة لقطاعات معينة مثل:

- قطاع الأعمال والمهن Business & Professions.
- التعليم والتربية Education & learning.
- التعليم الإلكتروني والتعليم عن بعد Electronic Learning & Distance Learning

عناصر الوسائط المتعددة Multimedia

اعتماداً على مفهوم الوسائط المتعددة وتعريفاتها، يمكن القول أن عناصر الوسائط المتعددة تشمل الجوانب التالية:

- النصوص Text.
- الصوت Sound.
- الصورة Picture or Image.
- الحركة Video or Animation

النص الفائق Hypertext

هو النص الغير تتابعي، النص المتعدد الأبعاد Hypertext هو مجموعة من (العقد) مكون من النصوص والصور والصوت مرتبطة بوصلات إلكترونية (روابط) تشير إلى وجود علاقة بين الطرفين، لتشكل نظاما مبنيا على الحاسب (تقديم معلومات بشكل متشابك وغير تتابعي). فالمستفيد هو المتحكم في طريقة عرض المعلومات وهذا على عكس دورة في النصوص التقليدية.

الوسائط الفائقة (الهايبرميديا)

هو نظام تقديم للنص يستطيع معه المستفيد أن يكون حرا في توجيه حركته بطريقة منطقية بدلا من أن يكون محصورا فقط في الشكل التتابعي التسلسلي، أي أن المستفيد يستطيع أن يقفز قفزات سريعة من مكان النص إلى أخر عن طريق الروابط سواء كان ذلك بالنسبة لنفس النص أو لوثائق متعددة.

فوائد ومميزات المواد الغير مطبوعة للمكتبات والمستفيدين:

- سعة التخزين كبيرة مقارنة بأي وعاء أخر من أوعية المعلومات.
- ميزة الصوت مع العرض، لا يوجد وعاء أخر يستطيع تحزين الصوت، وبذلك تمكنا من حفظ تلك المعلومات إلى الأجيال القادمة.
- قوة التأثير الموجودة في تلك المواد على المشاهد فهي تثبت المعلومات في ذهن المتلقي لفترة أطول مما يحدث في حالة المطبوعات. يتم ذلك عن طريق اشتراك أكثر من حاسة واحده أو عن طريق الوجدان، وهناك تجارب عديدة أثبتت كلها هذه النظرية.
- لا تحتاج إلى مجهود ذهني كبير للفهم والاستيعاب، فهي تصل إلى الذهن بسرعة ومباشرة، مثال على ذلك القصة التاريخية "عمر المختار".
- التأثير العميق في المتلقي، حيث أن المتلقي كما قلنا يتلقى عن طريق الحواس والوجدان فإن درجة التأثير تكون ابلغ وأعمق.
- خدمة أصحاب الاحتياجات الخاصة (المعاقين، ألاميين) ممن لا يستطيعون التعامل مع الكتابة والقراءة والنصوص المكتوبة.
- نجاحها الباهر في العملية التعليمية.
- سهولة الحفظ والتداول داخل المكتبة أو للإعارة الخارجية.
- تحقيق الأمن، الأضرار الطبيعية: الرطوبة، الحشرات، الحرارة، الأتربة؛
  الصناعية: الحريق، السرقة، الغرق، سوء الاستخدام.
- تمكن القاري من الإطلاع من أي مكان.
- سهولة البحث والاسترجاع.

عيوبها:

- أنها لا تقرأ بالعين المجردة.

- قد تسبب بعض الحساسية للقاري في العين أو شد أعصاب العين.

- عدم استساغة شريحة من المجتمع إلى قراءة نص بأكمله من على الشاشة.

- الشد العصبي والعضلي.

- عدم استطاعة القاري حمل جهاز القراءة حيث ذهب.

- لا يستطيع القاري التهميش أو التخطيط تحت السطور أو العبارات المهمة.

- بعض أجهزة القراءة تحتاج إلى تدريب قبل الاستخدام.

- ارتفاع سعر الطباعة من جهاز القراءة مقارنة بالتصور العادي.

- تستغرق وقت في تجهيز المادة للقراءة.

- لا يسمح لها بالإعارة خارج المكتبة.

- عدم توفر أجهزة قراءه خارج المكتبة.

- تتطلب نسبة عالية من التركيز الذهني والبصري أثناء القراءة.

- حاجز اللغة.

- تتطلب معالجة فينة خاصة.

استرجاع المعلومات الإلكترونية

يعتبر استرجاع المعلومات الإلكترونية وافداً جديداً يفتقر إلى تقاليد راسخة نجدها سائدة في عالم المطبوع. وتطرح الأوعية الإلكترونية المادية (Materialdigital documents) مثل: الأقراص المدمجة (CD-Rom) والأقراص المرنة (Floppy Discs) وأقراص DVD مشكلات أقل حدة من تلك التي يواجهها مختصو المعلومات في مجال استرجاع الوثائق الإلكترونية غير المادية (Non-material digital documents))

التي تعتبر الوثائق المتاحة على الخط المباشر أبرز مثال لها. فكما أشرنا إلى ذلك فيما سبق فإن الفئة الأولى من الوثائق الإلكترونية تم دمجها ضمن بقية مجموعات أوعية المعلومات، وبالتالي فإن فهارس المكتبة تتولى مهمة توفير البيانات الببليوجرافية الضرورية لاسترجاعها. كما أن تلك الأوعية (أقراص مرنة أو مدمجة) غالباً ما تصدر في عدد من النسخ، وهو ما يجعل التعرف إليها أمراً يسيراً. يضاف إلى ذلك أن بعض الببليوغرافيات الجارية بما في ذلك الببليوغرافيات الوطنية عادة ما تحصر هذه الفئة من الأوعية الإلكترونية وتوفر بيانات عنها. وتزداد مهمة التعرف إلى المصادر المتاحة على الخط المباشر واسترجاعها صعوبة لأن جزءاً منها له طابع داخلي ومخزن على حواسيب داخلية لا يمكن الوصول إليه بسهولة إلا عن طريق الإنترانيت (Intranet) أو لأنها محمية بواسطة برنامج أمني يعرف بجدران النار (Fire Walls)، وهو ما يجعل التعرف عليها واسترجاعها وتنزيلها غير ممكن.

ويتألف جزء من المصادر الرقمية المتاحة على الخط المباشر من دوريات إلكترونية منشورة إلى الإنترنت لا يمكن الوصول إليها إلا عن طريق الاشتراك. وفي المقابل فإن التعرف إلى المقالات المنشورة بتلك الدوريات أمر ممكن؛ لأن بعض الأدوات الببليوغرافية المتخصصة، مثل Chemical Abstracts وMedline تقوم بحصرها وضبطها. فاستخدام هذه المقالات غير ممكن إلا عن طريق الاشتراك الفردي أو عن طريق شبكة محلية يتمتع المستفيدون من خدماتها بترخيص جماعي على مستوى المؤسسة. تجدر الإشارة إلى أن بعض الدوريات تتيح قوائم محتوياتها ومستخلصات مقالاتها بالمجان بهدف تحفيز المستفيدين على الاشتراك في خدماتها.

وتعتبر مهمة التعرف إلى الدوريات الإلكترونية المتاحة على الخط المباشر أيسر منالاً؛ لأنه توجد بعض الأدوات الببليوغرافية التي تقوم بحصرها. ومن

أمثلة هذه الأدوات يمكن ذكر الببليوغرافيا السنوية: Directory of Electronic Journals, Newsletters and Academic Discussion Lists التي تسهر على تحديثها جمعية مكتبات البحث (Association of Research Libraries (ARL)) الأمريكية. ويتميز الدليل الببليوغرافي بنوعيته الجيدة وبحدود تغطيته المرتفعة سيما إذا أخذنا بعين الاعتبار التقلبات الكبيرة وعدم الاستقرار الذي تعرفه المصادر المتاحة على الخط المباشر عامة بما في ذلك الدوريات الإلكترونية. وتقوم هيئة أخرى تعرف بـ Ann okerson Group بإعداد قائمة بالدوريات الإلكترونية المتاحة على الخط المباشر عن طريق الإنترنت Newjour / New Journal. كما يمكن الاشتراك بالمجان في نشرة إلكترونية صغيرة تعرف بـ Newjour تشير يومياً إلى عناوين الدوريات الإلكترونية الجديدة المتاحة على الخط المباشر، والتي تقارب عشرة عناوين جديدة يومياً. أما الندوات العلمية الإلكترونية فلها دليلها الخاص بها، وهو Directory of Scholarly and Professional E-Conferences الذي يمكن الوصول إليه عن طريق العنوان التالي: http://gort.Ucsd.edu/newjour.

وباستثناء الحالات التي أشرنا إليها يبقى العديد من الوثائق الإلكترونية المتنوعة متاحة بالمجان على الإنترنت. كما أنه حتى المكتبات العامة الصغيرة يمكن أن تكون لها مواقع على الإنترنت تقدم معلومات رقمية تتمتع بالأصالة وذات قيمة كبيرة في كثير من الأحيان. لكن من المؤسف أن الوصول إلى مثل تلك الوثائق يعد أمراً صعباً؛ لأن التعرف إلى المواقع التي تتضمن تلك الوثائق يشكل في حد ذاته تحدياً كبيراً.

أدوات البحث:

مقدمة عامة:

تشير دراسة - أنجزتها مؤسسة Cyveillance في يوليو 2000م - إلى أن شبكة العنكبوت العالمية (world wide web) تحتوي على أكثر من بليونين من صفحات الويب المتاحة لعامة جمهور المستفيدين(1). وتقدر دراسة أخرى أن حجم الشبكة العنكبوتية قد تضاعف ثلاث مرات خلال العامين الأخيرين(2). وتكفي هذه الأرقام لتمثل كابوساً حتى بالنسبة للمستفيدين ولمختصي المعلومات الأكثر حنكة وتمرسا في مجال البحث عن طريق الخط المباشر.

يضاف إلى ذلك أن الشبكة العنكبوتية تفتقر إلى معايير الضبط الببليوغرافي وأدواته التي نعتبرها من تحصيل الحاصل بالنسبة لأوعية المعلومات المطبوعة. فلا يوجد شيء يضاهي التوصيف الرقمي المعياري للكتاب (ردمك) (ISBN) يمكن من التعرف إلى المصادر المتاحة على الخط المباشر، ولا فهرس مركزي يتضمن البيانات الأساسية المتعلقة بكل صفحات الويب المنشورة على الشبكة العنكبوتية. وكل تلك المحاولات التي تجري في هذا المجال ما تزال في بداياتها، وبالتالي فهي لم تنضج بعد لكي يعترف بها على نطاق واسع. بيد أن كل ذلك لا ينفي وجود بعض المحاولات الجادة والواعدة في مجال فهرسة مصادر المعلومات المتاحة على الخط المباشر كما أشرنا إلى ذلك في الفصل السابق. ولكن كل هذه المحاولات تصطدم ببعض العراقيل المتعلقة بصفحات الويب نفسها فبعض هذه الصفحات لا يتضمن حتى اسم المؤلف ولا تاريخ النشر.

ظهرت في السنوات الأخيرة عدة مصادر للمعلومات متاحة على الخط المباشر عن طريق الإنترنت، كان أولها مواقع File Transfer Protocol) FTP)، أي

بروتوكول نقل الملفات، ومواقع Telnet وGopher. أما في الوقت الحاضر فقد أصبحت الشبكة العنكبوتية بخوادمها (Servers) مهيمنة. ففي كل يوم تظهر آلاف من المواقع الجديدة وتختفي أو تهاجر آلاف من المواقع الأخرى. فشبكة ويب الأمس تختلف عن شبكة ويب اليوم، وتختلف هذه الأخيرة عما ستكون عليه في الغد.

وفي ظل هذه الظروف الشديدة التقلب التي تميز الشبكة العنكبوتية يصبح مختصو المعلومات عاجزين عن السيطرة على المعلومات المتاحة على الشبكة العنكبوتية خاصة وعلى الإنترنت عامة، وعن تنظيمها بإعداد كشافات وقوائم وفهارس تساعد على استرجاعها.

واستجابة لاحتياجات البحث في الإنترنت تم تطوير أدوات بحث (Search Tools) خاصة بالبحث عن المعلومات في مختلف المواقع واسترجاعها.

وقبل تناول كل فئة من فئات أدوات البحث على حدة، يجب إبراز الخصائص التي تتميز بها الشبكة العنكبوتية باعتبارها أهم مكون لشبكة الإنترنت. ومن أهم هذه الخصائص نورد ما يلي:

- القدرة على إتاحة معلومات مخزنة في وسائط متعددة (Multimedia Capacity). وتتيح هذه الخاصية للمستفيد إمكانية استرجاع المعلومات في شكل صور، أو أفلام فيديو أو أشرطة أو في شكل نصوص.

- وعليه، يمكن الوصول إلى مصادر معلومات متنوعة متوافرة على الإنترنت من خلال جهاز واحد وإلى مصادر متاحة على الإنترنت ولكن على شبكات أخرى غير الشبكة العنكبوتية.

- يمكن محصل المصادر الموحد (URL) من الوصول إلى مواقع أخرى خارج

الشبكة العنكبوتية، مثل مواقع FTP وTelnet وGopher وWAIS بالإضافة إلى إمكانية استخدام البريد الإلكتروني (e-mail) ومجموعات الأخبار (Newsgroups).

- يتيح استخدام النص المترابط (Hypertext) عن طريق الروابط (Links) فرصة الوصول إلى مصادر أخرى توجد في مواقع أخرى ومخزنة في حواسيب مختلفة لها علاقة بالموضوع محل اهتمام المستفيد.

أدوات البحث عن المعلومات الرقمية:

تنقسم أدوات البحث عن المعلومات الرقمية إلى ثلاث فئات أساسية، وهي:

1- الأدلة الموضوعية (Subject Directories).

2- محركات البحث (Search Engines).

3- محركات البحث الكبرى (Metasearch Engines).

1- الأدلة الموضوعية:

تتميز مقاربة الدليل الموضوعي (Subject Directory Approach) بالبحث في قاعدة بيانات صغيرة تشمل عناوين وشروحاً، أعدتها مواقع الويب وقام العاملون بمؤسسة الدليل الموضوعي بانتقائها وتنظيمها في فئات موضوعية. وعليه، فيمكن تعريف الأدلة الموضوعية كمواقع متخصصة بالإنترنت تنتقي مواقع ويب أخرى وتنظمها تحت رؤوس موضوعات واسعة مثل الفن، والتربية، والتسلية، والعلوم. ويمكنك أن تتصفح باعتماد موضوعات عريضة إلى أن تجد الموضوع المحدد الذي ترغب فيه أو أن تقوم ببحث ضمن الدليل الموضوعي باستخدام كلمات مفتاحية (Keywords).

إن البحث داخل الدليل الموضوعي يشبه حالة الزبون داخل المحلات التجارية وهو يسأل أحد العاملين بالمحل عن الجناح الذي يوجد به أحد أنواع الخبز. ثم

يتوجه بعد ذلك مباشرة إلى الرف المعني بالأمر دون أن يضيع وقته في مشاهدة بضائع أخرى.

يغطي الدليل الموضوعي الواحد جزءاً صغيراً مما يتوافر من مواقع بالإنترنت. فعلى سبيل المثال فإن ياهو (yahoo) - الذي يعد أكبر دليل موضوعي والأكثر شعبية - يغطي أقل من 1 بالمائة من الويب. والأشخاص الذين ينشؤون الدليل الموضوعي هم الذين يحددون الفئات الموضوعية التي يجب أن تكون على رأس القائمة.

ونظراً لغياب ترتيب هرمي معياري أو لغة موحدة تؤخذ منها المصطلحات الموضوعية، فإن استخدام عدد من الأدلة الموضوعية يشبه التجول داخل محلات مختلفة لبيع الكتب حيث يمتلك كل واحد منها مجموعة مختلفة من الكتب وضعت على الرفوف حسب رؤوس الموضوعات المتبعة بالمحل. وبالرغم من أن هناك نقاطاً تلتقي فيها مجموعات محلات بيع الكتب (الأدلة)، فإننا لا نجد الكتب نفسها في اثنين منها ولا تحوي مجموعاتها كل الكتب المطبوعة.

محركات البحث

1- **ياهو** Yahoo: www.yahoo.com

ظهر ياهو (yahoo) عام 1994م، وهو يعتبر أقدم دليل متوفر على الويب. ويتضمن ياهو فئات موضوعية وضعها العاملون بالدليل، يمكن أن ينطلق منها المستفيد في بحثه عن المواقع التي تتضمن المعلومات التي يرغب فيها. وإذا ما تبين أن إحدى الفئات الموضوعية تضاهي موضوع بحثك، فستحصل على قائمة بمواقع قام القائمون على الدليل بمراجعتها وحصلت على موافقتهم كمواقع مهمة بالنسبة لموضوع البحث.

وعندما يفشل (ياهو) في استرجاع صفحات الويب التي تضاهي موضوع بحثك فإنه يحيل استفسارك إلى محرك جوجل Google، ويتولى عرض النتائج المتأتية من ذلك المحرك للبحث على شاشتك.

وتدفع المواقع التجارية رسومًا لكي تدرج ضمن قائمة المواقع التجارية حتى وإن استوفت شروط المحرر من حيث جودة محتوياتها. أما المواقع غير التجارية فإنها لا تخضع لرسوم.

خذ (ياهو) بعين الاعتبار عندما تفكر في الحصول على مواقع جيدة ضمن نتائج بحثك. ويعتبر (ياهو) أداة جيدة بالنسبة للاستفسارات المتعلقة بموضوعات ذات طابع شعبي. وهو يوفر لك المساعدة الكافية التي تحتاجها لتضييق موضوع بحثك وتهذيبه.

2- MSN search   www.search.msn.com:

تعرف شركة Microsoft بسعيها المستمر لتحسين البرمجيات التي تنتجها وتطويرها إلى أن تصبح على أفضل وجه ممكن. ويعتبر MSN Search مثالاً ساطعًا لمنتجات مايكروسوفت. ويتوافر لشركة MSN مجموعة من المحررين الذين يتابعون أكثر الاستفسارات شعبية التي تنفذ على الويب، ويقومون باختيار أفضل المواقع ذات الصلة بتلك الاستفسارات. وبعد أن يتم تنفيذ البحث بواسطة MSN، تظهر اقتراحات يتقدم بها المحررون بغرض تهذيب البحث. وعند الضرورة قد تظهر ضمن النتائج روابط تحيل إلى محتوى موسوعة ENCARTA أو إلى عناوين الأخبار الرئيسية.

وبديهي أن المحرر البشري لا يستطيع أن يقوم بكل شيء لذلك يلجأ MSN إلى المزودين بالمعلومات للحصول على إجابات على كثير من الاستفسارات التي

يتلقاها. وغالباً ما يكون مصدر هذه الإجابات دليل looksmart. ويستخدم MSN خوارزمية للبحث Search algorithm خاصة به للبحث فيما يوجد من أفضل أجوبة لدى look smart.

وعندما تكون الاستفسارات غامضة، يتم اللجوء إلى Inkotomi للحصول على أجوبة. وإذا ما كان المستفيد لا يرغب في الحصول على نتائج "خالصة" من Inkotomi فعليه أن يستخدم خيار MSN المتقدم MSN Search Advanced Search page.

ويعتبر MSN من المصادر ذات الجودة العالية التي لها نظرتها الخاصة فيما يتعلق بشبكة الويب. ويستحق MSN أن يؤخذ بعين الاعتبار لدى البحث عن المعلومات المتوافرة على الويب، إذ يعتبر من بين أدوات البحث العشر الأوائل لاسترجاع المعلومات من الويب وفقاً لتصنيف Search engine Watch.

2- محركات البحث:

على خلاف الأدلة الموضوعية، فإن محركات البحث تشكل كشافات شاملة للإنترنت. بالرغم من أن محركات البحث تهدف إلى تكشيف كل كلمة واردة في كل صفحة من صفحات الويب، فإن ذلك يمثل مهمة مستحيلة. فحتى أكبر محركات البحث لا تستطيع تكشيف سوى ما يقارب 60 - 80 بالمائة مما يتوافر من معلومات في الإنترنت. وتتأثر عملية تكشيف المعلومات بالإنترنت بقوة الحوسبة المتوفرة، وبالطبيعة المتغيرة للويب، وببعض المسائل ذات العلاقة ببنية قاعدة البيانات لمحرك البحث وطريقة تصميم موقع الويب. وتقوم برمجيات تسمى بالإنسان الآلي (Robots) وبالعناكب (Spiders) وبزواحف الويب (WebCrawler)، وبالديدان (Worms) باستمرار بتجميع صفحات الويب وتكشيفها.

ويقوم المستفيد بصياغة بحثه بطباعة الكلمات المفتاحية وعندها يقوم محرك البحث بالبحث عن الكلمات المفتاحية في قاعدة بياناته الضخمة، ويتم استرجاع كل الوثائق التي تتضمن تلك المصطلحات وترتيبها في قائمة النتائج أو في ما أصبح يعرف بـ "hot list". وغالبًا ما يغرق المستفيد في النتائج وذلك لكثرة ما يوجد من معلومات بالإنترنت. ولا تشكل القوائم التي تتضمن الآلاف من النتائج إجابة على سؤالك سوى تلك الموجودة في أعلى القائمة. وتستخدم محركات البحث خوارزمية للترتيب "ranking algorithm " حتى تظهر الإصابات ذات العلاقة بموضوع البحث في أعلى القائمة. وخوارزمية الترتيب هي عبارة عن معادلات رياضية تحدد الترتيب الذي يجب أن تعرض وفقه نتائج البحث. وعليه، فإن الوثائق ذات العلاقة الأقوى بموضوع البحث تظهر في أعلى القائمة وأضعفها تظهر في أسفل القائمة.

ولكل محرك بحث ما يلي:

- نظام للتجميع بغرض ملء قاعدة البيانات بالمعلومات.
- نظام للتكشيف لتنظيم قاعدة البيانات.
- خوارزمية للبحث تفي بمتطلبات بناء الجملة للبحث في قاعدة البيانات.
- خوارزمية للترتيب لتنظيم قائمة النتائج.

إن وجود اختلاف، وإن كان بسيطاً، في هذه البرامج الأربعة يؤثر على النتائج المتحصل عليها. وهذا هو السبب الذي يجعل النتائج تختلف اختلافاً كبيراً بين محركات البحث، حتى وإن كانت تستخدم مصطلحات البحث نفسها. وهذا سبب كاف ليجعلك تتجنب التعود على استخدام محرك بحث واحد.

المنطق البولياني:

تكتسب اللغة معنى من خلال السياق الذي ترد فيه. ويستخدم كثير من

المستفيدين مصطلحات بحث لا تربط بينها علاقة ومن دون سياق لدى قيامهم ببحث في شبكة الإنترنت. ويمكن أن يؤدي ذلك إلى نتائج محبطة ومضحكة. ويهتم المنطق البولياني - الذي وضعه جورج بول (George boole)، وهو عالم رياضي إنجليزي عاش خلال الفترة (1815 - 1864) - بالعلاقات القائمة بين الأشياء. ويستخدم المنطق البولياني في كثير من مجالات الحوسبة بدءاً بتصميم الشرائح (chips) وصولاً إلى الاستفسارات التي يتم صياغتها عند البحث في قواعد البيانات. وللمنطق البولياني تطبيقات في مختلف الأبحاث التي تنجز في شبكة الويب، وهو يستخدم من قبل كل من الأدلة الموضوعية ومحركات البحث.

أ- جوجل Google   www.goole.com

اختير جوجل Google مرتين أفضل محرك بحث (Most outstanding Search Engine) من قبل قراء Search Engine Watch. ويتمتع Google بسمعة جيدة يستحقها عن جدارة، وهو ما بوأه مكانة مرموقة ضمن أفضل عشر أدوات بحث يمكن الاعتماد عليها في استرجاع المعلومات من الويب. وبناء على ذلك تنصح Search Engine Watch بالتفكير في Google كنقطة انطلاق لدى البحث عن معلومات حول موضوع معين.

ويوفر Google خيارات أخرى بالإضافة لصفحات الويب. من ذلك أن المستفيد بإمكانه أن يسترجع صوراً ومعلومات مصدرها مجموعات الأخبار (Usenet news groups)، وغيرها.

كما يعرف Google بالمدى العريض لملامحه، من ذلك أنه يمكن المستفيد من الوصول إلى صفحات ويب "ميتة" أو من مشاهدة نسخ قديمة لصفحة الويب. كما يتيح الوصول السهل إلى التعريفات المعجمية للمصطلحات وإلى المعلومات

المتعلقة ببورصة الأسهم وخرائط شوارع المدن وأرقام الهاتف وغير ذلك. وبإمكان المستفيد أن يحصل على معلومات تفصيلية حول الموضوع برجوعه إلى صفحة المساعدة (Help page) لمحرك Google.

ويدير Google برنامجاً للإعلانات الإشهارية بالإضافة إلى النتائج المجانية التي يوفرها للمستفيد. وبالإضافة إلى ذلك يوفر Google خدمة البحث بالمجان لبعض أدوات البحث الأخرى مثل Yahoo.

وقد ظهر Google في البداية كنظام للبحث طوره طالبان بجامعة Standford يعرفان بـ Larry Page وSergey Brin ويحمل اسم Back Rub. وتغير اسم Back Rub ليصبح Google وخرج المشروع من رحاب الجامعة ليصبح شركة خاصة تحمل اسـم The Private Company Google.

ب - آسك جيفز Ask jeeves: www.askjeeves.com

اكتسب Ask jeeves شهرة خلال سنتي 1998 و1999م باعتباره محركا للبحث الذي يتيح للمستفيد تنفيذ البحث بطرح أسئلة تعتمد في صياغتها على اللغة الطبيعية.

وفي الواقع فإن الأداء الجيد لـ Ask Jeeves لم يكن ناتجًا عن التقنية، بل نتيجة للعمل الكبير الذي يقوم به حوالي 150 محررا موجودين خلف الركح [الكواليس] (Behind the scenes) وهم يتولون الإشراف على عملية البحث. ويقوم هؤلاء المحررون بالإبحار في الويب بحثاً عن أفضل المواقع التي تضاهي الاستفسارات الأكثر شعبية.

وما يزال Ask Jeeves يعتمد على محررين من البشر وإن كان عددهم قد تقلص إلى حوالي 15. وتوفير أجوبة بشرية على أسئلة المستفيدين هو الذي يجعل

المستفيدين عامة والوافدين الجدد منهم على الويب يفضلون Ask Jeeves على غيره من محركات البحث. وفيما يتعلق بالاستفسارات الشعبية، فإن محرري Ask Jeeves وضعوا الإجابات التي تضاهيها ضمن القسم المعروف بـClick Ask below for your answer وقد يشعر المستفيد بالرضا للقيمة التي تكتسيها النتائج. وإلى جانب المحررين، فإن Ask Jeeves يستخدم تقنية الزواحف (Crawler - based Technology) لتوفير نتائج للمستفيدين. وتأتي هذه النتائج من محرك Teoma الذي يمتلكه Ask Jeeves.

ج- ألتافيستا AltaVista www.altavista

يمثل ألتافيستا AltaVista أقدم محرك بحث في الويب يستخدم الزواحف (Crawlers). انطلق AltaVista سنة 1995م، وبقي لعدة سنوات أفضل محرك بحث يقدم نتائج قيمة إلى المستفيدين المعجبين بخدماته.

وعندما حاولت شركة DIGITAL تحويل AltaVista إلى موقع يقوم بدور البوابة الكبيرة سنة 1998م، بدأ هذا المحرك للبحث يفقد دوره كأداة بحث. وبمرور الوقت بدأت قيمة النتائج التي يمكن الحصول عليها بواسطة AltaVista تتدنى في مستوى الملاءمة والحداثة وحدود تغطية زواحفه للويب.

ويلاحظ اليوم أن AltaVista بدأ يركز من جديد على وظيفة البحث وأنه قد حقق تحسناً ملموساً. بيد أنه لم يرق بعد إلى مستوى العمل الذي يقوم به زاحف Google الذي يقدم نتائج أكثر شمولية من AltaVista. وعليه، فإن مؤسسات تقويم أداء محركات البحث مثل Search Engine Watch ما تزال تعتبر Alta Vista خياراً ثالثا ضمن محركات البحث من حيث جودة النتائج التي يوفرها للمستفيد.

وبالرغم من كل ذلك فإن AltaVista ما يزال يعتبر محرك بحث قوياً في

خدمات البحث التي يوفرها. فهو يوفر خدمات بحث جيدة في مجال الصور والأشرطة السمعية والبصرية. كما يوفر خدمة بحث ممتازة في مجال الأخبار.

3- محركات البحث الكبرى Metasearch Tools:

من أهم المشكلات التي تتعلق بمحركات البحث وحتى بالأدلة الموضوعية أنها تكشف أجزاء مختلفة من المعلومات المتوافرة على الإنترنت. فهكذا نجد أن صفحات الويب التي يغطيها محرك AltaVista والتي يبلغ عددها 150 مليون صفحة تختلف عن 115 مليون صفحة يقوم Hotbot بتكشيفها. ويرجع هذا التباين إلى اختلاف الطرق التي تتوخاها زواحفها (Crawlers) في التنقل داخل الإنترنت والبحث عن صفحات الويب. ويمكن أن تستوضح هذا الأمر عندما تستخدم عدداً من محركات البحث لتنفيذ البحث نفسه فتحصل على نتائج مختلفة.

وإذا أردت أن تبحث في كامل الشبكة العنكبوتية العالمية أو تود الحصول على أكبر عدد ممكن من النتائج فصغ استفسارك لدى عدد من محركات البحث. وفي هذه الحالة ستأتيك النتائج من Google وAltaVista وHotbot وغيرها. قارن النتائج المتحصل عليها من هذه الأدوات المختلفة وستحصل على نتائج تختلف في جزء منها وتتكرر في جزء آخر. وإذا ما حددت ما هو مختلف ضمن هذه النتائج فستتكون لديك فكرة بخصوص ما يتوافر من معلومات حول موضوعك في الويب.

بإمكانك أن توفر على نفسك كل هذا العناء باستخدامك لأحد محركات البحث الكبرى (Meta Search Engines).

كيف تعمل محركات البحث الكبرى ؟

تقوم هذه الفئة من أدوات البحث بدور الوسيط بين المستفيد ومحركات البحث، فهي تستلم استفسارك ثم تمرره إلى عدد من محركات البحث التقليدية، ثم تقوم بالإمساك بهذه النتائج وتسليمها إليك في قائمة واحدة.

ويرى بعض المختصين في المجال أن تنفيذ البحث باعتماد إحدى هذه الأدوات لا يفضي إلى نتائج جيدة إلا إذا كانت مصطلحات البحث من النوع البسيط. وإذا كان المستفيد يرغب في تنفيذ بحث معقد، فعليه أن يتجاهل محركات البحث الكبرى. وعليه، فإن السبب الأساس في عدم ملاءمة محركات البحث الكبرى لتنفيذ بحث معقد يكمن في التباين الموجود بينها. فمنها ما يقبل المنطق البولياني Boolean Logic ومنها ما لا يقبله أو يستخدمه بطريقة مختلفة. وعليه، فإن صيغة الاستفسار المقبولة من قبل محرك بحث قد تكون غير مقبولة، أي غير مفهومة من قبل محرك بحث آخر.

وتختلف محركات البحث الكبرى نفسها فيما بينها، فمنها ما يمكن أن نصفه بأدوات البحث العادية، ومنها ما يمكن أن نسميه بأدوات البحث "الذكية". وتتلخص طريقة عمل الفئة الأولى في أنها تتلقى استفسار المستفيد وترسله إلى عدد من محركات البحث والأدلة الموضوعية. أما محركات البحث الكبرى الذكية فإنها تحاول إعادة صياغة استفسار المستفيد بطرق مختلفة لكي تكون مفهومة ومقبولة من قبل أدوات بحث مختلفة. كما أنها تحاول أن تدمج النتائج المتحصل عليها في قائمة واحدة بهدف تسهيل مهمة المستفيد بتوفير وقته وجهده.

ويتوجب على المستفيد أن يطرح الأسئلة التالية قبل اختيار أحد محركات البحث الكبرى:

ما محركات البحث والأدلة الموضوعية التي يستخدمها محرك البحث الكبير لاسترجاع معلومات تجيب عن استفساري ؟

ومعروف أن أغلب محركات البحث الكبرى تحيل استفسار المستفيد إلى محركات البحث الأساسية، ولكن نجد بعضها يستخدم أدوات بحث إضافية، مما يجعل قائمة البحث المتحصل عليها أكثر ثراء.

إعداد وتأهيل القوى العاملة لإدارة المكتبة الإلكترونية

لإدارة المكتبة الإلكترونية يتطلب تأهيل كوادر فنية متخصصة في مجال المكتبات وعلم المعلومات والتوثيق، قادرة على تطبيق القواعد والأنظمة المتبعة المعمول بها عالمياً، قادرة على استخدام الوسائل التكنولوجية الحديثة في هذا المجال، وإيجاد آلية من شأنها أن تمكن المختصين في مجال المكتبات والمعلومات من مواكبة التطورات العملية والتقنية في تقديم الخدمات المعلوماتية.

دور ومواصفات أخصائي المكتبة الإلكترونية

لقد أصبح هناك مؤشران يوضحان دور الأخصائي (باحث المكتبات) المؤشر الأول يشير إلى تضاؤل أو محدودية دور أمين المكتبة في ظل تأثير التقنيات الحديثة المتراكمة ويشير المؤشر الثاني إلى تأييد دور باحثي المكتبات والمعلومات واستمرارية الدور المنوط به.

المؤشر الأول: الخاص بتضاؤل دور المكتبي "الأخصائي يستند إلى التقنيات الحديثة باعتبارها أضافت متغيراً جديداً وبعداً آخر للبنية أو التوسط المعلوماتي (Information MEDITATING) فالمعلومات على الخط المباشر وعلى الشبكة العنكبوتية، أصبحت داخل وخارج المكتبة وباستطاعة المتصفح على الحاسب أن

يكسر حاجز الوصول إلى المعلومات"، عن طريق النفاذ أو الوصول إلى شبكات المعلومات البعيدة بل والقدرة على اقتناء هذه المعلومات باستخدام الوسائط الإلكترونية، ويتناقص دور المكتبي أمام تناقص "الأمية المعلوماتية".

المؤشر الثاني: يؤيد استمرارية احتفاظ المهني بدوره ومكانته مشيراً إلى أن الدور المنوط بالمكتبي يمثل حلقة وصل بين المستفيدين وبين المعلومات. لقد تغيرت مهام ووظائف أمين المكتبة الإلكترونية من أداء الوظائف التقليدية إلى مهام استشاري معلومات، ومدير معلومات، وموجه أبحاث، ووسيط معلومات للقيام بعمليات معالجة المعلومات وتفسيرها وترجمتها وتحليلها، وإتقان مهارات الاتصال للإجابة عن أسئلة المستفيدين، وكذلك الارتباط ببنوك وشبكات المعلومات وممارسة تدريب المستفيدين على استخدام النظم والشبكات المتطورة، وتسهيل مهمات الباحثين.

وكذلك ترى الورقة أن المكتبة ستزيد الطلب على اختصاصي المعلومات ذي الخبرة والمعرفة. والدور المناط به يتمثل في:

1- استشاري معلومات يعمل على مساعدة المستفيدين وتوجيههم إلى بنوك ومصادر معلومات أكثر استجابة لاحتياجاتهم.
2- تدريب المستفيدين على استخدام المصادر والنظم الإلكترونية.
3- تحليل المعلومات وتقديمها للمستفيدين.
4- إنشاء ملفات بحث وتقديمها عند الطلب للباحثين والدارسين.
5- إنشاء ملفات معلومات شخصية وتقديمها عند الحاجة.
6- البحث في مصادر غير معروفة للمستفيد وتقديم نتائج البحث.
7- مساعدة المستفيد في استثمار شبكة الإنترنت وقدراتها الضخمة في الحصول على المعلومات، والوصول إلى مراكز التدريب الإلكترونية.

ومثل هذه المهام تتطلب إعداداً خاصاً لاكتساب مهارات معينة في مواجهة التطورات السريعة والمذهلة في تكنولوجيا المعلومات والاتصالات، وتقديم خدمات شاملة ومتجددة تتماشى مع روح العصر وثورة المعلومات. ولكي تقوم المكتبة الإلكترونية بوظائفها لابد أن يعمل بها أمناء مكتبات متفرغون حيث يتم اختيارهم وانتقاؤهم حسب المواصفات والمؤهلات المطلوبة. مع الحرص على وضع برامج تعليم وتدريب لهؤلاء الأمناء بحيث يتم تأهيلهم فنيا وتربويا للتعامل مع المستفيدين الذين يترددون على المكتبة الإلكترونية.

يتطلب من تم اختياره أو توجيهه للعمل في المكتبة الإلكترونية (الرئيسية أو الفرعية)، كموظف مختص أو ما يلي:

أ - الموظف المختص: يجب أن يكون حاصلاً على شهادة في المكتبات والمعلومات سواء (الدراسات العليا أو البكالوريوس أو الدبلوم العالي في المكتبات).

ب- الموظف المعاون: إن من يتم اختياره مع عدم توفر الشرط السابق يجب أن يكون على الأقل حاصلاً على دورة تدريبية في المكتبات وضرورة أن يكون حاصلاً على بكالوريوس ويفضل أن يكون في مجال الإدارة.

ج- يتطلب أن يحسن كل من الموظف المختص، والموظف المعاون، استخدام الحاسب الآلي.

د- أن يتحليا بالصفات الحميدة والأخلاق الفاضلة. لاسيما كونهما يستقبلان جمهورا مختلف الطباع.

هـ- أن يكونا قادرين على بناء علاقات إنسانية مع الآخرين.

و- أن يكونا محبي للاطلاع ومثقفين، ليقدما المساعدة لمن يطلبها.

جانب من المسميات الوظيفية للعاملين بالمكتبة الإلكترونية:

1- مفهرس مواقع.

2- مدير موقع المكتبة.

3- أخصائي خدمات رقمية.

4- أخصائي دليل بحث المكتبة.

5- مرشد تدريبي

6- محلل معلومات

محتويات المكتبة بنوعيها الورقي والإلكتروني:

أولا: الكتب (الورقية منها والإلكترونية):

- دوائر المعارف والموسوعات Encyclopedias، بنوعيها العام والخاص.
- المعاجم اللغوية: Dictionaries
- معاجم التراجم: Biographical Dictionaries
- الأطالس ومعاجم البلدان: Atlases and Gazetteers
- الكتب السنوية (الحوليات) Year book
- الإحصائيات: Statistics.
- الأدلة: Directories.
- الخرائط.

المراجع الورقية والإلكترونية

- الببليوجرافيات.
- الكشافات.
- المستخلصات.

- الدوريات Periodicals.
- الكتيبات والنشرات Book lets and pamphlets.
- الرسائل ووقائع المؤتمرات.
- القصاصات Clippings or cuttings.

ثانيا:- المصادر غير المطبوعة.

أ - المصادر البصرية Visual media: الشرائح Slides، الشرائح الفيلمية Filmstrips، الشفافيات Transparencies.

ب- المواد السمعية: الأقراص (الأسطوانات Discs, Records)، الأشرطة الصوتية (Sound taps).

ج- المواد السمعية البصرية Audio visual Media.

العمليات الفنية والخدمات

1- **الفهرسة:**
- فهرسة عبر برامج آلية.
- فهرسة آلية عبر التدخل البشرى.
- الفهرسة الآلية عبر النسخ.

2- **الخدمات:**
- إعارة إلكترونية محددة المدة.
- تحميل Downloading.
- نسخ Copying.
- قراءة مباشرة Online Reading.

3- **التعليم**[*] **والتدريب (المجاني والمدفوع):**

- التعليم التفاعلي المفتوح.

- التعليم المستمر.

- التدريب التفاعلي.

4- **خدمات التجارة الإلكترونية:**

- عضوية أفراد.

- عضوية مؤسسات.

- عضوية محددة المدة.

- تعامل مباشر وقتي ببطاقات الائتمان.

---

[*]   وهناك عدة جهات متخصصة تنتج برمجيات لتصميم نظم خاصة للبرمجة التلقائية في حقل التعليم بحيث يسهل على معلمي المدارس والكليات إعداد وتقديم دروس مختلفة لطلابهم، ومن هذه الدروس التدريب أو عرض مادة جديدة أو إجراء اختبار، أو محاكاة لواقع محدد أو غير ذلك من الأنشطة القائمة داخل الفصل، مما يسهل ويساعد على استخدام وانتشار الحاسوب في المدارس. ويستخدم لهذا الغرض برامج تسمى: COMPUTER ASSISTED INSTRUCTION , CAI، أو COMPUTER BASED INSTRUCTION , CBI"

مراجع الفصل الثاني

المكتبة الرقمية.. مكتبة القرن الحادي والعشرين - المقومات.. المعايير.. التجارب العلمية -.، الطبعة1 رقم 1، سمير حميدة: دار الفكر المصري، 2009

المكتبات الرقمية - الأسس النظرية والتطبيقات العلمية، الطبعة رقم 1،لـ عماد عيسى صالح محمد: الدار المصرية اللبنانية، 2005.

المكتبات الرقمية ، الطبعة رقم 1، طارق محمود عباس: مجموعة النيل العربية. 2000.

المكتبات الإلكترونية والرقمية وشبكة الانترنت، الطبعة رقم 1، عبد الفتاح مراد: منشأة المعارف بالإسكندرية.1995.

المكتبات ومراكز مصادر التعلم من المكتبة الأولى إلى المكتبة الافتراضية، الطبعة رقم 1، حمدي البدوي: هبة النيل العربية للنشر والتوزيع،2010.

المكتبة والمجتمع "أنواع المكتبات وأثرها في قيام الحضارات"، الطبعة رقم 1، هاني محمد:العلم والإيمان للنشر والتوزيع،2010.

أخصائي المكتبات بين المهنة والرسالة، الطبعة رقم 1، السعيد مبروك إبراهيم 2010، العلم والإيمان للنشر والتوزيع.

حوسبة المكتبات الجامعية، الطبعة رقم 1، أروى عيسى الياسري: دار دجلة. 2010.

مقدمة في علم المكتبات والمعلومات، الطبعة رقم 1، ربحي عليان: دار الفكر للنشر والتوزيع.2009.

التكشيف والاستخلاص والإنترنت في المكتبات ومراكز المعلومات، الطبعة رقم 1، لـ محمد علي العناسوه:عالم الكتب الحديث.2009.

تطبيقات الإنترنت لأخصائي المكتبات والمعلومات "أسس نظرية وتطبيقات عملية"، الطبعة رقم 1، لـ على كمال شاكر: الدار المصرية اللبنانية.2009.

شريف كامل شاهين: "علامات فارقة في مسار تكنولوجيا المعلومات"- مجلة المكتبات والمعلومات العربية-السنة (17)-العدد (3).-

ضياء الدين زاهر: "التكنولوجيا الرقمية وتأثيرها في تجديد النظم التعليمية"- مستقبل التربية العربية-تصدر عن المركز العربي للتعليم والتنمية بالتعاون العلمي مع كلية التربية.

بجامعة عين شمس، ومكتب التربية العربي لدول الخليج، وجامعة المنصورة- المجلد (10)-العدد (34) - يوليو 2004.

الفصل الثالث

النظم الآلية لإدارة

المكتبات الإلكترونية

الفصل الثالث

النظم الآليـة لإدارة المكتبات الإلكترونيـة

تعتبر نظم أو أنظمة المعلومات من المفاهيم الحديثة نسبياً، وقد تعاظمت أهمية هذا المفهوم خلال الفترة التي تلت الحرب العالمية الثانية للعديد من الأسباب التي قد يقف على رأسها ظهور الحاسب الآلي وتطوره. وتشمل هذه الأسباب أيضاً تضخم حجم المنظمات وتعقد نشاطاتها، وتضخم حجم البيانات (أو المعلومات) التي تتعامل معها، وتطور وسائل الاتصالات السلكية واللاسلكية، والحاجة الملحة إلى المعلومات الدقيقة والسريعة من قبل إدارات المنظمات وفئات المستفيدين على اختلافهم، وضعف الأنظمة اليدوية التقليدية في إمداد المستفيدين بالمعلومات التي يحتاجون بالسرعة الممكنة وفي الوقت المناسب.

ولم تقتصر أهمية نظم المعلومات على حقل معين من حقول المعرفة البشرية دون آخر، لذلك نرى اليوم العديد من نظم المعلومات المتخصصة مثل نظم المعلومات الإدارية ونظم المعلومات الاقتصادية ونظم المعلومات المحاسبية ونظم المعلومات الزراعية ونظم المعلومات الطبية نظم المعلومات في المكتبات ومرافق المعلومات، وغيرها. ونستطيع القول أن العالم الذي نعيش فيه تحكمه مجموعة من النظم من أنواع مختلفة.

وتشكل المعلومات المحور الأساسي لأي نظام معلومات في مؤسسة ما، والذي يشكل بدوره جزءاً مهماً في منظومة المعلومات في أي مجتمع. وتعتبر المعلومات من

العوامل المهمة التي تساعد في تقدم المجتمع وتطوره، وفي اتخاذ القرارات على اختلافها والتي يتوقف بنجاحها على مدى توافر المعلومات الكافية بالمواصفات الكمية والنوعية والزمن المناسب.

ولابد لنا من أن نتذكر بأن المعلومات مهما كانت أهميتها وقيمتها لن تكون مفيدة ما لم نمتلك وسائل الوصول إليها والإفادة منها. ومن هذا المنطلق تنبع أهمية نظام المعلومات في مساعدة وصانعي القرار في صناعة القرارات الرشيدة والقيام بالأنشطة الإدارية على النحو الأمثل من خلال ما يقدمه لهم من معلومات مفيدة. وهناك اعتراف واضح بأهمية المعلومات وحيويتها كمورد ثمين من موارد المنظمة الحديثة، وأداة لا غنى عنها لامتلاك أو تحقيق الميزة التنافسية الإستراتيجية المؤكدة، وتطوير المنظمة وتمنيتها، وتحسين الجودة المستمرة، والإبداع التكنولوجي، وإعادة تصميم الأعمال وتنظيمها، وصياغة إستراتيجية الأعمال وتطبيقها وإدارة العمليات بكفاءة وفعالية، وتحقيق الإنجاز المطلوب في كل أنشطة وفعاليتها. وبما أن النظم التقليدية للمعلومات المطلوبة وبالمواصفات الكمية والنوعية والزمن المناسب في عصر يتصف بالتعقيد والتغير والتقلب والتطور المستمر، فقد ظهرت المعلومات المحوسبة، مما يساعد على اتخاذ القرارات الرشيدة للمشكلات الإدارية والإنتاجية والخدماتية في المنظمات الحديثة بطريقة علمية منهجية.

ومن المعلوم أن نظم المعلومات هي وليدة تلاقي كل من نظرية التنظيم، وتكنولوجيا المعلومات وفي مقدمتها الحاسبات الآلية، والعلوم السلوكية، وبحوث العمليات، والأساليب الكمية وتطبيقاتها في مجالي الصناعة وإدارة الأعمال.

ولتعريف نظام المعلومات على الوجه الأفضل، لابد من تعرف مصطلحي البيانات والمعلومات اللذين يتم الحديث عنهما بكثرة في هذا المجال فالبيانات هي

حقائق أولية خام، غير مؤطرة وغير منظمة وغير مرتبطة ببعضها بعضاً. أما المعلومات فهي مجموعة من البيانات المعالجة والمؤطرة والمنظمة والمترابطة والمعدة للاستخدام واتخاذ القرارات. إذ يقوم نظام المعلومات باستقبال البيانات الأولية (المدخلات) ومعالجتها وتحويلها إلى معلومات (مخرجات) تستطيع الإدارة الإفادة منها.

تعريف النظام:

يعرف النظام بأنه "مجموعة من العناصر المترابطة (أو الأجزاء المتفاعلة) التي تعمل معاً بشكل توافقي لتحقيق بعض الأهداف المرسومة والغايات المدروسة". ونستطيع أن نفهم من هذا التعريف أنه لابد من أن تكون أجزاء النظام متآلفة ومترابطة ومتناسبة حتى يمكن النظام من تحقيق أهدافه بشكل سليم.

ويعرف النظام أيضاً بأنه "مجموعة من النظم الفرعية وعلاقاتها المنتظمة في بيئة معينة لتحقيق أهداف معينة". ويعتمد هذا التعريف على فهم الأفكار الأربع المرتبطة مع بعضها، وهي: النظم الفرعية والبيئة والعلاقات والأهداف.

وترى مدرسة النظم أن كل شيء في الكون يشكل ويؤلف ما يسمى بالنظام، وهذا النظام جزء من نظام أكبر منه. أي أن كل نظام له نظم فرعية، والنظام الفرعي له أنظمة فرعية أخرى. ومن الأمثلة الواقعية على هذه النظرة هو جسم الإنسان الذي يمكن النظر إليه كنظام كلي متكامل، يتكون من عدة نظم فرعية تترابط فيما بينها وتعمل بشكل تآلفي هي النظام (الهيكل) العظمي والنظام العضلي والنظام الهضمي والنظام التنفسي والنظام العصبي، وغيرها. وتنقسم كل واحد من هذه الأنظمة الفرعية إلى نظم فرعية أخرى، ولنأخذ الجهاز العصبي

مثالا على ذلك، إذ يتكون هذا الجهاز من الدماغ والنخاع الشوكي والأعصاب. ويتكون الدماغ من المخ والمخيخ والنخاع المستطيل. وتتكون الأعصاب من أعصاب حسية وأعصاب محركة.

ويتضح لنا من تعريفات النظام السابقة عدة حقائق هي:

أولا: يتكون النظام من عدة أجزاء أو عناصر، ويمكن اعتبار كل جزء أو عنصر منها نظاماً فرعياً في حد ذاته. وبالتالي يضم النظام الواحد عدة أنظمة متداخلة.

ثانيا: ترتبط الأجزاء أو العناصر أو النظم الفرعية مع بعضها بعضاً طبقاً لنظام اتصال محدد وهذا الارتباط هو الذي يعطي النظام صفة التكامل والتماسك. فإذا حدث خلل في نظام الاتصال انفرط عقد النظام ولم يحقق أهدافه، وقد يتلاشي.

ثالثا: يعمل النظام لتحقيق هدف أو مجموعة أهداف محددة تحكم نشاطه، وتحدد العلاقات بين أجزائه، وهي السبب أصلاً في وجود النظام، ويجب أن تؤدي أهداف النظم الفرعية إلى تحقيق هدف أو أهداف النظام الرئيسية.

ومن الجدير بالذكر أنه يمكن تعريف النظام بأشكال وصور مختلفة ومتعددة، وذلك وفقاً لترتيب عناصره وترتيب الروابط التي تجمع بينها، وطبيعة الوظائف التي يؤديها، والأهداف التي يسعى إلى تحقيقها. إذ يمكن تعريف الحاسب الآلي من قبل أحد محللي النظم بأنه مجموعة المكونات المادية (Hardware) والبرمجيات (Software) والإنسان (Human)، بينما يعرفه محلل آخر بأنه مجموعة من وحدات الإدخال (Input) ووحدة المعالجة المركزية (C P U) ووحدات الإخراج (Output).

نظم المعلومات Information Systems

يسمى النظام الذي يعالج البيانات Data ويحولها إلى معلومات Information ويزود بها المستفيدين نظام معلومات، وتستخدم مخرجات هذا النظام وهي المعلومات لاتخاذ القرارات وعمليات التنظيم والتحكم داخل المؤسسة. وعليه، يمكننا تصور نظام المعلومات على أنه مكون من الإنسان والحاسب الآلي والبيانات والبرمجيات المستخدمة في معالجتها بهدف إمداد المؤسسة بالمعلومات اللازمة لها عند الحاجة. ويتصوره آخرون على أنه مكون مما يلي:

1- المدخلات Input وهي البيانات.

2- المعاجلة (العمليات) Processing. وتتكون من جهاز الحاسب الآلي نفسه والبرمجيات المستخدمة في معالجة البيانات والملفات والأشخاص.

3- المخرجات Output وهي المعلومات Information.

نظرية النظم Systems Theory

تعني نظرية النظم بتحديد مجموعة من العناصر وإيجاد نوع من العلاقات بينها. وتتمثل هذه العناصر بما يلي:

أولا: النظام ومكوناته System and its Components

يعرف النظام، كما ذكر سابقاً، بأنه مجموعة من العناصر المرتبطة معاً ضمن نظام اتصال معين لتحقيق هدف أو أهداف معينة. وأن هناك نظماً ونظماً فرعية. وتتكون وحدات النظام من وحدات الإدخال ووحدات المعالجة ووحدات الإخراج التي تعمل معاً لتشكل وظيفة للنظام.

ثانيا: بيئة النظام System Environment

تعد طبيعة بيئة النظام الداخلية والخارجية ومدى تفاعل النظام مع هذه البيئة من أهم العوامل المؤثرة على نجاحه وتحقيقه لأهدافه المرسومة. إذ تتخذ أهداف النظام تبعاً لطبيعة التفاعل الناشئ بين النظام وبيئته.

ثالثا: مستخدمو النظام User

وهم مجموعة المستفيدين (أشخاص ودوائر وهيئات) من الوظائف النهائية للنظام. ويقسم هؤلاء إلى قسمين هما:

أ) مستخدمو النظام داخلياً:

وهم مجموعة الأشخاص والجهات المستفيدة من وظائف النظام داخل المؤسسة التي يعمل فيها النظام (مثال: الموظفون، والأقسام، والدوائر، ومشغلو النظام، والقائمون على صيانة النظام وتحديثه وتشغيله، وغيرهم).

ب) مستخدمو النظام خارجياً:

وهم مجموعة المستفيدين (أشخاص ودوائر وهيئات) من خدمات النظام خارج المؤسسة التي يعمل فيها النظام. (أمثلة: مؤسسة الضمان الاجتماعي، ديوان المحاسبة).

رابعا دورة حياة النظام Life Cycle

لكل نظام دورة حياة، تبدأ من تاريخ محدد وتنتهي كلياً أو جزئياً في تاريخ محدد ويمكن تلخيص مراحل هذه الدورة والتي سنأتي على ذكرها بشيء من التفصيل لاحقاً بالآتي:

1- الشعور بمشكلات النظام القديم وضرورة إحلال النظام الجديد محله.

2- تحديد أهداف النظام الجديد.

3- الدراسة الأولية للنظام الجديد.

4- دراسة الجدوى الاقتصادية للنظام الجديد واعتمادها.

5- جمع البيانات وتحليلها (مدخلات، إجراءات، مخرجات، وتغذية راجعة).

6- تصميم النظام.

7- فحص النظام.

8- تطبيق النظام وصيانته (وتشمل تدريب العاملين على النظام).

9- توثيق النظام.

تحليل النظم System Analysis

تتطلب عملية تصميم نظم المعلومات وبنائها أشخاصاً ذوي كفايات ومهارات عالية قادرين على استيعاب مشكلات النظم الموجودة وحلها بالطريقة المثلى. لذلك نحتاج قبل البدء بعملية تصميم النظام الجديد إلى القيام بتحليل النظام الحالي تعرف أجزائه وصياغة مشكلاته وأهدافه ووظائفه وتحديد مستخدميه. ويسمى الشخص الذي يقوم بعملية تحليل النظام القديم وتصميم النظم الجديدة وبنائها وتعديلها وتحديثها محلل النظم.

مفهوم تحليل النظم:

1- تجزئة النظام إلى مجموعة المدخلات والإجراءات والمخرجات والتغذية الراجعة.

2- تحديد عناصر المدخلات والمخرجات وتحديد العلاقات المنطقية والرياضية فيما بينها.

3- تنظيم الإجراءات الداخلة في تركيب النظام ضمن منظومة معادلات رياضية، وعلاقات منطقية، وعمليات معالجة بيانات واضحة المعنى، محددة المدخلات ودقيقة المخرجات.

4- إيجاد العلاقات التركيبية، ووسائل اتصال المعلومات والبيانات بعضها ببعض في منظومة النظم الفرعية المكونة للنظام.

5- تحديد أهداف النظام العامة والخاصة على نحو واضح.

6- تحديد أساليب السيطرة على مدخلات النظام وإجراءاته ومخرجاته.

7- تعديل النظام وتحديثه وصيانته كلما لزم الأمر.

8- تصميم نظم جديدة وبنائها.

9- تحديد مستخدمي النظام.

نظم المكتبات ومؤسسات المعلومات المبنية على الحاسب الآلي:

تتكون المكتبة أو مركز المعلومات عادة من أجزاء منفصلة من الناحية الشكلية، أنها متصلة وظيفياً تعرف بالنظم. ويختلف النظام المكتبي التقليدي عن النظام المحوسب في أن النظام التقليدي يعتمد اعتماداً كاملاً على العمل اليدوي الذي يقوم به الأفراد، أما إذا استخدم الحاسب الآلي في تنفيذ بعض أو كل العمليات المكتبية فيعرف النظام بأنه نظام مبني على الحاسب.

ويعرف النظام هنا بأنه "تفاعل منظم يتكون من الإنسان والمعلومات ومصادرها والحاسب الآلي والبرمجيات المستخدمة المرتبطة معاً لتحقيق غايات وأهداف معينة" فالحاسب الآلي هو مجرد آلة أو أداة تساعد المكتب على تأدية أعمال مختلفة ومعقدة بأقل كلفة ولكن بدقة أكبر وبسرعة فائقة تزيد عن دقة النظم التقليدية وسرعتها.

وقد يشتمل كل نظام مكتب على عدد من النظم الصغيرة تعرف باسم النظم الفرعية (Sub-Systems) فقد تشتمل المكتبة الحديثة (نظام كلي) على نظم فرعية للخدمات الفنية، والخدمات العامة، والإنتاج، وتسويق المعلومات، والعلاقات العامة، والمالية وغيرها. ويقسم كل نظام فرعي من النظم السابقة إلى نظم أخرى فرعية، فقد يشتمل النظام الفرعي للخدمات الفنية مثلاً على نظم أصغر مثل نظام تنمية مصادر المعلومات، ونظام الفهرسة والتصنيف. وينتج عن هذا التقسيم مستوى آخر من النظم تقسم بدورها إلى نظم أصغر. فعلى سبيل المثال، قد يشتمل نظام تنمية مصادر المعلومات على نظم فرعية خاصة بمجتمع المستفيدين، وبالتزويد، وبتقييم المصادر، وبتنقيتها. وتستمر عملية تقسيم هذه النظم الفرعية إلى نظم صغيرة كلما أمكن ذلك.

مفهوم أنظمة المعلومات الإدارية:

هناك تعريفات مختلفة لنظام المعلومات الإداري نذكر منها ما يلي:

- النظام الذي يتولى تزويد الإدارة بالمعلومات الدقيقة والوافية اللازمة لها لاتخاذ القرار، في الوقت والمكان المناسبين.

- توليفة من الأفراد والأجهزة التي تتولى عمليات جمع ومعالجة وخزن البيانات واسترجاعها بغية تقليل حالة عدم التأكد عند اتخاذ القرارات، وذلك من خلال تلبية حاجة المديرين من المعلومات اللازمة والضرورية في المجال.

- مجموعة من العناصر البشرية والتكنولوجيا لجمع البيانات وتشغيلها طبقاً لقواعد وإجراءات محددة بغرض تحويلها إلى معلومات تساعد الإدارة في التخطيط والتنظيم والرقابة والتقييم واتخاذ القرارات.

• طريقة منظمة لتجهيز المعلومات عن ماضي وحاضر ومستقبل العمليات الداخلية واستكشاف المتغيرات الخارجية للبيئة.

وبناء على هذه التعريفات يمكن إيراد التعريف الشامل التالي لنظام المعلومات الإداري في المكتبة أو مركز المعلومات " هو نظام متكامل يتكون من مجموعة الأفراد والأجهزة والإجراءات والأنظمة الفرعية للمعلومات، وذلك بغرض تزويد الإدارة بكل ما تحتاجه من معلومات دقيقة وكافية عن الأنشطة الدقيقة للمكتبة أو مركز المعلومات، ومن أجل إنجاز الوظائف الإدارية من تخطيط وتنظيم وتوجيه ورقابة واتخاذ قرارات كفوءة وفعالة. "

مما سبق، يمكن استخلاص مجموعة من النقاط الأساسية المتعلقة بمفهوم نظام المعلومات الإداري، وهي:

• إنه نظام معلومات مبني على الحاسب الآلي في إدخال البيانات ومعالجتها وتحويلها إلى معلومات تفيد متخذي القرارات في المكتبة أو مركز المعلومات.

• إنه نظام متكامل يربط بين أنظمة فرعية وظيفية مختلفة في المكتبة أو مركز المعلومات مثل نظام الإنتاج، ونظام التسويق، ونظام الخدمات، ونظام المالية، ونظام إدارة الأفراد، وغيرها.

• إنه نظام يدعم وظائف التخطيط والتنظيم والتوجيه والرقابة في المكتبة أو مركز المعلومات.

• إنه نظام يساعد إدارة المكتبة أو مركز المعلومات في اتخاذ القرارات وحل المشكلات.

• إنه نظام يقدم للإدارة معلومات عن ماضي وحاضر المكتبة أو مركز المعلومات ويتنبأ بالمستقبل.

- إنه نظام يصف العمليات والأنشطة الداخلية للمكتبة أو لمركز المعلومات ويقارنها بالمعايير الموضوعة، ويظهر المجالات التي تحتاج إلى تعديل أو تحسين.

- أنه نظام يوفر معلومات دقيقة وشاملة عن البيئة الخارجية للمكتبة أو مركز المعلومات، إذ يرصد الأحداث والفرص في هذه البيئة التي يمكن أن يؤثر على مستقبل المكتبة أو مركز المعلومات أو على عملياتهما الداخلية.

- أنه نظام يوفر المعلومات (المخرجات) في شكل تقارير دورية أو تقارير خاصة، ومخرجات نماذج رياضية وإحصائية يستخدمها مدير المكتبة أو مركز المعلومات في حل المشكلات واتخاذ القرارات

ونخلص الحديث بالقول أن نظم المعلومات الإدارية هي في الواقع حقل مشتق من جملة تخصصات وتطبيقات مختلفة ساهمت بقدر أو بآخر في تطوره ونمو وازدهار تطبيقاته في منظمات الأعمال والمؤسسات الاقتصادية المختلفة. فنظم المعلومات الإدارية مزيج من معطيات علم الحاسب الآلي وتكنولوجيا المعلومات، وبحوث العمليات، والرياضيات، ونظرية الإدارة والتنظيم، والسلوك التنظيمي، والاقتصاد وتكنولوجيا الاتصالات.

أسباب الاهتمام بنظم المعلومات الإدارية في المكتبات:

أصبحت نظم المعلومات الإدارية مهمة وضرورية جداً للمكتبات ومرافق المعلومات في الوقت الحاضر، وذلك لأسباب التالية:

1- تضخم حجم المكتبات ومرافق المعلومات، وزيادة عدد وجداتها التنظيمية على نحو لم يعد مكثف في المكتبات ومرافق المعلومات، إذ تعد هذه التكنولوجيا أحد العناصر الأساسية المكونة لنظام المعلومات الإداري الحديث.

2- التطور المتلاحق في تكنولوجيا المعلومات والاتصالات، واستعمال هذه التكنولوجيا على نحو مكثف في المكتبات ومرافق المعلومات، إذ تعد هذه التكنولوجيا أحد العناصر الأساسية المكونة لنظام المعلومات الإداري الحديث.

3- زيادة التعقيد في مهام ووظائف إدارة المكتبات أو مرافق المعلومات، نتيجة لتأثير المكتبة أو مركز المعلومات بالتغيرات السياسية والثقافية والاقتصادية والاجتماعية والقانونية والتكنولوجية، وغيرها في البيئة الخارجية على الصعيدين المحلي والدولي وما يواكبه من تعقيد في عملية اتخاذ القرار. لذلك، لابد لمديري المكتبات ومرافق المعلومات كمتخذي قرارات استخدام وسائل ونظم جديدة تساعدهم في اتخاذ القرار وتمدهم بالمعلومات اللازمة لذلك.

4- احتدام المنافسة بين المكتبات ومرافق المعلومات في مجالات كثير مثل تنوع المنتجات، وغيرها مما يستدعي المديرين إلى وجوب مواجهة منافسيهم، من حيث سرعة اتخاذ القرارات، وحل المشكلات، واستشعار مجالات تحسين الأداء العام.

5- زيادة أهمية المعلومات وقيمتها في المكتبات ومرافق المعلومات، على اعتبار أنها مورد إستراتيجي، وأنها الأساس في التقدم والتطور والبقاء والاستمرارية وزيادة الإنتاجية. إن معالجة المعلومات وتحليلها هي وظيفة جديدة لإدارة المكتبة أو مركز المعلومات، وبعد أخر من أبعاد العملية الإدارية. هذا الوظيفة فرضتها تطبيقات أنظمة الحاسب الآلي وتكنولوجيا المعلومات الأخرى في مختلف النظم الوظيفية للمكتبة أو مركز المعلومات من إنتاج، وتسويق، وخدمات، وشؤون مالية، وغيرها.

إذاً، فالتحدي الذي تواجهه المكتبات ومرافق المعلومات في الوقت الحاضر يكمن في كيفية الإفادة من تكنولوجيا المعلومات في تصميم نظم إدارية تمكنها من المنافسة، ومن ملاحقة التغيرات البيئية، وتحقيق الكفاءة الإنتاجية.

وظائف نظام المعلومات الإداري المحوسب:

الوظيفية الأساسية لنظام المعلومات الإداري المحوسب في المكتبات ومرافق المعلومات هي تجميع البيانات ومعالجتها وتحويلها إلى معلومات يتم استرجاعها حسب الحاجة. ولتحقيق ذلك، يقوم النظام بما يلي:

1- الحصول على البيانات من المصادر المختلفة (داخلية وخارجية).

2- التأكد من صحة البيانات ودقتها.

3- تنظيم البيانات (فرز، وتبويب، ترميز).

4- خزن البيانات (أقراص صلبة، وأقراص ممغنطة، واسطوانات مدمجة، الخ).

5- إجراء العمليات الحسابية والمنطقية على البيانات.

6- استرجاع المعلومات (تقارير مطبوعة، وجداول، ورسومات بيانية، الخ.).

7- إعادة الإنتاج. وتعني نقل المعلومات من مكان إلى آخر بوساطة التقارير المطبوعة أو شاشات الحاسب الآلي أو وسائط التخزين الممغنطة المختلفة.

المكونات الأساسية لنظام المعلومات الإداري المحوسب:

يتكون نظام المعلومات الإداري المحوسب في المكتبات ومرافق المعلومات من المكونات الرئيسة التالية:

أولا: المدخلات Inputs:

المدخلات عبارة عن البيانات الخام التي يتم إدخالها في الحاسب الآلي لمعالجتها وإنتاج معلومات جديدة. وقد تكون هذه البيانات خاصة بالأفراد أو الخدمات أو الإنتاج أو العلاقات العامة أو تسويق المعلومات، وغيرها. ومن الجدير بالذكر أنه يجب أن لا يدخل في الحاسب الآلي إلا البيانات اللازمة والضرورية.

ويجب تصميم نظام المعلومات الإداري المحوسب بحيث لا تجمع البيانات وتدخل أكثر من مرة واحدة. أما عملية تنظيم البيانات قبل إدخالها في الحاسب الآلي فهي ضرورية لاسترجاع المعلومات عند الحاجة إليها.

ثانيا: الأجهزة Hardware:

وهي عبارة عن الحاسبات الآلية نفسها والأجهزة الأخرى الملحقة بها التي تعمل على استقبال البيانات وتخزينها ومعالجتها وإخراج النتائج.

ثالثا: البرمجيات Software:

من المعلوم أن الحاسب جهاز مبرمج. والبرنامج هو "مجموعة الأوامر والتعليمات الموجهة للحاسوب لمعالجة البيانات (المدخلات) المخزنة فيه بالطريقة المناسبة لتحقيق الأهداف المطلوبة (المخرجات)." وهناك أنواع متعددة من البرمجيات مثل برامج النظام (System Software)، وبرامج التطبيقات (plication Systems)، وبرامج تطوير النظام (System Development Software)، وبرامج المستفيد النهائي (End –User Software).

رابعا: قاعدة البيانات Data Base:

يجب أن يكون لدى المكتبة أو مركز المعلومات مصدر موحد ومنظم يشتمل

على جميع المعلومات اللازمة لنظام المعلومات الإداري المحوسب. وتنظيم البيانات في نظام الحاسب الآلي بصورة هرم يبدأ من أصغر عنصر في قاعدة البيانات وهو البت (Bit) ثم البايت (Byte)، والحقول، والسجلات، والملفات التي تشكل بمجموعها قاعدة البيانات. وتعرف قاعدة البيانات بأنها " أسلوب تنظيم البيانات في شكل ملف رئيس يتيح التعامل مع البيانات بطريقة شمولية تلبي الحاجات المختلفة للمستفيدين ومتخذي القرار." وتتم إدارة موارد البيانات وقواعد البيانات من خلال حزم برمجيات متطورة تسمى نظام إدارة قواعد البيانات (DBMS). وتقوم إدارة قواعد البيانات بمهام التنسيق بين قواعد البيانات والمحافظة على مواردها وتنفيذ إجراءات الحماية والأمن المعلوماتي.

خامسا: الإجراءات Procedures:

تعرف الإجراءات بأنها " مجموعة التعليمات والأوامر التفصيلية والخطوات الواجب إتباعها لتنفيذ البرنامج المطلوب." وتشمل النواحي المتعلقة بكيفية تشغيل الحاسب الآلي وطريقة إدخال البيانات وإدامتها واسترجاعها وأسماء الملفات والبرامج وتصنيف المخرجات وطرق توزيعها.. الخ.

سادسا: الأفراد Personnel:

الأفراد هم مجموعة الأشخاص الذين يتولون تصميم البرامج وإعدادها وتحديد البيانات وترميزها وإدخالها وأمنها وتشغيل الحاسب الآلي وإدارة نظام المعلومات الإداري.

وتشمل هذه المجموعة مدير النظام ومحللي النظم والمبرمجين ومدير العمليات ومشغلي النظام ومدخلي البيانات ومدير قاعدة البيانات ومدير أمن النظام،

وغيرهم. ويعد الأفراد محور الكفاءة الجوهرية لنظم المعلومات بعامة في المكتبات ومرافق المعلومات ونظم المعلومات الإدارية فيها على وجه الخصوص.

سابعا: إدارة المعلومات (الإدارية) Information Management:

تتولى إدارة المعلومات مهام التخطيط والتنظيم والتوجيه والرقابة والتقييم لجميع أنشطة نظام المعلومات الإداري وأعماله. ومن المعلوم أن العامل الحاسم والجوهري في نجاح أو فشل نظم المعلومات الإدارية في المكتبات ومرافق المعلومات هو الإدارة بقيادتها وكادرها الإداري والتقني المتخصص.

التخطيط لإنشاء نظام معلومات إداري:

أن نظام المعلومات الإداري هو قبل كل شيء مشروع يتطلب تخطيطاً وتقييماً ودراسة جدوى وموارد ووقت وجدولة لأنشطة متعددة ومعقدة. وحتى يحقق نظام المعلومات الإداري في المكتبات ومرافق المعلومات أهدافه، لابد من اتباع الأسلوب العلمي في التخطيط له، وأن يصمم بحيث يؤمن احتياجات جميع المستفيدين وخاصة المديرين منهم من المعلومات في الوقت المناسب وبطريقة اقتصادية.

ويمكن اعتماد الأسلوبين التاليين في التخطيط لإنشاء نظام معلومات إداري في المكتبة أو مركز المعلومات:

1- التخطيط على أساس الأهداف: أي تحديد أهداف المكتبة أو مركز المعلومات ومن ثم تخطيط وتصميم نظام المعلومات ليحقق هذه الأهداف.

2- التخطيط على أساس المشكلات: أي تصميم نظام معلومات إداري يكون قادراً على مساعدة إدارة المكتبة أو مركز المعلومات على تحديد المشكلات وإيجاد الحلول واختيار الحل الأفضل.

وقد يكون من الصعب عملياً الاعتماد على أسلوب واحد دون الآخر. لذا، لابد أن يكون نظام المعلومات الإداري في المكتبة أو مركز المعلومات قادراً على تحقيق الأهداف، وأن يقدم في الوقت نفسه المعلومات التي تساعد على حل المشكلات التي قد تعترض طريق المكتبة وتمنعها من تحقيق أهدافها.

الخطوات الرئيسية لتخطيط نظام المعلومات الإداري المحوسب في المكتبات ومرافق المعلومات:

فيما يلي نذكر الخطوات الرئيسة التي يجب أن تتبعها المكتبات ومرافق المعلومات في التخطيط لإنشاء نظام معلومات إداري محوسب:

1- تحديد الأهداف العامة للمكتبة والأهداف الفرعية لكل دائرة وقسم من أقسامها، وتعتبر هذه الأهداف الإطار السياسي الذي يجب أن يلتزم به نظام المعلومات الإداري المحوسب ولا يخرج عنه.

2- تحديد حاجات المستفيدين من المعلومات: نظام المعلومات الإداري المحوسب الناجح هو الذي يوفر المعلومات التي تلبي حاجة المستفيدين منه بدقة ويستجيب للتطورات التي قد تطرأ على هذه الحاجات.

3- تحديد الأشخاص والجهات التي تحتاج المعلومات: يجب أن يحدد نظام المعلومات الإداري المحوسب الناجح الأشخاص والدوائر والأقسام والجهات المخولة بالحصول على المعلومات. ويعني هذا تحديد المستفيدين الداخليين والخارجيين من النظام، وأي نوع من المعلومات يمكنهم الحصول عليها.

4- تحديد شكل المعلومات وطرق عرضها وأوقات جمعها: يجب تحديد الطرق التي ستجمع بواسطتها هذه المعلومات وأسلوب عرضها (قوائم بيليوغرافية أو معلومات نصية أو تقارير مطبوعة أو جداول أو رسومات بيانية أو أرقام،

الخ). كما يجب تحديد أوقات جمع وإعداد هذه المعلومات (يومياً أو أسبوعياً أو شهرياً أو فصلياً أو نصف سنوي أو سنوياً). وباستخدام الحاسب الآلي في أيامنا هذه أصبحت المعلومات تجمع وتخزن مباشرة.

5- بيان طريقة تخزين المعلومات: يجب سياسة مكتوبة وواضحة تحدد طريقة الاحتفاظ بالمعلومات وتخزينها بعد جمعها. فهل تخزن المعلومات على أشرطة ممغنطة أو أسطوانات ممغنطة أو أسطوانات الليزر، أو غيرها.

6- تحديد نوع أجهزة الحاسب الآلي المناسبة للنظام وعددها.

7- تحديد طريقة استرجاع المعلومات ونقلها: إن الهدف الأساس من جمع المعلومات وتخزينها هو استرجاع والإفادة منها. لذلك يجب أن يحدد النظام طرق ووسائل استرجاع المعلومات ونقلها من أماكن تخزينها في الحاسب الآلي إلى المستفيدين منها. إذ يمكن نقل المعلومات بوسائل متعددة منها: التقارير الشفوية والتقارير المطبوعة بواسطة الحاسب الآلي والمصغرات الفيلمية وشاشات الحاسوب، وغيرها.

8- إدامة المعلومات: حتى تستجيب المعلومات للحاجات المتغيرة لابد أن يشتمل نظام المعلومات الإداري المحوسب في المكتبات ومرافق المعلومات على طريقة منظمة لتحديث المعلومات وإدامتها، وجعلها مواكبة لأحدث المستجدات والتطورات. ويتضمن نظام التحديث والإدامة أيضاً تحديد وإيضاح طريقة التخلص من المعلومات التي لم تعد المكتبة أو مركز المعلومات بحاجة إليها. فنظام المعلومات الإداري المحوسب الناجح هو الذي يصمم بحيث يغذي وبصفة دائمة بالمعلومات الجديدة ويتخلص من المعلومات القديمة عديمة الفائدة.

9- الرقابة على النظام: تعتبر الرقابة وسيلة أساسية لمعرفة مدى التقدم الذي أحرزه النظام والمشكلات التي يواجهها. لذلك لابد من تغذية راجعة لإدارة المكتبة أو مركز المعلومات أو لإدارة وحدة المعلومات في هذا المجال. إذ تمكن التغذية الراجعة الإدارة من إجراء التعديلات والتغييرات اللازمة في الوقت المناسب وبأقل التكاليف.

10- اعتبارات أخرى: هناك نواح أخرى يجب أن تؤخذ بعين الاعتبار عند التخطيط لإنشاء نظام معلومات إداري محوسب، وهي:

- المركزية واللامركزية.

- الكادر البشري: مؤهلاته وخبراته وطرق تدريبه.

- سرية المعلومات وأمنها.

- الأنظمة الوظيفية الفرعية للنظام: النظام الفرعي للمعلومات التسويقية، النظام الفرعي لمعلومات الإنتاج، النظام الفرعي لمعلومات الموارد البشرية، النظام الفرعي للخدمات المعلوماتية، النظام الفرعي للمعلومات المالية، إلخ.

خصائص نظام المعلومات الإداري المحوسب المثالي:

هناك مجموعة من الخصائص التي يجب توافرها في نظام المعلومات الإداري المحوسب المثالي، هي:

هناك مجموعة من الخصائص التي يجب توافرها في نظام المعلومات الإداري المحوسب المثالي، هي:

1- التكامل بين عناصر النظام (Integration): وهذا يعني أن يمثل النظام وحدة متماسكة ومتكاملة من العمليات والأنشطة بمعنى تكامل الأنظمة الفرعية

لنظام المعلومات الإداري بحيث يكون نشاط أي نظام فرعي مكملاً لأنشطة النظم الفرعية الأخرى. فمخرجات نظام تسويق المعلومات مثلاً هي مدخلات لنظم الخدمات والمالية والموارد البشرية والإنتاج والعكس صحيح. وفي كل الظروف تتكامل عمليات النظم الفرعية لتشكل بمجموعها نظام المعلومات الإداري.

2- المفهوم الموسع للبيانات: بمعنى أن يشتمل النظام على جميع أنواع البيانات أو المعلومات التي يحتاجها المستفيدون من النظام على اختلافهم.

3- استخدام الحاسوب: إن الاستفادة من إمكانيات الحاسب الآلي الكبيرة في تخزين ومعالجة البيانات واسترجاع المعلومات أمر ضروري، وذلك لرفع كفاية المعلومات الناتجة وتخفيض تكلفة التشغيل.

4- استخدام وسائل متقدمة في تحليل البيانات: وإنتاج معلومات دقيقة ذات فائدة.

5- المرونة: تعني المرونة إمكانية تطوير النظام وتعديله بما يتلاءم مع التغيرات لا يمكن الإفادة من البيانات على الوجه الأمثل إلا إذا استخدمت الطرق الرياضية أو الإحصائية والمنطقية المتقدمة في تحليلها والاحتياجات الجديدة. فهناك تغييرات وتطورات مستمرة في إجراءات المكتبات ومرافق المعلومات وأنشطتها ومنتجاتها وخدماتها، وهناك أيضاً تغييرات وتطورات في بيئاتها الداخلية والخارجية، لذلك فإن عدم توافق النظام مع تلك التغييرات والتطورات يمكن أن يفقد المكتبة قدراتها على الوفاء بالتزاماتها وتطوير احتياجاتها ومتطلباتها، ويفقد المديرين القدرة على اتخاذ القرارات الصائبة. ويمكننا القول أن النظام الجامد الذي لا يتطور لن تكتب له الاستمرارية.

6- **البساطة الوضوح:** إن بساطة النظام ووضوح تنظيم تدفق البيانات من مصادرها، وتجنب تكرار البيانات التي يتم تشغيلها وبيان تدفق المعلومات بين مرافق اتخاذ القرار في المكتبة أو مركز المعلومات، وبيان طرق تدفق المعلومات ووسائطه إلى المستفيدين، جميعها خصائص بارزة في نظام المعلومات الإداري الجيد.

7- **المراجعة والتحديث:** يهدف نظام المعلومات الإداري في المكتبات ومرافق المعلومات كغيرها من المؤسسات إلى إمداد المستفيدين منه بالمعلومات الحديثة. لذلك يجب أن تكون البيانات المخزونة متجددة باستمرار بحيث تؤخذ بعين الاعتبار الإضافات الناتجة من الأحداث والأنشطة والعمليات الجديدة. كما يعني هذا ضرورة التخلص من المعلومات التي لا تستعمل لفترة طويلة.

8- **التوازن:** يصمم نظام المعلومات الإداري بحيث يحقق التوازن في إمداد المستفيدين بالمعلومات اللازمة لتحقيق الأهداف المطلوبة، ويحقق التوازن بين دقة المعلومات وتكلفة الحصول عليها، مما يؤدي إلى توفير المعلومات الصحيحة والدقيقة للشخص المناسب، وبالكمية والوقت المطلوب.

9- **تأمين الحماية للمعلومات وسريتها:** يعد موضوع أمن المعلومات وسريتها من الموضوعات المهمة في نظم المعلومات الإدارية الحديثة. ويعني ذلك أن يصمم النظام ليسمح فقط الأشخاص محددين بالدخول إلى المعلومات المخزنة، وأن يمنع الأشخاص المتطفلين وغير المسموح لهم بالدخول إلى المعلومات والإطلاع عليها، وذلك بواسطة مجموعة من أنظمة الحماية الخاصة كاستخدام عدة كلمات سر (Passwords) في المرة الواحدة للدخول إلى النظام مثلاً. كما يعني أيضاً حفظ البيانات من الفقد وذلك عن طريق تخزين النسخ الأصلية

للبرمجيات ونسخ احتياطية من قاعدة/ قواعد البيانات في مكان آمن بعيد عن موقع العمل، تجنباً لفقد البرمجيات وحفظاً لقاعدة/ قواعد البيانات.

خصائص المعلومات في نظام المعلومات الإداري المحوسب المثالي:

هناك خصائص مختلفة يجب توافرها في المعلومات كمخرجات لنظم المعلومات الإداري المحوسب المثالي في المكتبات ومرافق المعلومات، ومنها ما يلي:

1- **الدقة** Accuracy: تعرف الدقة بأنها "نسبة المعلومات الصحيحة إلى مجموعة المعلومات المنتجة خلال فترة زمنية معينة " ومن المعلوم أن عدم الدقة في نظم المعلومات الإدارية المحوسبة ناتج في العادة عن أخطاء بشرية. وتعد درجة الدقة العالية للمعلومات الناتجة عن استخدام الحاسب الآلي إحدى فوائده الأساسية.

2- **التوقيت السليم** Timeliness: لا قيمة للمعلومات الدقيقة إذا لم تصل إلى المستفيدين في الوقت المناسب ففي النظم اليدوية التقليدية تكون هناك صعوبة واضحة في تحقيق الدقة والتوقيت السليم معاً، لأن إصدار معلومات دقيقة يأخذ وقتاً طويلاً ويقلل من سرعة وصولها إلى المستفيدين ومتخذي القرارات. لذلك تقاس قيمة المعلومات بدرجة وصولها إلى المستفيدين منها ومتخذي القرار في الوقت المناسب وبالسرعة الممكنة، وهذا ما يحققه نظام المعلومات الإداري المحوسب.

3- **الاقتصاد** Economic: تعد اقتصاديات المعلومات من الأمور المهمة عند مناقشة نظم المعلومات الإدارية المحوسبة، وتكون المعلومات اقتصادية إذا كانت قيمتها أكبر من كلفتها. أما إذا كان العكس، فتكون المعلومات غير اقتصادية.

ومن المعروف أن الحاسب الآلي يوفر معلومات أكثر بكلفة معقولة بعكس النظام اليدوي التقليدي.

4- **الشمول** Comprehensiveness: الشمول يعني احتواء المعلومات المتوافرة أو المنتجة للحقائق الأساسية التي يحتاجها المستفيدون أو متخذو القرار. لا يعني هذا الأمر إغراق المستفيد أو متخذ القرار بمعلومات كثيرة منها ما يحتاج، لأنه يضيع وقته ويقلل من قيمة المعلومات وفائدتها بالنسبة له. إن المطلوب في أحيان كثيرة هو معلومات مختصرة (جداول ورسومات بيانية وغيرها) توفر للمستفيد أو متخذ القرار إجابة سريعة ومكثفة عن استفساره. أي أنه يجب أن ترافق خاصية الشمول خاصية أخرى مهمة هي الإيجاز، وللحاسوب دور مهم في هذا المجال.

5- **الملاءمة أو المطابقة** Relevance: تعد هذه الخاصية من أهم خصائص نظام المعلومات الإداري المحوسب، لأن ملاءمة المعلومات ومطابقتها لحاجات المستفيدين ومتخذي القرار تعتبر العامل الرئيسي في تحديد قيمة المعلومات الاقتصادية. فالمعلومات التي لا تلائم حاجة المستفيدين ومتخذي القرار تقترب قيمتها من الصفر، بل أن التكاليف التي أنفقت في تجميع المعلومات وتحليلها تعتبر في هذه الحالة خسائر. وتزيد قيمة المعلومات المنتجة من نظام المعلومات كلما زادت درجة إشباعها لحاجات المستفيدين ومتخذي القرارات. ويلعب الحاسب الآلي دوراً بارزاً في هذا المجال، إذا يقوم بإمدادهم بالمعلومات اللازمة كل حسب احتياجاته.

تكنولوجيا إدارة المكتبات الإلكترونية

شهد العصر الحالي تطورات تقنية ضخمة ومتسارعة، في مجالات مختلفة، ومنها مجالات الاتصالات وتقنية المعلومات، مما جعل العالم وحدة واحدة تتأثر وتتفاعل مع الأحداث، فأصبح لزاما على من يريد السير في هذا الركب الحضاري مواكبة الانفجار المعرفي الحاصل، والتقدم العلمي المتسارع. وهذا يتطلب بذل كل جهد وتسخير كل الإمكانات ونقل تكنولوجيا ومعلومات تقود إلى إحداث نهضة علمية وتقنية شاملة.

لقد لعب التطور التقني دوراً كبيراً في بناء الحضارة الإنسانية الحديثة وكان السبب في كل التحولات الجذرية في جميع مجالات الإنتاج الذي هو الأساس الحاوي للحياة في المجتمع. كما أدت التكنولوجيا إلى تغيير المجتمعات التقليدية في الدولة الصناعية الحديثة إلى مجتمعات تقنية أثرت بدورها على السلوك الإنساني للأفراد وعلى الإدارة وعلى المجتمع.

وبينما يصف البعض عصرنا الحاضر بعصر ما بعد الثورة الصناعية، يصفه البعض الآخر بعصر ثورة المعلومات. فمما لا شك فيه أن المعلومات من المصادر الأساسية ذات التأثير الواضح على جميع مجالات النشاط في العالم. كما تؤدي التطورات المتلاحقة في تقنية المعلومات إلى تحويل المجتمع الصناعي إلى مجتمع يدور في فلك المعلومات، ومن ثم فإن التنظيم المنهجي للمعرفة النظرية سوف يكون هو المصدر الأساسي لتوجيه وتشكيل بنية المجتمع في المستقبل.

تكنولوجيا المعلومات

الصورة المعاصرة لتقنية المعلومات تتكون من ثلاثة عناصر أساسية، وهي الحاسبات الإلكترونية بقدرتها الهائلة على الاختزان وسرعتها الفائقة في التجهيز

والاسترجاع، وتكنولوجيا الاتصالات بعيدة المدى بقدرتها الهائلة على تخطي الحواجز الجغرافية والمصغرات بكل أشكالها من فيلمية وضوئية، وبقدرتها الهائلة على توفير الحيز اللازم لاختزان الوثائق، فضلاً عن سهولة التداول والاستنساخ والاسترجاع.

لقد حقق الإنسان على مدى العصور الماضية تطوراً هائلاً في مجال تقنية المعلومات والاتصالات، وفي وجود البيئة الإلكترونية للمعلومات والتي ازدادت كماً وكيفاً بوجود شبكة الإنترنت انبثق منها عدة مصطلحات جديدة في جميع المجالات الحياتية، ومن بين المؤسسات التي استفادت من هذا التطور التقني الهائل المكتبات ومرافق المعلومات، ونتج عنه ظهور مسميات جديدة للمكتبة مثل المكتبة الإلكترونية Electronic Library، والمكتبة الافتراضية Virtual Library، والمكتبة بدون جدران Library without walls، إلا أن جمعية مكتبات البحث الأمريكية أشارت في تعريفها للمكتبات الرقمية إلى أن تلك المصطلحات هي مرادفات للمكتبة الرقمية Digital Librsries3، وقد ساد كل منها في فترة من فترات التطور التي شهدتها المكتبات بإدخال تقنية الحاسبات الآلية في المكتبات، واستخدمت بشكل تبادلي لكي تصف المفهوم الواسع للمكتبة الرقمية.

تحول المكتبة: مع التحول الذي يشهده العالم المتقدم وانتقاله من المجتمع الصناعي إلى مجتمع المعلومات، ظهرت حتمية التحكم في إنتاج المعلومات، ومعالجتها، ومحاولة الاستفادة منها. فوقفت المكتبات بشتى أنواعها عاجزة عن توفير كل ما ينشر في اختصاصات الباحثين والإلمام بمستجدات بحوثهم العلمية. ومع ظهور تكنولوجيا البث والاتصال، استخدمت طريقة البحث على الخط المباشر. وبظهور الوسائط الضوئية، والمغناطيسية، والإلكترونية، فقد استخدمت

تكنولوجيا حديثة في المعالجة وبث المعلومات، ناهيك عن توفيرها للصورة والصوت.

ومما لا شك فيه أن هذه الثورة في المعلومات قد بدأت تهدد الأرصدة الورقية أو المطبوعة، حيث أصبحت لا تمثل سوى نسبة ضئيلة من الإنتاج الفكري المنشور، وذلك نظرا لما توفره من سرعة في الحصول على المعلومات بأدق الكيفيات وبأقل التكاليف. ويقول النقاد إن ثورة المعلومات سوف لن تلغي المكتوب وإنما تغير في شكله، فالناس لن تقرأ جريدة مصنوعة من الورق، ولا كتابا ولا قاموسا مصنوعا بالورق، بعدما أصبح كل ذلك عبارة عن صفحات إلكترونية تقرأ على الشاشة بفضل تكنولوجيا الكمبيوتر والأقراص المضغوطة.

وفي هذا الصدد يقول واندوب كريستين Christian Wandendope، عضو في جمعية الحدود الإلكترونية: "إن النصوص الموجهة للقراءات الجارية ستكون على وسائط رقمية كما هو الحال في البريد الإلكتروني ونشاطات القراءة على صفحات الويب (WEB)، والكتاب الإلكتروني سيعجل في التغيير من الورقي إلى الرقمي، وبدون شك فإن حصة الورق في نشاطاتنا القرائية اليومية ستنخفض عما كانت عليه بالأمس، الأمر الذي يتطلب من القائمين على المكتبات التنبه إلى ذلك مع أهمية الحفاظ على الكتاب الورقي وتطويره.

الكتاب أو عصر الأوعية الورقية إلى أين؟في عام 1982 توقع "الأستاذ الدكتور سعد الهجرسي" بأن عصر الأوعية الورقية لا يمكن أن يستمر إلى ما لا نهاية، وفي عام 1990 أكد للمرة الثانية تلك التوقعات، والأسباب التي دفعته إلى التصريح بهذه الرؤية، هي: الارتفاع المستمر في تكاليف الأوعية الورقية، مقابل الانخفاض المستمر في أسعار الأوعية غير التقليدية - الحيز والفراغ الكبير الذي تتطلبه الأوعية التقليدية عند الاختزان - التلف الذي يلحق الأوعية الورقية

بسبب نسبة الحموضة في صناعة ومنتجات الأوراق الحديثة – التطور الهائل المذهل والمتواصل في تكنولوجيا الأوعية غير التقليدية – كما يفيد "الدكتور الهجرسي" بأن التنبؤ المتوازن بالنسبة لهذه القضية يتلخص في أن بنوك المعلومات، وما تمثله من أنماط حديثة للاختزان والإتاحة، ستشارك الكتب وما تمثله من الأنماط المطبوعة، بدرجات متفاوتة بحسب التقدم الحضاري العام في المجتمع، وبحسب الوظيفة القرائية للوعاء الذي يتم تحويله، فيزداد نصيب بنوك المعلومات في المجتمعات المتقدمة وفي الأوعية المرجعية.

"يؤكد كيست Kist بدوره، أن الأعمال المطبوعة تتمتع بقوة متأصلة بها، تمكنها أن تؤمن دورها على مسرح النشر في المستقبل ولعقود قادمة"، فالكتب والدوريات وغيرها من المطبوعات تتوافر فيها الصفات والسمات الآتية: محمولة، حافظة، آمنة، محسوسة، سهل التكيف معها، لها هويتها الخاصة وشخصيتها المميزة، الانفراد بشكل وهيئة متميزة.

حالياً تتفوق كفة أوعية الوسائط المتعددة على كفة الأوعية المطبوعة في ميزان وسائل الاتصال، إن أوعية الوسائط المتعددة تتوافر فيها كافة عناصر إنتاج وسائل الاتصال مثل:

- الرموز اللفظية: الرموز الكتابية وأنماطها وأشكالها المتطورة.
- الرموز التصويرية: النقوش والرسوم والأساليب المماثلة، وتتضمن أيضاً الصورة الصوتية في تسجيل الحدث.
- اللون: الذي يلقي الضوء على الرموز اللفظية، ويبرز المظاهر الحية في رسمها.
- الصوت: نسخ وانتقال الأصوات والموسيقى.
- الحركة: بث الصور والرسوم المتحركة، أو حركة الأشخاص.

بل أن الوسائط المتعددة تضيف ميزة أخرى بأنها تعمل على الحاسوب، الذي يمكن استغلاله في أغراض أخرى متعددة.

وهكذا فإن المكتبات بدأت تتغير وأصبح لها دور حيوي في هذا العصر الإلكتروني ورسالتها في اختيار وتخزين وتنظيم ونشر المعلومات أصبحت ذات أهمية كبيرة، لذا فإن طريقة تنفيذ هذه الرسالة أو المهمة يجب أن تتغير بصورة فاعلية، فيما إذا أريد لهذه المكتبات مواصلة الحياة.

ولقد أوجدت المؤسسات الكبرى ذات الأعمال الواسعة في التجارة والصناعة والمصارف والنفط وغيرها مكتبة العمل (Business Library) وسخرتها لخدمة أعمالها وفقاً لتخصصها العام وحققت منها فوائد عديدة.

نظرة مستقبلية إن طموحات مشغلي نظم المعلومات في العالم تتمثل في تحويل المعلومات المتاحة لديها – الأوعية التقليدية من كتب ومراجع ودوريات - إلى الشكل اللازم، ليتم استرجاعها من خلال شبكة المعلومات الدولية (Web)، ونشرها عبر الانترنت.

وفي دراسات عديدة حول اتساع استخدام الوسائط المتعددة، وتفضيل المستخدمين لها بسب ميزاتها وقصور بعض الطرق المستخدمة مسبقاً، برزت عدة أسباب منها:

1- اتساع دائرة انتشار الندوات الفيدوية بفضل تراجع أسعار معدات هذه الندوات.

2- عدم تحقق الآمال المعلقة على توزيع برامج الفيديو والألعاب عبر الشبكات بسبب تعدد الأنظمة وعدم توافقيتها.

3- فشل تجربة التلفزيون التفاعلي، لتميز الحاسب الآلي التفاعلي، وذلك بالنظر إلى الطبيعة الخاصة لأجهزة التلفزيون المصممة، لتكون وسيلة للمشاهدة وحسب.

4- انتشار الصحف الإلكترونية التي تنشر عبر شبكة الانترنت.

إعداد وتأهيل القوى العاملة لإدارة المكتبة الرقمية:

لإدارة المكتبة الرقمية يتطلب تأهيل كوادر فنية متخصصة في مجال المكتبات وعلم المعلومات والتوثيق، قادرة على تطبيق القواعد والأنظمة المتبعة المعمول بها عالمياً، قادرة على استخدام الوسائل التكنولوجيا الحديثة في هذا المجال، وإيجاد آلية من شأنها أن تمكن المختصين في مجال المكتبات والمعلومات من مواكبة التطورات العملية والتكنولوجيا في تقديم الخدمات المعلوماتية.

دور ومواصفات أخصائي المكتبة الرقمية:

لقد أصبح هناك مؤشران يوضحان دور الأخصائي (باحث المكتبات) المؤشر الأول يشير إلى تضاؤل أو محدودية دور أمين المكتبة في ظل تأثير التكنولوجيا الحديثة المتراكمة ويشير المؤشر الثاني إلى تأييد دور باحثي المكتبات والمعلومات واستمرارية الدور المنوط به.

*   **المؤشر الأول:** الخاص بتضاؤل دور المكتبي الأخصائي يستند إلى التكنولوجيا الحديثة باعتبارها أضافت متغيراً جديداً وبعداً آخر للبنية أو التوسط المعلوماتي (Information MEDITATING) فالمعلومات على الخط المباشر وعلى الشبكة العنكبوتية، أصبحت داخل وخارج المكتبة وباستطاعة المتصفح على الحاسب

أن يكسر حاجز الوصول إلى المعلومات، عن طريق النفاذ أو الوصول إلى شبكات المعلومات البعيدة بل والقدرة على اقتناء هذه المعلومات باستخدام الوسائط الإلكترونية، ويتناقص دور المكتبي أمام تناقص "الأمية المعلوماتية".

• **المؤشر الثاني:** يؤيد استمرارية احتفاظ المهني بدوره ومكانته مشيرًا إلى أن الدور المنوط بالمكتبي يمثل حلقة وصل بين المستفيدين وبين المعلومات. لقد تغيرت مهام ووظائف أمين المكتبة الإلكترونية من أداء الوظائف التقليدية إلى مهام استشاري معلومات، ومدير معلومات، وموجه أبحاث، ووسيط معلومات للقيام بعمليات معالجة المعلومات وتفسيرها وترجمتها وتحليلها، وإتقان مهارات الاتصال للإجابة عن أسئلة المستفيدين، وكذلك الارتباط ببنوك وشبكات المعلومات وممارسة تدريب المستفيدين على استخدام النظم والشبكات المتطورة، وتسهيل مهمات الباحثين.

وكذلك نرى أنه سيزداد الطلب على اختصاصي المعلومات ذي الخبرة والمعرفة. والدور المناط به يتمثل في:

1- استشاري معلومات يعمل على مساعدة المستفيدين وتوجيههم إلى بنوك ومصادر معلومات أكثر استجابة لاحتياجاتهم.

2- تدريب المستفيدين على استخدام المصادر والنظم الإلكترونية.

3- تحليل المعلومات وتقديمها للمستفيدين.

4- إنشاء ملفات بحث وتقديمها عند الطلب للباحثين والدارسين.

5- إنشاء ملفات معلومات شخصية وتقديمها عند الحاجة.

6- البحث في مصادر غير معروفة للمستفيد وتقديم نتائج البحث.

7- مساعدة المستفيد في استثمار شبكة الإنترنت وقدراتها الضخمة في الحصول على المعلومات، والوصول إلى مرافق التدريب الإلكترونية.

ومثل هذه المهام تتطلب إعداداً خاصاً لاكتساب مهارات معينة في مواجهة التطورات السريعة والمذهلة في تكنولوجيا المعلومات والاتصالات، وتقديم خدمات شاملة ومتجددة تتماشى مع روح العصر وثورة المعلومات. ولكي تقوم المكتبة الرقمية بوظائفها لابد أن يعمل بها أمناء مكتبات متفرغون حيث يتم اختيارهم وانتقاؤهم حسب المواصفات والمؤهلات المطلوبة. مع الحرص على وضع برامج تعليم وتدريب لهؤلاء الأمناء بحيث يتم تأهيلهم فنيا وتربويا للتعامل مع المستفيدين الذين يترددون على المكتبة الرقمية.

يتطلب من تم اختياره أو توجيهه للعمل في المكتبة الرقمية (الرئيسية أو الفرعية)، كموظف مختص أو ما يلي:

أ - الموظف المختص: يجب أن يكون حاصلاً على شهادة في المكتبات والمعلومات سواء (الدراسات العليا أو البكالوريوس أو الدبلوم العالي في المكتبات).

ب- الموظف المعاون: إن من يتم اختياره مع عدم توفر الشرط السابق يجب أن يكون على الأقل حاصلاً على دورة تدريبية في المكتبات وضرورة أن يكون حاصلاً على بكالوريوس ويفضل أن يكون في مجال الإدارة.

ج- يتطلب أن يحسن كل من الموظف المختص، والموظف المعاون، استخدام الحاسب الآلي.

د- أن يتحليا بالصفات الحميدة والأخلاق الفاضلة. لاسيما كونهما يستقبلان جمهورا مختلف الطباع.

هـ-   أن يكونا قادرين على بناء علاقات إنسانية مع الآخرين.

و-   أن يكونا محبي للاطلاع ومثقفين، ليقدما المساعدة لمن يطلبها.

المسميات الوظيفية للعاملين بالمكتبة الرقمية:

1-   مفهرس مواقع.

2-   مدير موقع المكتبة.

3-   أخصائي خدمات رقمية.

4-   أخصائي دليل بحث المكتبة.

5-   مرشد تدريبي.

6-   محلل معلومات.

مقتنيات المكتبة الإلكترونية

أولا: الكتب (الورقية منها والإلكترونية)

- دوائر المعارف والموسوعات Encyclopedias، بنوعيها العام والخاص
- المعاجم اللغوية Dictionaries
- معاجم التراجم Biographical Dictionaries
- الأطالس ومعاجم البلدان Atlases and Gazetteers
- الكتب السنوية (الحوليات) Year book
- الإحصائيات: Statistics
- الأدلة: Directories
- الخرائط

المراجع الورقية والإلكترونية

- الببليوجرافيات
- الكشافات
- المستخلصات
- الدوريات Periodicals
- الكتيبات والنشرات Book lets and pamphlets
- الرسائل ووقائع المؤتمرات
- القصاصات Clippings or cuttings

ثانيا: المصادر غير المطبوعة

أ - المصادر البصرية Media Visual: الشرائح Slides، الشرائح الفيلمية Filmstrips، الشفافيات Transparencies.

ب- المواد السمعية: الأقراص (الأسطوانات Discs, Records)، الأشرطة الصوتية (Sound taps)

ج- المواد السمعية البصرية Audio visual Media

العمليات الفنية والخدمات

1- **الفهرسة:**

- فهرسة عبر برامج آلية.
- فهرسة آلية عبر التدخل البشرى.
- الفهرسة الآلية عبر النسخ.

2- الخدمات:

- إعارة إلكترونية محددة المدة.
- تحميل Downloading.
- نسخ Copying.
- قراءة مباشرة Online Reading.

3- التعليم (*) والتدريب (المجاني والمدفوع):

- التعليم التفاعلي المفتوح.
- التعليم المستمر.
- التدريب التفاعلي.

الأنظمة الآلية الجاهزة للتشغيل في المكتبات:

اعتمدت الاستخدامات المبكرة للحاسبات الآلية ـ في شتى مناحي حياتنا ـ على برمجة أنظمة الحاسبات حسب احتياجاتها الخاصة مما تتطلب تعيين المبرمجين ومحللي النظم وغيرهم من الفنيين من أجل القيام بما يمكن القيام به اليوم باستخدام البرامج الجاهزة المتوافرة، ذات التكلفة البسيطة. حيث لم نعد نسمع أو نقرأ اليوم عن مكتبة أو مركز للمعلومات، أو مكتب، يقوم بإعداد برامجه الخاصة لاستخدامها في تطبيقاته على الحاسب الآلي. بل تقوم الشركات الرئيسة الكبيرة

_____

(*) وهناك عدة جهات متخصصة تنتج برمجيات لتصميم نظم خاصة للبرمجة التلقائية في حقل التعليم بحيث يسهل على معلمي المدارس والكليات إعداد وتقديم دروس مختلفة لطلابهم، ومن هذه الدروس التدريب أو عرض مادة جديدة أو إجراء اختبار، أو محاكاة لواقع محدد أو غير ذلك من الأنشطة القائمة داخل الفصل، مما يسهل ويساعد على استخدام وانتشار الحاسوب في المدارس. ويستخدم لهذا الغرض برامج تسمى: COMPUTER ASSISTED INSTRUCTION , CAI، أو، COMPUTER BASED INSTRUCTION , CBI"

بإعداد البرامج لبيعها للآلاف من المشترين حول العالم، فهذه الشركات لديها الموارد اللازمة للتطوير والدعم، وتقديم التدريب للمشترين على استخدام الأنظمة التي تقوم بإعدادها. ولذلك فإن على المكتبيين ومديري المعلومات دراسة السوق جيداً قبل الإقدام على شراء أنظمة الحاسبات الآلية واستخدامها في مؤسساتهم. حيث ينبغي أن تكون الصورة واضحة بالنسبة لهم حول ما يحتاجون لشرائه بالفعل، وذلك من خلال الإجابة على العديد من التساؤلات حول الموضوع،منها على سبيل المثال التساؤلات التالية:

• ما المواصفات التي ينبغي أن تنطبق على المنتج المطلوب؟ وما تكلفته؟ ما العمر التقديري لاستخدام هذا المنتج بفاعلية ؟.

• هل يمكن للمنتج استيعاب النمو المستقبلي؟ وإلى أي مدى ؟

• ما الوضع المالي للشركة المنتجة للنظام ؟ وما مدى سهولة استخدامه؟ ما وجهة نظر المستفيد في النظام ؟.

الموردون الرئيسيون للأنظمة الآلية للمكتبات

تتوافر في سوق الأنظمة الآلية للمكتبات، العديد من الأنظمة التي تلاءم المكتبات، ومرافق المعلومات بأحجامها المختلفة من صغيرة، ومتوسطة، وكبيرة، وهي أنظمة متنوعة في مواصفاتها، التي قد تدعم أكثر من لغة واحدة. وتغطي كافة الأنشطة التي تقوم بها المكتبة ضمن نظام متكامل Integrated System.

فتقوم المكتبة بتحديد المواصفات التي تحتاجها بدقة في النظام الآلي، بما يتلاءم مع وظائفها المختلفة، وتتضمن تلك المواصفات في وثيقة طلب العروض من الموردين Request For Proposals (RFP)، وهي وثيقة مبنية على التخطيط واستقبال المدخلات من المعاملين، والمتخصصين بالحاسبات الآلية، والمستفيدين من المكتبات.

وتضم القائمة التالية بعض الشركات ذات السجل الجيد في مجال بيع، وتطوير، وصيانة الأنظمة، بالإضافة إلى تقديم اللازم لزبائنها على استخدام تلك الأنظمة، وقد تم اختيار تلك الأنظمة بناء على مدى نشاطها على المستوى الدولي في مجال المكتبات بشكل عام، وفي الشرق الأوسط بشكل خاص.

نظام CDS/ISIS

طور المكتب الدولي للعمل في جنيف في أواخر الستينات هذا النظام في الأصل، وهو من أنظمة Integrated Set of Information Systems (ISIS) المتكاملة للمعلومات، والتي أعدت في الأصل لأجهزة أي. بي. أم الكبيرة IBM mainframes. ثم طور المركز الدولي لتوثيق البحث في كندا International Research Documentation Center in Canada في السبعينات نسخة عن هذا النظام للحاسبات المتوسطة أطلق عليها اسم منيزيس MINISIS، ويعد CDS/ISIS من الأنظمة المنتشرة على نطاق واسع عالمياً ـ عدا شمال أمريكا وأوروبا ـ حيث تقوم اليونسكو بتوزيعه مجاناً لمنظمات النفع العام.

وقد استحدث نسخة جديدة من هذا النظام هي Version 3.7 والتي يمكن استخدامها مع شبكات المعلومات، حيث يمكن للنظام قبول وإنتاج ملفات البيانات المطابقة لقواعد ISO 2209، كما تم تعريب هذا النظام، وترجمته إلى لغات أخرى، منها الأسبانية، والفرنسية، وتستخدم حالياً النسخة (3.50) من النظام بالعربية في العديد من الدول الناطقة بها مثل المغرب، وتونس، ومصر، والأردن، والسودان، وغيرها. وبينما يتمتع النظام بقاعدة بيانات مرتبطة قوية Powerful Relational Database فإنها تفتقر إلى التكامل الذي تحتاج إليه المكتبات من أجل دعم وظائفها الأخرى غير الفهرسة الآلية.

نظام داينكس Diynix

طور نظام داينكس أساساً في أوائل الثمانينات بالولايات المتحدة الأمريكية، حيث تم استخدامه في عام 1983م. وهو نظام تستخدم النسخة الحديثة منه مع نظام يونكس Unix وباستخدام ما يعرف باسم Uni Verse وهو تطبيق لبرنامج بيك Pick على أنظمة يونكس.

ويمكن استخدام هذا البرنامج على العديد من الحاسبات الآلية بأحجامها المختلفة التي قد تتراوح بين الحاسبات الشخصية مع شاشة أو شاشتين، أو حاسب آلي كبير من فئة الحاسبات المتوسطة Minicomputer يعمل مع نحو 500 شاشة مرتبطة بالنظام. والنظام المتكامل من هذا النوع يتضمن الأنظمة الفرعية الرئيسة، التي تشمل الفهرسة، والتحكم في تداول مصادر المعلومات، بالإضافة إلى عمليات التزويد، والتحكم في الدوريات. كما يتضمن أنظمة أخرى فرعية للمصادر المتعلقة بالمجتمع، وعمليات الحجز للمواد، وتنظيم استخدام الوسائط الحديثة للمعلومات، وإمكانية إتاحة المصادر في الأرفف المغلقة، والإعارة (بدون استخدام الخط المباشر). كما يمكن إدخال السجلات في هذا النظام باستخدام صيغة مارك MARC، أو غيرها.

ويقدم نظام داينكس أنظمة فرعية خاصة بالبحث في قواعد البيانات الخاصة بمقالات الدوريات، بالإضافة إلى قاموس إلكتروني، وإمكانيات لفرز وعرض الصور الملونة ذات العلاقة بالسجلات الببليوجرافية.

ويستخدم النظام حالياً في العديد من المكتبات العامة، ومكتبات الكليات في الولايات المتحدة الأمريكية وخارجها في دول عديدة، منها إندونيسيا، واستراليا، ونيوزيلندا، وهونج كونج، وغيرها. حتى إن مجلة Library Journal الأمريكية

والمتخصصة في مجال المكتبات والمعلومات قد وضعته في المرتبة الأولى بالنسبة للأنظمة الآلية الأخرى في مجال المكتبات على المستوى العالمي، ولأربع سنوات متتالية.

وقد بيع هذا النظام في عام 1992م إلى شركة Ameritech، وهي شركة اتصالات أمريكية علاقة دخلت سوق أنظمة المكتبات في عام 1990م بعد شرائها لنظام NOTIS وهو نظام آلي، يعد من الأنظمة الرئيسة للمكتبات الكبيرة، وقد تمت ترجمته إلى عدة لغات منها الهولندية، والفرنسية، والألمانية، والأسبانية. كما أن الوثائق اللازمة له متوافرة باللغات الفرنسية، والهولندية، والإنجليزية.

نظام TECHLIB Plus

يوزع هذا النظام من قبل شركة Information Dimensions، وهو نظام يعمل على أنظمة حاسبات آلية كبيرة، حيث كانت بدايته الأولى هي كبرنامج للتطبيقات في مجال المكتبات، متصلة بنظام BASIS text information management في مدينة كولومبس بولاية وأوهايو الأمريكية في عام 1979م. وينتشر هذا النظام في شمال أمريكا وأوربا بشكل خاص.

نظام INNOPAC

يعد هذا النظام من الأنظمة المتكاملة التي تتضمن أنظمة فرعية للفهرسة، والفهرسة الآلي على الخط المباشر، والتحكم في تداول مصادر المعلومات، والتزويد، والتحكم في الدوريات، بالإضافة إلى نظام الإعارة بين المكتبات. وحجز المواد، وقواعد البيانات الخاصة بالصور Imaging، وكذلك الخدمة والمواصفات الإضافية منفردة أو مجتمعة كنظام متكامل.

هذا والنظام مبني في الواقع حول قاعدة بيانات واحدة تحتوي على سجلات مارك MARC بالإضافة إلى غيرها من السجلات non MARC records ونظام INNOPAC يعمل من خلال نظام يونكس UNIX وباستخدام أجهزة آي. بي. أم IBM, SUN،MIPS, HP, DEC .

كما يمكن للنظام اختزان سجلات مارك بالإضافة للسجلات الأخرى، مع إحالات، أنظر، "أنظر أيضاً" الخاص بها. ويتضمن النظام الفرعي الخاص بالإعارة البيانات الخاصة بأعداد الدوريات، وإعادة المواد المعارة، وتجديد الإعارة، والمواد المتأخرة، وحجز المواد، والغرامات، والفواتير، والمدفوعات، والإحصاءات وإدارة الاستخدام الداخلي للمواد، بالإضافة إلى الجرد.

ويتضمن النظام الفرعي للتزويد إمكانيات متابعة المواد المطلوبة بأشكالها المختلفة، وفي جميع مراحل عملية التزويد، بداية من عمليات البحث على الخط المباشر ـ بقل طلب المواد ـ وحتى إعداد قوائم المواد المطلوبة، وعمليات الدفع المالي بالبريد، وحتى الوصول لعمليات الفهرسة.

كما يتضمن النظام عمليات التحكم في الدوريات، منذ وصولها، وحتى تجليدها. بينما تتم عمليات طلبها والعمليات المالية الخاصة بها من خلال النظام الفرعي للتزويد. كما تحتوي جميع الأنظمة الفرعية سابقة الذكر على إمكانيات توفير تقارير بالمعلومات المتنوعة المفيدة للإدارة.

ومن الخصائص الأخرى الإضافية التي تتوافر من خلال هذا النظام، توافر المداخل الإلكترونية التي تتيح للمستفيد على الخط المباشر الإفادة من الفهارس والبحث في المكتبات الأخرى وفهارسها من خلال شبكة الإنترنت، أو الاتصال المباشر بها إلى إتاحة قواعد البيانات المرجعية وإمكانات عرض الصور، وملفات

المعلومات، وكشافات الدوريات التي يمكن البحث فيها من خلال الفهرس على الخط المباشر.

ويقدم النظام إمكانات أخرى لحجز المواد، وإدارة التجهيزات، والأماكن والقاعات المختلفة المتاحة، بالإضافة إلى إدارة الإمكانات الأخرى المتوافرة للمكتبة أو مركز المعلومات. كما يوفر إمكانات القيام بعمليات الجرد، وتتبع مصادر المكتبة، وخصائص إدارة البريد الإلكتروني للمكتبة.

نظام NOTIS

طورت هذا النظام جامعة Northwestern University الأمريكية في عام 1967م، حيث عرف باسم NOTIS أو Northwestern Online Total Integrated System وقد اشترته شركة Ameritech الأمريكية التي تمتلك نظام داينكس أيضاً. ونظام NOTIS هو نظام صمم لاستخدام بشكل رئيس في المكتبات الأكاديمية الكبيرة، وهو المجال الذي ركزت عليه المبيعات لهذا النظام منذ التسعينات، حيث عمل النظام على تطوير استخدامه لنظام Z 39.50 بشكل أثبت قدرته على التفاعل مع الأنظمة الأخرى المهمة في مجال المكتبات والمعلومات مثل نظام OCLC، وقد استمرت الشركة في تطويره حيث أعلن عن نتائج ذلك في عام 1992م حيث شمل النظام الجديد باسم PAClink الذي تم إنتاجه بالتعاون مع جامعات ولايات إنديانا ونيويورك الأمريكية بما يمكن المستفيد من البحث في مكتبات أخرى من خلال الفهرس على الخط المباشر من خلال فهرس المكتبة الآلي على الخط المباشر. كما يعد نظام InfoBase من الإضافات الأخرى الجديدة، حيث يمكن المكتبة من تركيب قواعد البيانات المحلية الخاصة بها، بحيث يمكن المستفيدين البحث فيها من خلال البحث البوليني المنطقي، وعمليات البحث من خلال وظائف Proximity,

adjacency حيث يعمل نظام InfoBase من خلال استخدام نظام Z 38.50 intersystem retrieval protocol الذي يمكن المستفيدين من الوصول إلى قواعد البيانات اللازمة من خلال شبكة الإنترنت.

نظام Oracle

تعد شركة Oracle في الوقت الحالي ثالث أضخم شركة مستقلة على المستوى العالمي لإنتاج البرامج وقواعد البيانات المرتبطة relational databases كما تنتج أيضاً Oracle R.DBMS. حيث يعد نظام أوراكل للمكتبات واحداً من العديد من البرامج التي تنتجها هذه الشركة، ومنها نظام للدخل Oracle Revenues وآخر للمنافع Oracle Benefits، بالإضافة إلى أنظمة أخرى للسكن، ونظام مالي، ونظام للطرق السريعة.

ويعد نظام أوراكل للمكتبات من أنظمة إدارة المكتبات، ويعمل بناء على نظام Oracle R.DBMS وكان تصميمه أصلاً ليعمل على بيئة أنظمة مفتوحة open systems environment ومن خلال أجهزة مختلفة، حيث يمكن استخدام نظام المكتبة حالياً من خلال أنظمة يونكس UNIX أو VAX VMS. ويستخدم النظام أدوات مختلفة طورتها أوراكل، مثل Oracle Forms For Screen handling. كما توفر الخبرات الموجودة في أوراكل أنظمة أخرى إضافية يتم بناؤها بحيث يمكن استخدامها مع نظام المكتبة. مع العلم بأن نظام أوراكل للمكتبات هو نظام جديد ومكلف نسبياً، ولا يزال عدد المستفيدين منه محدوداً معظمهم في بريطانيا وأستراليا. ويتضمن هذا النظام أنظمة فرعية للفهرسة، والإتاحة الآلية المباشرة التي تتضمن خدمات الفهرس المباشر OPAC، والتحكم في تداول مصادر المعلومات، والتزويد والدوريات.

ورغم أن النظام لم يبين في الأساس ليعتمد على سجلات مارك MARC، إلا أنه يمكن تحميل السجلات من هذا النوع في النظام، كما تتوافر برامج تستخدم في التحويل إليها، مثل تلك المتوافرة بالنسبة لسجلات مارك البريطانية UK MARC وسجلات مكتبة الكونجرس MARC LC، وغيرها مثل AUS-MARC وتتوافر في النظام أيضاً إمكانيات كتابة التقارير من خلال برنامج The Oracle SQL Report Writer ويستخدم هذا النظام بشكل رئيس في أوربا عامة، وبريطانيا بشكل خاص، وهو نظام موافق للقواعد الدولية ISO 10646 Character Set Standard.

نظام تي إل إس VTLS

طور هذا النظام أساساً من قبل معهد فرجينيا الفني Virginia Polytechni Institute وجامعة ولاية فرجينيا بالولايات المتحدة الأمريكية، واسم النظام هو The Verinia Tech (Library System VTLS)، وهو من الأنظمة التي تحتوي على العديد من الأنظمة الفرعية، وينتشر استخدامه في 31 دولة موزعة على خمس قارات. ولما كان النظام يعمل من خلال أنظمة يونكس UNIX فإنه يمكن استخدامه على أجهزة مختلفة. وينتشر استخدامه بشكل عام في شمال وشرق أوربا، وجنوب شرقي آسيا، كما بدأ استخدامه منذ عام 1995م في المملكة العربية السعودية، ودولة الكويت، والإمارات العربية المتحدة، ومصر.

يمكن النظام من استخدام عدة لغات مختلفة، وذلك من خلال استخدام أمر خاص باللغات lang لاختيار اللغة المطلوبة من خلال قائمة اختيار للغات، كما يمكن اختيار لغة معينة مباشرة من خلال طباعة الرقم الخاص بها. وقد ترجمت نسخة النظام من الإنجليزية إلى العربية ولغات أخرى منها الفنلندية، والفرنسية، والألمانية، والبولندية، والبرتغالية، والروسية، والأسبانية، والسويدية.

ويضم نظام VTLS أكثر من 300 متغير يمكن للمكتبات الاختيار من بينها لتطويع النظام ليعمل بالشكل المناسب لتلبية احتياجاتها، كما يمكن للمكتبات برمجة مفاتيح الوظائف في الحاسبات الآلية لتعمل مع هذا النظام.

ويعد نظام في تي إل إس المصغر The Micro VTLS System من الأنظمة المتكاملة، حيث تم تصميمه للمكتبات الصغيرة أساساً، وهو يتمتع بمرونة كبيرة، مع المحافظة على سلامة الأساليب الفنية، وإمكانيات البحث في أنظمة VTLS الكبيرة. وبشكل عام فإن النظام المصغر يوفر الإمكانات التالية:

- إتاحة الفهرس الآلي على الخط المباشر OPAC.
- إدارة بيانات الفهرسة، ويتضمن الإدخال والتعديل للبيانات، وسجلات مارك.
- التحكم في عمليات تداول مصادر المعلومات، وتجديد الإعارة، وحجز المواد بالإضافة لإدارة سجلات المستفيدين، وعمليات الإعارة الآلية، وغرامات تأخير المواد.
- إمكانات كتابة التقارير وإعداد الإحصاءات، حيث يقوم النظام بجمع الإحصاءات حول عمليات تداول مصادر المعلومات، وغرامات التأخير، ومخالفات المستفيدين بالإضافة إلى التفاصيل حول المجموعات المكتبية، والإحصاءات حول العناوين قليلة، وكثيفة التداول من بين عناوين المجموعة.
- كما توفر شركة في تي إل إس المشورة بالنسبة لكافة النواحي التي تسبق تركيب النظام، وإعداده لملائمة ظروف بيئة العمل، وتوصيل الشبكة المحلية للمعلومات LAN بالإضافة إلى تدريب العاملين.

وقد أعلنت الشركة مؤخراً عن الجيل الثالث لأنظمتها وهو نظام (فيرتشوا) Virtua الذي يمكن استخدامه من خلال عدة برامج، ويؤدي إلى الاستخدام

المثالي للتقنيات، إذ يتضمن تصميماً معتمداً على الأشكال Object-oriented design وتكنولوجيا أخرى منها:

Unicode support, Three-tier client server architecture, Rapid application development tools, Relational Database management systems, Stateless OPAC, and Unicde support.

وتسمح معايير الترميز العالمي Unicode بإجراء الفهرسة والاسترجاع للمواد في مجموعات المكتبة بلغاتها الأصلية. كما تتيح تلك المعايير للمستفيد إمكانات الاسترجاع للحروف والرموز المختلفة في أي وقت، ودون الحاجة لإعادة تشغيل النظام.

نظام دوبيس DOBIS/LIBIS

طور هذا النظام ليعمل مع أجهزة أي بي أم IBM بالتعاون مع جامعات دورتمند Dortmund الألمانية، لوفين Leuven البلجيكية في أواخر السبعينات. حيث يعمل النظام من خلال الحاسبات الكبيرة من نوع آي بي إم IBM، ومن خلال أنظمة تشغيل متعددة، منها أنظمة IBM DOS/VES or MVS، حيث كتبت معظم برامج التطبيقات بلغات PL/I.

ويعد نظام دوبيس/ليبيس DOBIS/LIBIS من الأنظمة المتكاملة التي تتضمن عدداً من الملفات الأساسية authority flies المتصلة بالبيانات التي يتم إدخالها إلى النظام مرة واحدة للإفادة منها في كل الأنظمة الفرعية.

وقد تم استخدام نظام دوبيس/ ليبس DOBIS/LIBIS من قبل بعض المكتبات في المملكة العربية السعودية، حيث كان السبق في ذلك لمكتبات جامعة الملك فهد للبترول والمعادن، ثم مكتبات جامعة الملك سعود، وغيرها من المكتبات في دول الخليج العربية، بالإضافة إلى مكتبة الجامعة الأمريكية في القاهرة، وبعض المكتبات

الأوربية كذلك. وقد أعلنت شركة أي بي إم IBM في عام 1992م أنها توقفت عن دعم هذا النظام، حيث تشكلت شركة جديدة باسم إلياس ELIAS بغرض الاستمرار في التطوير في هذا المجال.

FOLLET

تقدم شركة فولت العديد من البرامج التي تتضمن خدمات متنوعة ولها علاقة بسجلات مارك، التي تتراوح بين تقديم سجلات مارك الموجزة والكاملة. ويقدم النظام الجاهز للتشغيل الأجهزة والبرامج الجاهزة بالإضافة إلى خدمات الدعم الفني. وبشكل عام فإن أنظمة تلك الشركة غالباً ما تكون مناسبة لاحتياجات المكتبات المدرسية، والمكتبات العامة الصغيرة. وتعتمد السجلات الببليوجرافية فيها على سجلات مارك من مكتبة الكونجرس. وقد قدمت هذه الشركة برنامج UNISON الذي يتضمن برامج إدارة المكتبة والمدرسة. ومن المنتجات الأخرى برنامج Circulation Plus، وهو لإدارة عمليات تداول مصادر المعلومات في المكتبة، ويتضمن عمليات الإعارة، والجرد، والمواد المتأخرة، والغرامات، بالإضافة لعمليات حصر وكتابة التقارير حول الإحصاءات المختلفة ذات العلاقة. كما تنتج الشركة برنامج Catalog Plus لإتاحة الفهرس الآلي على الخط المباشر، وهو برنامج متكامل بصورة كاملة مع برنامج تداول مصادر المعلومات، ويشترك معه في قاعدة بيانات واحدة خاصة بالمكتبة، كما يوفر البرنامج دعماً كاملاً لأنظمة مختلفة للتشغيل من أمثلتها: Novell Netware Artisoft LANtastic network operating systems ذلك بالإضافة لدعمه لإمكانات الاستخدام في بيئة واحدة للاستخدام Single use environments. ومن البرامج الأخرى هو Textbook Plus وهو برنامج للتحكم في عمليات تداول مصادر المعلومات، والجرد. وهو برنامج معد أساساً لإدارة تداول الكتب مع قارئ لشفرات الخطوط Barcode reader للإسراع

بعمليات الإعارة، والإقلال من أعداد المصادر المفقودة التي تبينها عمليات الجرد، كما تعين في عمليات التزويد للمصادر والمواد المتعلقة بالمناهج الدراسية. كما يعين البرنامج أيضاً في عمليات إعداد التقارير، والقوائم، والفواتير، والإشعارات المهمة بالنسبة لعمليات توزيع وإدارة الكتب بشكل فاعل.

نظام Brodart Automation

يعرف هذا البرنامج الذي تعده هذه الشركة باسم Brodart Precision One Integrated System، كما توفر برنامج Le Pac automated access systems على أقراص الليزر المدمجة، وهي منتجات رائجة في المكتبات المدرسية، والمكتبات العامة، ففي عام 1995م على سبيل المثال تركزت نحو 62% من مبيعات الشركة في مبيعات للمكتبات العامة بشكل خاص. وتركز الشركة في خططها المستقبلية الآن على تطوير نظام يعمل من خلال بيئة استخدام تعتمد على الرسوم (GUI) graphical user interface لاستخدامها مع أنظمتها، لتتفوق على الأنظمة التي تستخدمها حالياً وتعمل مع أنظمة يونكس UNIX- based client server system وبشكل عام فإن الشركة قد أظهرت زيادة في مبيعاتها خلال السنوات القليلة الماضية، وهي شركة تكاد تقتصر في مبيعاتها على السوق الأمريكية بشكل خاص.

نظام COMP anion

يعمل نظام COMP anion integratred automated systems على أجهزة الماكنتوش Macintosh Platform وهو نظام رائج بشكل خاص بين المكتبات المدرسية. حيث يركز نظام Alexandria System على تطوير شبكات المعلومات في مكتبات مدراس المناطق التعليمية أكثر من مكتبات مدرسية بعينها. ويقوم نظام

COMPanion حالياً بإجراء الاختبارات على عينة من المستفيدين testing a beta version لتجربة نسخة جديدة من نظام Alexandria system 4.0 كما تقوم الشركة أيضاً بتطوير مرباط تبادلي للعمل مع شبكة الإنترنت Internet Web interface يتوقع الانتهاء منه قريباً.

تكلفة الأنظمة

قد يبدو خيار شراء الأنظمة الجاهزة المتخصصة بديلاً مكلفاً، إلا أنه في الواقع بديل له العديد من الإيجابيات التي تفوق سلبيات هذا الخيار. فمما لا شك فيه أن أسعار نظام معتمد على الحاسبات الآلية الشخصية تقل كثيراً عن أسعار الأنظمة التي تعمل مع الحاسبات متوسطة الحجم أو الكبيرة. ويصعب هنا تحديد أسعار الأنظمة التي نتناولها فهي أسعار تتغير بسرعة ودون سابق إعلان، كما تقدم بعض البرامج العديد من البدائل التي تختلف في أسعارها، كما تختلف أسعار تلك البرامج في حالة استخدامها لأغراض تعليمية عن استخدامها تجارياً، أو من قبل مجموعة من المكتبات، كما تزيد التكلفة أحياناً بالنسبة للمكتبات البعيدة عن أماكن صناعة تلك البرامج عنها في أمريكا الشمالية أو أوربا على سبيل المثال. وكذلك فإن الأنظمة أحادية اللغة تختلف في أسعارها عن الأنظمة متعددة اللغات.

ولذلك فإنه ينبغي أن ينظر إلى قوائم الأسعار كمؤشر لأغراض المقارنة فقط. وعلى المكتبات أن تتصل بوكلاء الشركات على المستوى المحلي للحصول على معلومات وافية عن إمكانيات النظام ومدى ملاءمته لاحتياجاتهم. ومن المفيد أيضاً التعرف على مواقع الوكلاء على الإنترنت من خلال الشبكة العالمية World Wide Web، ومنها العناوين المذكورة في نهاية صفحة المصادر التالية.

نماذج لبعض الأنظمة العربية الإلكترونية لإدارة المكتبات

نظام المستقبل لإدارة المكتبات

الدخول للنظام   www.eulc.edu.eg

ويتضمن هذا الرابط الدخول لنظام المستقبل من جانب الموظفين العاملين على البرنامج، وكذلك دخول المستخدمين المستفيدين من النظام وخدماته بالبحث والإعارة وغيرها من الخدمات.

البحث المتقدم:

وهو رابط للبحث المتقدم للوصول إلى مصادر المكتبات المشاركة في الإتحاد مع إمكانيات بحث أكثر تقدما من تلك الموجودة في الصفحة الرئيسية حيث يستخدم هنا البحث البسيط والمركب ومحددات أخرى مثل التاريخ والمكان والرقم الببليوجرافي...

التصفح بالموضوعات:

حيث يعطى روابط يمكن من خلالها الوصول لمصادر المعلومات عبر الموضوعات العشرة الرئيسية الخاصة بديوى العشرى في شكل وصلات إعلامية نصية ووصلات إعلامية.

البحث على الإنترنت:

ويعطى إمكانية البحث عن المصادر المتاحة في فهارس العديد من المكتبات المتاحة عبر الإنترنت (حوالي 400 مكتبة) مثل فهرس مكتبة الكونجرس، ومبارك وغيرها.

قواعد البيانات العالمية:

ويتم الدخول إلى هذه البوابة الفرعية عن طريق (اسم دخول / كلمة سر) للمستفيدين من هذه الخدمة.

وبعد الدخول يمكن استخدام بوابة فرعية للبحث في قواعد البيانات العالمية التي يشترك فيها مشروع اتحاد المكتبات المصرية.

رابط الوصول للرسائل العلمية:

يعطي هذا الرابط صفحة تمكن من البحث داخل قاعدة بيانات صفحة الرسائل العلمية للجامعات المشاركة بالمشروع، كما تعطي أعداد الرسائل المتاحة بفهارس مكتبات كل جامعة من الجامعات المصرية المشاركة بالمشروع.

رابط خدمات توصيل الوثائق:

وهذا الرابط يوصل إلى صفحة الدخول لخدمة الإمداد بالوثائق من خلال (اسم الدخول/ كلمة السر) بحيث يكون المستفيدين من المشروع لديهم قدرة على طلب أي وثيقة غير موجودة بالفهارس المشتركة بالمشروع أو متاحة من خلال قواعد البيانات.

خدمات المستعيرين:

ويتيح هذا الرابط خدمات الوصول للاستعارة والحجز للمستفيدين من المشروع من أعضاء هيئات التدريس والباحثين والطلاب بالجامعات المصرية من خلال (اسم الدخول / كلمة السر).

رابط الوصول للأبحاث العلمية:

يتيح هذا الرابط إمكانية البحث في المقالات والأبحاث العلمية الصادر عن أعضاء هيئة التدريس بالجامعات المصرية المشاركة بالمشروع حيث تعطى هذه الصفحة إمكانية التصفح بالدورية أو بالمقال أو بأسماء أعضاء هيئة التدريس.. إلخ.

الاتصال بخدمات الدعم الفني للبوابة:

حيث يتيح هذا الرابط إمكانية التواصل مع فريق عمل المشروع من خلال البريد الإلكتروني أو التواصل تليفونيا أو بالفاكس.

نظام الأفق

أولا: تعريف الأفق

- هو نظام متكامل لإدارة المكتبات فهو يقوم بجميع العمليات الفنية والإدارية والمكتبية.
- للأفق ثلاثة تصميمات

Horizon
Horizon Library
Horizon Digital Kink

- الشركة المنتجة: sevices,ins + Ameritech library
- تم استخدامه عام 1991 وبلغ عدد المكتبات التي تستخدمه أكثر من 500 مكتبة
- لغة البرمجة المستخدمة c++ / java
- تم تصميمه وفقا للمعايير الدولية في مجال المكتبات ونظم الحاسب فهو يدعم صيغة مارك21 ومواصفةZ39.50
- طور النظام في الثمانينيات من قبل شركة أميراتيك ثم طورته شركة داينكس عام 1993.
- عربته شركة النظم العربية المتطورة السعودية.

ثانيا: المميزات العامة للنظام

1- يمكن النظام المستخدم من أقلمة الحقول الموجودة لديه مع النظام.فالنظام يسمح بإجراء التعديلات وإضافة حقول أو جداول حتى إضافة قواعد بيانات كاملة دون الحاجة إلى جهد المبرمجين.

2- هو النظام الوحيد الذي يحتوي قاعدة SQL لغة استفسار لقواعد البيانات وهذه القاعدة تقدم الكثير من التسهيلات في جوانب التطبيق.

3- التصميم المفتوح للنظام ومواكبة التطورات.

4- الأنظمة الفرعية مترابطة ومتكاملة فيما بينها وقابلة للأقلمة مع الأنظمة التي تعمل فيها المكتبة.

5- لا تحتاج المكتبات التي تستخدم الأفق لإنشاء قواعد بيانات مخصصة للوظائف المتنوعة كما أن العاملون لا يحتاجون إلى تكرار المهام.

ثالثا: الأنظمة الفرعية للأفق

1- النظام الفرعي للتزويد Acquistion

2- النظام الفرعي للفهرسة Cataloging

3- النظام الفرعي لضبط المسلسلات Serials Controis

4- النظام الفرعي للإعارة Circulation

5- النظام الفرعي للجرد Inventroy

رابعا: الأجهزة والبرمجيات اللازمة لتشغيل الأفق

أ - **من جانب الخادم:**

- يعتمد نظام الأفق على الخادم /عميل.
- يمكن للأفق العمل من أي جهاز خادم بدعم من أي برمجية مثل: Microsoft SQL 2000 أو Sybase SQL Server

ب- **من جانب العميل:**

- يجب أن يتوافر لدى العميل نظام XP أو Windows 98 أو ME أو NT2000

البيئة التشغيلية للنظام:

كافة تطبيقات النظام تظهر على سطح المكتب دون الحاجة لفتح أو إغلاق نوافذ أو البحث عن التطبيقات في مناطق مختلفة من الجهاز فيمكن للمستخدم أن يختار التطبيقات التي يحتاجها لتظهر على سطح المكتب وبالتالي يسمح لعدد من المستخدمين بالدخول إلى التطبيقات عبر جهاز واحد ويمكن أن نضع تطبيقات الأفق والتطبيقات الأخرى في نفس البيئة.

خدمات الأفق في التزويد

1- إدارة التمويل والميزانيات عبر نظام الحاسب.

2- إدارة أوامر الشراء وإعداد كشوف الحساب والفواتير.

3- إصدار الفواتير والمستندات والإيصالات بطريقة آلية.

4- المعالجة السريعة والأحجام الكبيرة (كميات طلب كبيرة).

5- التواصل مع الموردين وتسليم المواد.

6- لديه برتوكولات للقيام بالتجارة الإلكترونية ومنها Edifact.

7- يتيح إمكانية البحث في عدة حقل كالمؤلف والعنوان /كلمات مفتاحيه /الموضوع من خلال قوائم ثنائية اللغة.

8- إمكانية البحث والطلب من مخازن موردي الكتب باستخدام معيار التكامل بين الموردين Vip.

آلية عمل الأفق في التزويد

بعد إرسال الطلبات من قبل المكتبات يقوم الأفق بالعمليات التالية:

1- الطلب: لابد أن يكون هناك ملف لكل موجودات المكتبة والمعلومات

البيبليوغرافية من الكتب والمواد بكافة أنواعها ويجب الإشارة إلى تاريخ وصول الكتب إلى المكتبة.

2- متابعة الطلبات: إرسال الطلب عن طريق البريد أو الفاكس إلى المجهزين ومزودين الكتب وفي حال تأخر استلام الكتب يتم تحديد حقل خاص يعرف في القاعدة Claim date field يحدد فيه تاريخ معين لإعارة المراسلات.

3- استلام الطلبات: هناك مجموعة من الحقول تبين وصول المادة واستلامها وتبين الفواتير والأسعار وقد لا يكون هناك فواتير للمطبوعات والمواد التي تصل عن طريق الإهداء والتبادل.

4- إلغاء الطلبات: يتم إلغاء الطلبات إذا كانت الكتب غير موجودة أو نفذت من مخازن الموردين ويجب وضع حقل خاص بذلك.

5- إرجاع الطلبات: في حال وصلت كتب غير مطلوبة أو تالفة أو عناوينها غير مدرجة في الفاتورة يتم إرجاعها.

6- إصدار الإحصاءات والتقارير: خلال فترات معينة حول المادة المستلمة أو الملقاة أو المرجعة.

خامسا: البحث عن طريق الأفق

يمكن الأفق المشتركين فيه من البحث في مخازن الموردين بشكل مستقل من خلال معايير التكامل بين الموردين Vip حيث يستطيع المستخدم البحث في كافة الكتب All book Stores حيث يقوم بالبحث ضمن هذا الموقع عن كتاب معين من خلال اسم المؤلف أو العنوان أو الكلمات المفتاحية أو الرقم المعياري وبعد ذلك يقوم بمقارنة الأسعار بين جميع متاجر الكتب التي تملك نفس الكتاب

ليختار السعر الأقل. ويستطيع المستخدم شراء الكتاب من المتجر الأقل سعرا بالضغط على مفتاح اشتريه (buy it) وبعد ذلك تتم إجراءات الشراء والحصول على معلومات تفصيلية.

نموذج من مكتبات عربية تطبق نظام الأفق

جامعة الإمام محمد بن سعود الإسلامية:

لقد اختارت المكتبة نظام الأفق لكونه متوافق مع متطلباتها من حيث سهولة الاستخدام ونظام متكامل يغطي الأنظمة المكتبية كافة.

تم الاتفاق مع المؤسسة الموردة (نظم المعلومات المتطورة) وبدء التشغيل عام 1997. وكان الاتفاق أن تقوم الشركة الموردة بالصيانة لمدة 3 سنوات يتم فيها تحديث النظام كلما ظهرت إصدارات جديدة.

وتقوم الشركة بتكليف موظف متخصص في الحواسيب من طرفها يعمل في المكتبة طيلة هذه المدة. وتقوم أيضا بعقد دورات لموظفي المكتبة وتعليمهم كيفية استخدام النظام.

فاستخدمت الأفق في التزويد عن طريق الشركة الموردة فهي التي تقوم بإعداد الطلبات ومتابعتها والاستلام (كما ذكرنا سابقا).

نظام إدارة المكتبات ومرافق المعلومات

LibSys.NET Enterprise

حول نظام LibSys.NET

LibSys.NET هو نظام عربي متكامل (Integrated System) قامت بتصميمه

وتطويره شركة نورسوفت - فلسطين ليقوم بجميع العمليات الفنية والإدارية اللازمة ليوافي احتياجات المكتبات ومرافق المعلومات والأرشيف للمؤسسات الوطنية، والعامة، والأكاديمية، والمتخصصة، سواء كانت صغيرة منفردة أو كبيرة ذات فروع متعددة أو مجموعة من المكتبات/مرافق المعلومات.

يمثل النظام حزمة من الأنظمة المتكاملة لاستخدامها في المكتبات ومرافق المعلومات ومرافق الأرشيف والتوثيق بحيث يوفر تطبيقات آلية متنوعة من التزويد والفهرسة والتصنيف والإعارة والخدمات المرجعية وضبط الدوريات والتكشيف.

مجال عمل النظام يشمل كذلك إدارة تقنيات المكتبة الإلكترونية وإدارة الأرشيف(الدوريات، الأرشيف الصحفي، الديوان،..الخ).

مراحل تطوير النظام

صدرت النسخة الأولى من النظام عام 1996، وفي سنة 2000 تم إصدار النسخة الثالثة من النظام وهي LibSys.NET كمنافس رئيسي للأنظمة العالمية المترجمة التي انتشرت في السنوات العشر الماضية، حيث ما زالت هذه الأنظمة تعاني من عيوب كثيرة في ضعف عمليات الاسترجاع باللغة العربية واستخدامها مصطلحات غير شائعة في البيئة العربية بالإضافة إلى ارتفاع سعرها كما أن تكلفة الخدمة السنوية مرتفعة تثقل كاهل المؤسسة العربية، وكذلك ضعف الخدمة الفنية المقدمة من الموزع الذي لا يعرف كثيراً في بنية النظام وتركيبته الداخلية لمعالجة المشاكل الفنية.

تم تركيب النظام في أكثر من 90 مؤسسة منها مكتبات جامعية، ومرافق

معلوماتية مثل مكتبة المجلس التشريعي الفلسطيني ومكتبات بلديات رام الله، الخليل، طولكرم، البيرة، سلفيت، ومكتبات جامعة الخليل، البوليتكنيك، رام الله للبنات، حيث تحتوي هذه المكتبات على كافة أنواع أوعية المعلومات بما فيها الوسائط السمعية والبصرية.

الخدمات الفنية

تأسست نور سوفت عام 1996 في مدينة رام الله ولها مقر رئيسي في مدينة الرياض يقوم بتقديم خدمات الدعم الفني والتركيب والتطوير، ويعمل فيها عدد من المبرمجين المؤهلين والمتخصصين في مجال تطوير البرمجيات وهي متخصصة في مجال حوسبة المكتبات والأرشيف وكذلك إدارة السجلات والوثائق ولديها خبراء في هذا المجال ممن لديهم خبرة تصل إلى 14 سنة.

تتميز نور سوفت بتقديم الخدمات الفنية التالية:

1- تركيب النظام وتشغيله مركزيا وربط المرافق الفرعية التابعة للمؤسسة الرئيسية.

2- توفر خدمات الدعم الفني والكفالة المجانية وخدمات التطوير والتحديث بشكل دائم.

3- قابلية التطوير والتحديث في بنية النظام بشكل فوري.

4- تضمن الشركة تحويل البيانات من البرامج المستخدمة سابقاً.

5- توفر الشركة التأهيل والتدريب لكوادر المكتبات/مرافق المعلومات في مختلف مستوياتهم الوظيفية.

خصائص النظام

أولا: توافقه مع المعايير والمواصفات العالمية

- دعم صيغة مارك العالمية (MARC 21) بما فيها عملية الفهرسة باللغتين العربية والإنجليزية واستيراد وتصدير التسجيلات.

- دعم البروتوكول العالمي للاتصال والبحثZ39.50.

- يستفيد النظام من التركيبة الأردنية الموحدة

- النظام مرتبط مع المكنز العربي الموسع.

- استخدام أنظمة "الباركود" والقارئ الضوئي

ثانيا: توافقه مع التقنيات الحديثة والإنترنت وشبكات المعلومات

- يتيح النظام استخدام شبكة الويب العالمية لتقديم خدمات المستفيدين المتعددة منها فهرس الخط المباشر (OPAC) ويتم الدخول إليه كباحث أو مشترك.

- يستخدم تقنيات وأدوات متعددة من أجل تشغيل النظام على الشبكات الموسعة (Wide WAN–Area Network) حيث يدعم الدخول عن بعد(Remote Access) عن طريق بروتوكول الإنترنت (IP) باستخدام تقنيات الطبقات المتعددة (Multi-Tier Architecture) التي توفر اتصال آمن وسريع.

- يدعم النظام بشكل رئيسي نظام التشغيل Microsoft Server 2000 وقواعد بيانات Microsoft SQL Server 2000 وORACLE والتي تدعم الرمز الموحد لمجموعة المحارف (Unicode Character Set).

- دعم لشبكة مكتبات على قاعدة مركزية واحدة.

- توفير عدة مستويات من السرية والصلاحيات للمستخدمين.

- احتواء المواد السمعية/البصرية بالإضافة إلى أشكال مختلفة من الملفات مثل MS Office, E-MAIL, FAX,..

ثالثا: اهتمامه باللغة العربية

- واجهات التطبيق ثنائية اللغة عربي/إنجليزي، ويمكن إضافة لغة ثالثة اختيارية إلى لغات الإدخال (فارسي، هندي،...الخ).
- النظام يستخدم كلمات ومصطلحات وحقول تتلائم مع البيئة العربية قابلة للتعديل حسب المسميات في كل دولة.
- النظام يراعي قواعد اللغة العربية في عمليات الفرز والترتيب والاسترجاع منها:
  - التفرقة بين (ال) الأصلية و"ال" التعريف
  - معالجة المساواة بين الحروف المتشابهة في الرسم الإملائي 1- أ، إ، آ،ا 2- ة، ه 3- ئ، ؤ، ى
  - تمييز أحرف الجر والعطف المتصلة(بـ فـ لـ كـ و)
  - استخدام البتر لليمين، البتر في اليسار في البحث.
  - إنشاء قوائم كلمات الوقف بالعربية والإنجليزية.

رابعا: إمكانيات متقدمة في البحث وخدمات المستفيدين

يوفر النظام إمكانيات البحث المنفرد، البسيط والمتقدم بواسطة محرك بحث باللغة العربية يتميز النظام بالجمع بين لغات مصطلحات المكنز(العربية، الإنجليزية والفرنسية) في آن واحد واسترجاع التسجيلات المتعلقة بها. فمثلاً: عندما يريد الباحث الوصول إلى التسجيلات المتوافرة لمصطلح "الاقتصاد"، فيمكنه الوصول إلى كل التسجيلات المتوافرة بلغاتها الثلاث سواء استخدم المصطلح "الاقتصاد" بالعربية أو استخدم مصطلح "Economy" بالإنجليزية أو المصطلح الدال عليها

بالفرنسية.وإمكانية تجميع عدة بحوث في سلة واحدة.وعرض قائمة التسجيلات التي وردت حديثا. وكذلك إمكانية البحث في المكتبات الأخرى التي تستخدم نفس النظام أو أي نظام يدعم البروتوكول Z39.50.

خامسا: التعامل مع الأرشيفات

- يتعامل النظام مع الأرشيفات المختلفة ومن أهمها الأرشيفات المعلوماتية والأرشيفات الإدارية.

- إمكانية تصميم شبكة الملفات وتفرعاتها.

- التعامل بسهولة مع عمليات المسح الضوئي(Scanning)، والملفات المتعددة الوسائط.

سادسا: قاعدة بيانات مركزية

يتيح النظام كذلك إلى وجود عدة مكتبات أو مرافق معلومات مشتركة في قاعدة بيانات موحدة بحيث يكون لكل واحدة منها تسجيلاتها الخاصة بها، مثلا يمكن لوزارة التربية والتعليم من ربط كافة المكتبات المدرسية على قاعدة بيانات واحدة في مركز الوزارة حيث تعطى كل مدرسة رقمها الخاص، وكذلك اسم كل مستخدم وكلمة السر، بحيث يكون الوصول إلى البيانات المركزية عن طريق بروتوكول المقنن للإنترنت (TCP/IP)، كما يتيح النظام استخدام شبكة الوب العالمية WWW لتقديم خدمات المستفيدين المتعددة منها فهرس الخط المباشر (OPAC) ويتم الدخول إليه كضيوف أو كمستفيدين.

يتيح النظام للمؤسسات الكبيرة تشغيل النظام لخدمة المكتبة الرئيسية بفروعها المختلفة ضمن قاعدة بيانات مركزية وكذلك وجود قاعدة بيانات مركزية أخرى لأرشيف هذه المؤسسة على جهاز خادم(Server) مركزي واحد.

وحدات النظام

يتكون النظام من الوحدات التالية:

1- وحدة التزويد Acquisition.

2- وحدة ضبط الدوريات Serials Control.

3- وحدة الفهرسة والتصنيف Cataloguing

4- وحدة الأرشيف Archiving

5- وحدة خدمات المشتركين والإعارة Circulation

6- وحدة البحث في الفهرس العام (OPAC)، والبحث في المحتويات Content Search.

7- الوحدة الإدارية Administration.

أولا: وحدة التزويد (Acquisition)

من الوحدات الهامة في عمل المكتبة تهدف إلى متابعة الطلبية المبدئية إلى الاستلام والتسديد، مع إمكانية معالجة عمليات الإهداء والتبادل ومكوناتها حيث تشمل:

1- بيانات المزودين

يتم فتح ملف للمزود يحتوي على بيانات اسم المزود، والمسؤول المباشر والعنوان،.الخ.

2- حسابات التمويل

يتيح هذا الجزء تسمية كافة حسابات التمويل في المؤسسات وفروعها بحيث يتم تحديد الميزانية لكل حساب، بالإضافة إلى وجود حقول تجميعية من أعمها حقل مبلغ الصرف المتوقع عند إرسال أمر توريد وحقل مبلغ الصرف الفعلي عند التسديد من الحساب المعين.

3- **طلب الاحتياج** Wish Order

طلب الاحتياج يكون لعنوان جديد أو نسخ جديد ويتم تسجيل البيانات الببليوغرافية للمادة من قبل موظفي المكتبة، وبعدها يرسل إلى مدير التزويد لفحص البيانات منها السعر وتوفره المادة المطلوبة عند المزودين، والتأكد من عدم وجودها قيد الطلب، كما يتم تسجيل توصيات الموظفين في كل طلب احتياج.

4- **طلب التزويد** Purchase Order

يتم إصدار طلب تزويد مبدئي(Pre Order)، ومن ثم يمر بمرحلة التثبيت والطباعة بحيث يحتوي على ترويسه بيانات الطلب بما فيها المرسل إليه، وإرساله إلى المزود بما فيها بيانات الشحن، والتوصيل، والضرائب. وتؤخذ بنود الطلبية من قائمة طلبات الاحتياج.

5- **تسلم الطلبية** Receipt Order

يتيح النظام تسلم الطلبية على مراحل من خلال فواتير رسمية، حيث يتم ترحيل المواد المستلمة إلى ملف الاستلام الذي يحتوي على تاريخ الاستلام، والكمية المستلمة،..الخ.

وتظهر مباشرة المواد المستلمة في وحدة الفهرسة من أجل فهرستها.

6- **المتابعة** Claims

يتم تحديد عدد مرات المتابعة حسب تواتر الدورية بحيث يتم تحديد عدد المرات وعدد الأيام في كل متابعة.

يقوم النظام بإصدار إشعارات للمورد بخصوص المواد المفقودة أو المواد التي لم تصل بعد انتهاء المدة الزمنية المحددة لوصول المواد قيد الطلب.

7- **تسديد الطلبية** Payments

يتيح النظام عملية تسديد مبلغ الطلبية حيث يتم توثيق بيانات الفاتورة المستلمة، والمبلغ المسدد وتاريخ التسديد، وطريقة التسديد. وكذلك يتم متابعة كافة الطلبيات المسددة جزئيا أو كليا.

بعض الميزات الهامة في وحدة التزويد:

1- إمكانية تعدد العملات

2- إمكانية التعديل والفحص للطلبية قبل تثبيتها.

3- إمكانية طلب نسخ مكررة بدون إعادة كتابة بيانات الفهرسة للتسجيلة.

4- إمكانية فحص آلي في حالة تجاوز حساب التمويل.

ثانيا: وحدة ضبط الدوريات (Serial Control)

عملية ضبط وصول الدورات من العمليات الهامة والضرورية لما تواجهه المكتبات ومرافق المعلومات من صعوبة في ضبط وصول الدوريات المنتظمة، وتشمل العمليات ما يلي:

1- بيانات المزودين.

2- حسابات التمويل.

3- تسجيل بطاقة الدوريات في وحدة الفهرسة والبيانات التعريفية خاصة بالدورية.

4- تسجيل الاشتراكات الدورية ومتابعة الأمور المالية.

5- متابعة الإصدارات وفتح جدول الأعداد المتوقعة عند تجديد الاشتراك.

6- إدخال الأعداد الجديدة.

7- يتم تحديد عدد مرات المتابعة حسب تواتر الدورية بحيث يتم تحديد عدد المرات وعدد الأيام في كل متابعة.

8- إدارة عملية المتابعة للأعداد الناقصة أو المتأخرة الوصول أو المفقودة.

وحدة الفهرسة (Cataloguing)

الوحدة الرئيسية في النظام حيث تضم جميع التسجيلات البيليوغرافية ضمن قاعدة بيانات موحدة سواء كان عملية الفهرسة للمؤسسة/للمؤسسات وفروعها مركزية أو غير مركزية.

ويدخل في وحدة الفهرسة ما يلي:

1- **قوائم الإسناد**

تشمل المؤلفين، الناشرين، رؤوس الموضوعات، المزودين، السلسلة، الفئات الموضوعية الرئيسية والفرعية. الهدف من استعمالها هو زيادة التحكم بالمصطلحات المستخدمة وكذلك فإن التغيير الذي يطرأ على البيانات المدخلة تنعكس على كافة التسجيلات المرتبطة معها دون القيام بالتغيير في كل تسجيلة، وكذلك لا يسمح بتكرار الأسماء والمصطلحات المدخلة في كل قائمة.

في سجل رؤوس الموضوعات يوجد كذلك إشارتي الإحالة "أنظر" و "أنظر أيضا"

2- **المكنز العربي الموسع**

يمكن ربط النظام مع تركيبة المكنز العربي الموسع بشرط حصول المؤسسة على ترخيص بذلك من الجهة المنتجة له وهي (مؤسسة جمعة الماجد، ومؤسسة عبدالحميد شومان، وبلدية دبي) وهو عبارة عن قائمة من المصطلحات مبنية على شكل شبكة من العلاقات تبين المجال الدلالي لكل منها، المصطلح المترابط وهو المصطلح القريب منه أو التي تتماس معه دلاليا، والمصطلح الأضيق أي المصطلح المتفرع عنه، والمصطلح الأعم أي المصطلح الذي يتفرع عنها.

يدخل المكنز بشكل كبير في عملية البحث، لأنه يمكن المستفيد من البحث عن العلاقات الهرمية ففي مصطلح "الجبر" يكون المصطلح الأعم الخاص به هو "الرياضيات". أما مصطلح "الهندسة" فالمصطلحات الأضيق الخاص به هو "الهندسة الفراغية"، "الهندسة التحليلية".

3- **إنشاء السجلات الببليوغرافية**

كل عنوان مادة له سجل واحد يحتوي كافة الحقول الخاصة بالوصف الببليوغرافي يسمى التسجيلية وتحتوي على رقم فريد خاص بها، فيما تعطي البيانات المادية لكل نسخة رقم باركود خاص مرتبط برقم التسجيلة.

إدخال البيانات يتم مباشرة إلى شاشات خاصة بالإدخال، أو من خلال استقبال المواد من وحدة التزويد لحظة وصولها - بحيث تحمل إشارة مواد تم استلامها ولم تفهرس بعد - إلى سلة خاصة. وهذا الترابط بين وحدتي التزويد والفهرسة يدعم عمل المكتبة آليا، حيث تنتقل هذه المواد من السلة لحظة فهرستها إلى فهرس التسجيلات العام.

4- **البيانات المادية**

بالإضافة إلى المعلومات الببليوغرافية التي يتم إدخالها هنالك البيانات المادية لكل تسجيلة من حيث رقم المجلد/الجزء، العدد، رقم النسخة، غرفة الحجز، خاضعة للإعارة؟، الحالة المادية،..الخ، حيث يتم إعطاءها رقم باركود خاص بكل نسخة، الفرع، ومعلومات مادية أخرى.

5- **الفهرس التحليلي**

يتضمن عمل فهارس تحليلية لمحتويات الوعاء المعلوماتي من دوريات، وكتب، وصحف،..الخ. بحيث يتم تحديد رقم خاص لكل مقال، عنوان المقال،

الفئة الموضوعية، رؤوس الموضوعات،..الخ، بالإضافة إلى المستخلص وكذلك صورة المقال (Image) عن طريق عملية المسح الضوئي ويمّكن تخزينه إلى ملف متعدد الصفحات (TIFF). أما النص الكامل للمقال يتم إدخاله يدويا او عن طريق إستخدام برنامج التعرف الضوئي للحرف العربي (Arabic OCR) لتحويله من صيغة الصورة إلى صيغة نصية.

وتشمل كذلك تحليل أجزاء محتوى التسجيلة الببليوغرافية مثل فصل من كتاب، مقالات، أوراق محاضر مؤتمرات، محاضر مجالس النواب والأعيان، .. الخ). وتهتم الكثير من دور التوثيق ومرافق المعلومات خصوصا الجرائد، المجلات، قرارات المجالس التشريعية والنقابية، والمحاكم، ومؤسسات التوثيق المختلفة في تكشيف معلوماتها الجزئية من أجل بثها من خلال شبكة الإنترنت بحيث يمكن الوصول إليها من خلال محرك خاص للبحث على شبكة الإنترنت/الإنترانت.

6- **محرك البحث**

يوفر النظام نطاق واسع من عمليات البحث واستخراج التقارير والكشافات، حيث يحتوي النظام على محرك بحث باللغة العربية والإنجليزية حيث يتم استخدام عدة مستويات من البحث وهي البحث المنفرد، والبحث البسيط، وبحث الحقول والبحث المتقدم.

7- **إدارة الأرشيف**

توفر وحدة تكميلية متكاملة لدوائر الأرشيف الإدارية والمالية والمعلوماتية في المؤسسة، وتشمل خدماتها ما يلي:

- بناء شجرة الملفات
- فهرسة الوثائق

- عمليات المسح الضوئي(Scanning)، وكذلك التعامل مع الوثائق التي أصلها إلكتروني مثل ملفات Tiff MS Word, Excel,.

- مستكشف متقدم
- بحث متقدم

8- متابعة المستخدمين

هذه الميزة الهامة توفر مراقبة فعالة لكافة التعديلات التي يقوم الموظفين بتنفيذها على التسجيلات وبياناتها المادية، بحيث يتم تسجيل كافة الفعاليات من إضافة وتعديلات من حيث اسم المستخدم وقت التعديل باليوم/الساعة/الدقيقة وذلك من أجل ضبط أي تغيير يتم إجراءه من قبل المستخدمين

9- ميزات هامة

- الترحيل من/إلى صيغة مارك.

- طباعة اللواصق منها لاصق كعب الكتاب، ولاصق الباركود.

- متابعة وتسجيل كافة التغييرات والتعديلات على البيانات الببليوغرافية بحيث يظهر اسم الموظف، وتاريخ التعديل، وموقع التعديل.

- استخدام كلمات الوقف لاستثنائها عند تشكيل ملف الكلمات المفتاحية حيث يحتوي على 1185 كلمة.

- التخلص من أدوات التعريف مثل ("ال، The) بشكل عام واستثنائها في عمليات البحث، فيما يتم وضع الكلمات التي تكون فيا أصيلة في الكلمة مثل "الفرد نوبل" حيث يتم كتابتها "<ال>فرد نوبل"، وتختفي المعقوفتين بعد الإدخال وتظهر الكلمة كاملة عند العرض والطباعة.

- التخلص من الأحرف المتشابهة في الرسم الإملائي حيث تقسم إلى ثلاث مجموعات هي:
  - أ، إ، آ، ا
  - ة، ـه
  - ؤ، ء، ئ
- الجمع بين لغات مصطلحات المكنز(العربية، الإنجليزية والفرنسية) في آن واحد واسترجاع التسجيلات المتعلقة بها. فمثلاً: عندما يريد الباحث الوصول إلى التسجيلات المتوافرة لمصطلح "الاقتصاد"، فيمكنه الوصول إلى كل التسجيلات المتوافرة بلغاتها الثلاث سواء استخدم المصطلح "الاقتصاد" بالعربية أو استخدم مصطلح "Economy" بالإنجليزية أو المصطلح الدال عليها بالفرنسية
- استخدام عملية البتر في البحث.
- استخدام 18 فئة موضوعية رئيسية بالإضافة إلى فروعها حسب نظام مكتبة الكونجرس ضبط آلي للتسجيلات المتكررة.
- استخدام كلمات الوقف

رابعا: وحدة خدمات المشتركين (Circulation)

يتيح النظام معالجة متكاملة في وحدة خدمات المشتركين التي تشمل ما يلي:

1- **إدارة ملفات المشتركين: تتيح إمكانيات متقدمة لإدارة ملف المشتركين من حيث:**
   - تسجيل ملف المشترك وبيانات الشخصية، وبياناته الإدارية
   - وتصنيف المشترك وصلاحيات الإعارة

- وكذلك تسجيل الاشتراكات وما يتبعه من تحديد انتهاء الاشتراك ومتابعة مالية للمشترك والمبالغ المستحقة عليه.

- المطالبات، والتسديدات والإعفاءات.

- متابعة الاشتراك وما يتبعه من تغييرات تطرأ عليه، حيث يمكن تجميد الاشتراك أو إلغاءه أو تفعيله مع إبداء الأسباب لذلك.

- الاحتفاظ بكافة التغييرات في الملف التاريخي بحيث يمكن الرجوع إليه في أي وقت.

- تصنيف المشتركين إلى عدة تصنيفات مثل طالب، موظف،...الخ، بحيث يشمل التصنيف كذلك الرسوم والغرامات وعدد أيام التجديد حسب المستوى الببليوغرافي للمادة كما يتيح التصنيف تحديد عدد مرات التجديد الآلي لهذا التصنيف وعدد الأيام في كل مرة.

2- خدمات الإعارة

العمليات التي يقوم بها موظف الإعارة تختلف من مكتبة إلى أخرى حسب نوع المكتبة والسياسات الخاصة المتبعة بعملية الإعارة، فإن النظام يعالج كافة المتغيرات والسياسات المتبعة في كل مكتبة على حدى، حيث يجري تحديدها في عملية الإعداد لتطبيق النظام من قبل مدير النظام.

العمليات التي تتم في قسم الإعارة كما يلي:

أ- **إعارة المواد (Check out):** تعتبر من الخدمات الرئيسية التي تحصل في قسم الإعارة. باستخدام قلم الباركود يتم قراءة بطاقة المشترك، وإذا كانت غير متوفرة فيطلب منه رقم الاشتراك، وإذا لم يكن متوفر فيتم استرجاع رقم الاشتراك من خلال البحث بطريقة سهله عن أي جزء من الاسم. تظهر

مباشرة المعلومات الخاصة بالمشترك من بياناته الأساسية، وحالة الاشتراك إذا كان مسموح له بالإعارة أو إذا كان ضمن القائمة السوداء، والمواد التي بحوزته. وكذلك يتم إدخال رقم الباركود للمادة فتظهر مباشرة بياناتها الأساسية وفيما إذا كانت خاضعة للإعارة ومدة الإعارة والتاريخ المتوقع للإرجاع. أما بالنسبة إلى إعارة المواد من رف الحجز فتقاس مدة الإعارة الزمنية بالساعات بدلا من الأيام.

ب-   **استرجاع المواد (Check in)** : يحتاج إرجاع المادة المعارة من المكتبة قراءة رقم الباركود باستخدام قلم الباركود فتظهر بيانات الإعارة بالإضافة إلى عدد أيام التأخير وغرامات التأخير التي يحتسب قيمها بشكل آلي، وفي نفس الوقت يتم إرسال رسالة تذكير إلى للشخص/الأشخاص الذين حجزوا عنوان المادة من خلال رسائل البريد الإلكتروني أو الرسائل القصيرة (SMS) على الهاتف المحمول(مستقبلا)

ج-   **تجديد مدة الإعارة للمادة(Renewal)** : يسمح بتجديد إعارة المادة إذا لم تكن محجوزة من قبل آخرين، وبعد احتساب عدد أيام التأخير وغرامة التأخير وترصيدها إلى مالية المشترك.

د-   **إمساك المادة (Holding)**: عملية إمساك المادة لمشترك معين تحصل عندما يقوم مشترك ما بحجز عنوان مادة معارة، يتم إمساكها ومنعها من الإعارة أو التجديد وإنما إمساكها لأول مشترك قام بحجزها من خلال الشبكة الداخلية أو من خلال شبكة الإنترنت، ويتم إشعاره آليا بواسطة وسائل الاتصال الإلكترونية، حيث يعطي مدة معينة لتأكيد إعارتها، وإذا لم يحضر لاستلامها تتم عملية إلغاء إمساكها وتصبح خاضعة للإعارة.

هـ- **طلب إرجاع مادة** (Call for Return): يحق لإدارة المكتبة إرسال طلب إرجاع للمادة المكتبية للمستعير قبل انتهاء مدة الإعارة لأي أسباب تراها، بحيث يتم تقديم التاريخ المقرر للإرجاع. ويعود تحديد الغرامة اليومية للتأخير لإدارة المكتبة حيث تكون أكبر منها إذا لم يكن هنالك طلب إرجاع مادة.

و- **الحجز** (Reservation): وحدة الإعارة توفر خدمة حجز عنوان المادة للمشترك بغض النظر عن رقم النسخة ولأكثر من مشترك بحيث يكون إمساك أي مادة يتم إرجاعها حسب أولوية الحجز.

بعض الميزات الهامة في وحدة خدمات المشتركين:

1- نظام تنبيهات آلي بالذين يجب عليهم تجديد اشتراكهم، والذين يجب تغيير وضع الاشتراك.

2- وجود رزنامة الدوام السنوي مع تحديد العطل الأسبوعية والرسمية.

3- تقارير متعدد تغطي كافة عمليات الإعارة

4- إحصاءات ترتبط الإعارة مع بيانات التسجيلة من موضوع، مؤلف حول عدد مرات الإعارة.

5- إحصائيات للإعارة اليومية، والشهرية والسنوية.

6- وجود نظام الإشعارات المتعلقة بمدة التأخير

خامسا: وحدة البحث المباشر من خلال شبكة الإنترنت/الإنترانت

توفر هذه الوحدة خدمات البحث والمتابعة للمشتركين والمستفيدين من خلال متصفح يعمل في بيئة الإنترنت/الإنترانت متوافق مع متصفح مايكروسوفت اكسبلورير، بوجود أدوات بحث سهلة تتماشى مع مستويات المستفيدين، ومن ميزاتها:

1- تحديد نطاق البحث في مؤسسة أو مكتبة معينة(قاعدة بيانات) أو في كل قواعد البيانات.

2- البحث في حقول متعددة (المؤلف، العنوان، الموضوع، الرقم الدولي، رقم الصنف، الكلمات المفتاحية،..الخ).

3- تضييق نطاق البحث باستخدام المتطابقات وهي مطابقة أي كلمة، مطابقة جميع الكلمات، مطابقة جملة أو عبارة(مطابق تماما)

4- استخدام البتر في البحث.

5- حل المشاكل اللغوية عن طريق التخلص أدوات التعريف وكلمات الوقف، وحل مشاكل الأحرف المتشابهة وهي (أ، إ، آ، ا) وكذلك (ؤ، ء، ئ) و(ة، ـه) في عملية البحث

6- البحث البوليني المتقدم حيث يستخدم العلاقات البولينية النحوية)و، أو، ليس)

7- البحث في محتويات الوثائق من فصول، مقالات، أرشيف صحفي، أرشيف وثائق،.الخ.

8- إمكانية القيام بعملية الحجز وتجديد الإعارة ذاتيا من قبل المشتركين والأعضاء. وكذلك تحديد شكل قوائم مخرجات البحث وتشكيلها حسب الرغبة.

9- إمكانية دخول الأعضاء إلى ملفاتهم الأساسية والإطلاع على البيانات المصدرة إليهم. مع إمكانية تجميع نتائج البحث في سلة وطباعتها أو إرسالها عبر البريد الإلكتروني.

10- إمكانية استعراض الوثائق الأصلية المخزنة،س وإمكانية الإطلاع على خصائص التسجيلات والنسخ التابعة لها من حيث الإتاحة والإعارة وموقعها.

11- الحصول على قوائم ببليوغرافية حسب الفئة الموضوعية الرئيسية والتي تم تزويدها بالنظام وتشمل على 18 تصنيف موضوعي رئيسي حسب معيار مكتبة الكونجرس، وكل تصنيف موضوعي رئيسي يحتوي على العديد من الفئات الموضوعية الفرعية.

12- استعراض التسجيلات والعناوين التي وصلت حديثا.

13- استقبال مقترحات وتوصيات الباحثين.

14- إمكانية الربط مع مكتبات عالمية تحددها إدارة المكتبة.

مراجع الفصل الثالث

النظم الآلية المتكاملة للمكتبات/وزارة الاتصالات وتكنولوجيا المعلومات، القاهرة: مركز اعتماد هندسة البرمجيات، 2005.

موقع نظام المستقبل لإدارة المكتبات.

الفصل الرابع

العمليات الفنية

وخدمات المعلومات

بالمكتبة الإلكترونية

صفحة بيضاء - تترك فارغة

الفصل الرابع
_____

العمليات الفنية وخدمات المعلومات
بالمكتبة الإلكترونية
_____

الفهرسة الآلية في المكتبات ومرافق المعلومات:

التصنيف والبحث عن المعلومات:

مشكلة التصنيف والبحث عن المعلومات مشكلة قديمة قدم المعرفة الإنسانية نفسها، وقد تقدمت أساليب البحث عن المعلومات مع تقدم وتطور المعرفة الإنسانية وارتقت بارتقائها. أما تعبير انفجار الإنتاج الفكري فقد ظهر لأول مرة عام 1851م حيث حذر جوزيف هنري من نتائج هذا الانفجار قائلاً:

" ما لم ترتب هذه الكميات الضخمة بطريقة ملائمة، وما لم تعد لها الوسائل اللازمة للتحقق من محتوياتها، فسوف يضل الباحثون سبيلهم بين أكداس الإنتاج الفكري، كما أن تل المعلومات سوف يتداعى تحت وطأة وزنه، ذلك إن الإضافات التي ستضاف إليه، سوف تؤدي إلى اتساع القاعدة، دون الزيادة في ارتفاع الصرح ومتانته ".

وقد مضى على هذا التحذير حوالي قرن ونصف القرن من الزمن، دون أن تتغير أهمية مضمونه. إذ إن الإنسان في كفاحه الدؤوب نحو اكتساب خبرات ومعارف جديدة وتسجيلها، كان بحاجة دائماً إلى أدوات تساعده في تنسيق هذه

المعلومات واسترجاعها بسهولة وسرعة، وقد تطورت هذه الأدوات مع زيادة حجم المعلومات وتطور الوسائط المخزنة فيها.

واستطاع علم المكتبات أن يوفر أدوات أساسية لتصنيف وتحليل واسترجاع المعلومات، مما سهل مهمات عمل الباحثين في النصف الأول من هذا القرن إلا أن تسارع وتيرة تضاعف حجم المعلومات وصولاً إلى ظاهرة (انفجار المعلومات) طرح من جديد مشكلة المعلومات كإحدى أهم المشكلات التي يواجهها علم المعلومات في النصف الثاني من القرن العشرين، ولقد ترافق ذلك كله مع ظهور شبكة إنترنت التي اختلفت الآراء فيها، فمنهم من أطلق عليها اسم المكتبة الإلكترونية ومنهم من تجاهل دورها كمصدر أساسي من مصادر المعلومات في نهاية القرن الماضي.

وأحاول في هذا الفصل أن أسهم في الحوار الدائر حول شبكة المعلومات الدولية: أهميتها، وسائل الفهرسة الآلية المستخدمة فيها، العلاقة بينها وبين المكتبات، مدى إفادتها من علم المكتبات ؟

مكتبات المستقبل:

لا يخفى على أحد مدى عمق العلاقة بين الخدمات المكتبية وخدمات المعلومات الإلكترونية، فقد نشأت شبكات المعلومات الحديثة في رحاب المكتبات ولا تزال حتى اليوم تؤثر فيها وتتأثر بها.

وها هي نماذج مكتبات المستقبل تبدأ بالظهور في الدول المتقدمة، وتسعى لإفادة روادها من الخدمات الحديثة بهدف تحقيق التوازن كامل بين التكنولوجيا المتقدمة ورفوف الكتب التقليدية والرفوف المفتوحة من المواد المرجعية. ففي نيويورك تم إنشاء مكتبة الأعمال والصناعة والعلوم   Science, Industry and

Business Library (SIBL) التي بلغت كلفة إنشائها 100 مليون دولار، بفضل إسهام القطاعين العام والخاص، وقد حرص مصمم المكتبة على وضع أحدث التطورات والابتكارات في مجال الديكور الداخلي والتكنولوجيا.

وتغطي المكتبة اهتمامات الجماعات العلمية والأعمال الصناعية، وتضم أكثر من 1.2 مليون مجلد من مجموعات الأبحاث الجارية فقط، ويصل طول رفوف المكتبة إلى أكثر من 50 خمسين كيلو متراً موضوعة في خمسة طوابق من الرفوف الإلكترونية، كما تتضمن المكتبة مركزاً للمصادر الإلكترونية (Electronic Resource Center (ERC الذي يرتبط بشبكة مؤلفة من 70 سبعين محطة عمل توفر النفاذ إلى أكثر من 100 قاعدة بيانات مشغلة بواسطة الأقراص المتراصة CD-ROM's، وإلى ملفات وصحف ونصوص كاملة في الإنترنت، ويوفر النفاذ إلى رابطة الشبكة العالمية www، إضافة إلى 110.000 عنوان دورية ومجموعة شاملة من براءات الاختراع وحوالي مليون مادة من المصغرات تؤلف معظم مواد المعاهد العلمية والأعمال. ويستطيع رواد المكتبة الاستفادة من تصنيف أسبوعي ويومي للافتتاحيات الجديدة المنشورة في www. ومراجعة شاملة للبحث في قواعد البيانات الإلكترونية للمكتبات.

وتضم مكتبة الأعمال والصناعة والعلوم 500 قاعة مطالعة حديثة مزودة بأحدث أدوات العمل بما في ذلك حواسب محطات عمل، وهي تستقبل يومياً أكثر من 2500 شخص.وفي سان فرانسيسكو بلغت كلفة إنشاء المكتبة العامة 140 مليون دولار (San Francisco Public Library (SEPL وهي مرتبطة بشبكة حاسوبية كبيرة مؤلفة من 1100 محطة عمل توفر النفاذ إلى الإنترنت، وتحتوي أدلة منتجات الوسائط المتعددة Multi Media، كما تتضمن مركز اكتشاف إلكتروني للأطفال وتوفر النفاذ إلى قواعد البيانات النصية والرقمية، وتقارير الأمم المتحدة

الإحصائية، وتقارير في العلوم التطبيقية والملخصات التكنولوجيا، وتستقبل يومياً أكثر من 6000 شخص.

ويلاحظ المختصون أن مجمعات المكتبات العامة الكبرى في فرنسا وبريطانيا وألمانيا واليابان، بنيت أو أعيد تنظيمها وتم تجهيزها بأحدث الوسائل التكنولوجيا بما في ذلك الرفوف الإلكترونية، وتكنولوجيا المعلومات وشبكات المعلومات التي توفر النفاذ إلى إنترنت وإلى مصادر إلكترونية داخلية على أقراص متراصة CD-ROM's، وكذلك الأمر في الوطن العربي فقد بدأت المكتبات الكبرى الحديثة بالأخذ بأحدث تقانات المعلومات وخاصة في المكتبات المنشأة حديثاً. ففي الإسكندرية تم إنشاء مكتبة كبرى تستعيد دور الإشعاع الثقافي الحضاري الذي أدته مكتبة الإسكندرية التاريخية، ولكنها أقيمت وفق أحدث أساليب تكنولوجيا المعلومات، وهي تشاد على موقع تبلغ مساحته 45.000م²، وتبلغ المساحة الإجمالية للطوابق 80.000م² وتضم ثمانية ملايين كتاب وخمسين ألف مخطوطة وخمسين ألف خارطة وتضم خمسين ألف جهاز صوتي أو مرئي أو حاسوبي وقاعدة بيانات OPAC، وتوفر لروادها إمكانية النفاذ إلى إنترنت عبر طرق المعلومات السريعة، وكما تضم المكتبة مركزاً للمؤتمرات يتضمن قاعدة المؤتمرات 1700 مقعداً وقاعات للندوات 400 مقعداً، ومتاحف للعلوم والخط والآثار، والمعهد العالي لعلوم المعلومات، ومخبر التخزين والحفظ، إضافة إلى المكتبة لتكون مرجعاً ومصدراً مهماً للمعلومات، ليس فقط لمدينة الإسكندرية أو لمصر وحدها، وإنما أيضاً للباحثين والمهتمين جميعهم في البلدان العربية ومنطقة البحر الأبيض المتوسط، حيث يمكن النفاذ إلى قواعد بياناتها عبر طرق المعلومات السرية.

الإنترنت والمكتبات:

وبالمقابل بدأت شبكة إنترنت تثبت وجودها كمصدر مهم للمعلومات، وهي تنافس في ذلك المكتبات التي كانت حتى وقت قريب المصدر الوحيد تقريباً للمعلومات، وإن السؤال اليوم: ما فائدة الشبكة؟ هو كالسؤال: ما فائدة الكتب؟ فالشبكة اليوم توفر أجوبة ملائمة لأي استفسار حول معلومات عامة أم علمية أم اقتصادية أم حول الشؤون الحكومية أم المعلومات المتعلقة بالأشخاص، ويزداد كل يوم عدد المشتركين في إنترنت، كما يزداد عدد الناشرين فيها، وذلك بعد أن أصبح النشر في إنترنت سهلاً، وأصبح بإمكان الأفراد غير المتخصصين أن يستخدموا إنترنت ليس للبحث عن المعلومات فقط وإنما أيضاً لنشر ما يرغبون أو ما يعتقدون أنه قد يفيد مشتركين آخرين في إنترنت ومع الاهتمام المتزايد بإنترنت، سارعت الشركات إلى استثمار هذه الظاهرة، وأسست مواقعها التي تتضمن معلومات تفصيلية وشاملة عن أعمالها واستثماراتها ومنتجاتها ودعايات بهدف ترويج مبيعاتها، ولا نرى نظيراً لتوجه هذه الأعداد المتزايدة نحو إنترنت سوى الهجرات الجماعية التي شهدها الغرب الأمريكي بحثاً عن مناجم الذهب، وهو ما عرف في ذلك الوقت باسم (حمى الذهب)، مما أدى إلى استمرار توسع مناجم الذهب لفترة طويلة.

ولعل هذا التوسع المستمر هو إحدى الظواهر الإيجابية التي جعلت إنترنت أكثر آليات نشر المعلومات اتساعاً، حيث يستطيع الباحث العثور على كل ما يحتاجه في بحوثه من معلومات.

إلا أن هذا التوسع يشكل في الوقت نفسه نقطة الضعف الكبرى في شبكة إنترنت، فهنالك كمية هائلة جداً من المعلومات تضاف يومياً إلى إنترنت. وهي

معلومات متنوعة جداً، مثل الألعاب والإعلانات التجارية والبيانات الخام العلمية والأعمال المالية ومجموعات النقاش والبريد الإلكتروني والمؤتمرات الفيديوية والمواقع التي تسمح للمستفيد بزيارة المدن والمتاحف والأسواق وفهارس المكتبات العامة وملخصات التقارير التكنولوجيا وقواعد بيانات النص الممنهل HTML، وهذا التنوع الشديد يجعل تصنيف كل هذه المواد وبالتالي العثور عليها صعباً جداً، حيث أن الاستفادة من الفهارس الآلية في عملية البحث عبر الإنترنت كثيراً ما تقودنا إلى نتائج تكثر فيها الوثائق البعيدة عن الموضوع المطلوب، وقد تفشل في جلب بعض الوثائق المهمة في مجال موضوع البحث.

نقطة ضعف إنترنت الكبرى هي أن كثيراً من معلوماتها عابرة ومؤقتة وتخزن في قواعد عديمة الشكل ومشوشة، إذ أن إنترنت وخصوصاً مواقعها في (رابطة الشبكة العالمية www) لم تصمم لدعم النشر المنظم واسترجاع المعلومات كما في المكتبات. وباختصار، الشبكة ليست مكتبة رقمية، ولكي تستمر وتزدهر، ستحتاج للاستفادة من الخدمات التقليدية للمكتبة بهدف تنظيم استرجاع المعلومات من الشبكة. ويأمل المستفيدون من الإنترنت أن تستطيع هذه الشبكة الإفادة من مهارات المكتبيين في التصنيف والاختيار بالتنسيق مع إمكانات علماء البرمجة الحاسب الآلي من أجل أتمتة مهام فهرسة وحفظ واسترجاع المعلومات.

محركات البحث Search Engines:

حتى هذه اللحظة تتحمل تكنولوجيا المعلومات العبء الأكبر من مسؤولية تنظيم المعلومات في إنترنت، لأن الاعتماد الكلي على المفهرسين البشريين سيجعل من المستحيل مواجهة هذا الإغراق اليومي لإنترنت بكم هائل متجدد من

المعلومات، ولذلك كان لابد من اللجوء إلى البرامج الآلية التي تقرأ صفحات مواقع الإنترنت وتصنفها وتفهرس البيانات الرقمية. وقد لجأ مستثمرو إنترنت إلى هذا الحل البسيط مستفيدين من الانخفاض السريع والمستمر لأسعار الحواسب والبرمجيات، مما يجنبهم النفقات الباهظة للفهرسة البشرية، ومما يساعدهم في إنجاز الفهرسة المطلوبة بسرعة مناسبة لتوسع إنترنت المستمر، وبما لا يقارن ببطء الفهرسة البشرية.

ولكن، هل الفهرسة الآلية هي حقاً الحل المناسب لاسترجاع المعلومات في الإنترنت ؟ هنا لابد لنا من تفهم الطريقة التي تعمل بها محركات البحث، وهي طريقة مختلفة تماماً عما تعتمده الفهرسة البشرية، ونلاحظ بصورة أولية أن نتائج البحث في مواقع رابطة الشبكة العالمية (Web) تتضمن غالباً إحالات إلى مواقع لا علاقة لها بالموضوع، بينما تهمل المواقع الأخرى التي تمتلك مواد مهمة.

تستخدم شركات خدمات المعلومات الفورية برامج ذكية تسمى محركات البحث Search Engines أو زواحف الشبكة Web Crawlers أو عناكب Spiders أو روبوتات Robots، وتتوضع محركات البحث في المخدم العام لشركة الخدمة الفورية في رابطة الشبكة العالمية web، ذلك أنها تقوم بفهرسة المواقع المختلفة بشكل متعاقب مما يوحي بأنها تنتقل أو تزحف من موقع إلى آخر، حيث تقوم بتحميل صفحات الموقع ثم تتفحصها وتستخلص فهارس المعلومات، ويمكن القول إن محرك البحث يشمل برنامجاً يتسرب إلى ملايين الصفحات المسجلة في الفهرس بغية إيجاد الصيغ المطابقة لموضوعات البحث ثم يقوم بتصنيف هذه الصيغ وفقاً لمدى ارتباطها بموضوع البحث، غير أن محركات البحث تعمل بأساليب مختلفة جداً طبقاً لشبكات الخدمات العديدة التي تعتمدها. وهنا نميز طريقتين:

- الفهرسة البسيطة: تتضمن قراءة كلمات صفحات الموقع جميعها، ثم معظم الكلمات الواردة في نصوص هذه الصفحات ككلمات مفتاحية لخدمة البحث.

- الفهرسة الذكية: تتضمن إجراء تحليلات معقدة بهدف تعيين واصفات أو جمل تستخدم ككلمات مفتاحية لخدمة البحث.

وبعد الانتهاء من تحديد الجمل أو الواصفات أو الكلمات المفتاحية يتم تخزينها في قواعد معطيات محركات البحث، حيث يوضع إلى جانب كل كلمة عنوان يعينه محدد المصدر الموحد URL وبذلك يتم تحديد مكان وجود الملف.

ومن المعروف أن معظم شركات الخدمة الفورية في إنترنت تستخدم برامج بحث تسمى المستعرض Browser، فعندما يبحث المستفيد عن الصفحات التي تتضمن كلمة أو واصفة محددة، يتم إحالة طلب المستفيد إلى قاعدة بيانات محركات البحث ويتم استحضار عناوين صفحات المواقع جميعها التي تتطابق مع طلب المستفيد، حيث ينتج عن ذلك قائمة من العناوين التي يمكن أن نختار أية نقطة فيها ونؤشر عليها بالفأرة من أجل تحقيق الاتصال بأحد المواقع التي تستجيب للاستفسار المطلوب.

وتستطيع محركات البحث أن تفهرس ملايين الصفحات كل يوم بما يضمن تحديث قواعد معطياتها بصورة مستمرة، ومواجهة التوسع المستمر في تخزين المعطيات، كما تستطيع من ناحية أخرى خدمة ملايين الاستفسارات ومواجهة التوسع المستمر في طلبات البحث.

تستخدم بعض الشبكات الخاصة وسائل إضافية مثل مفكرة أو دليل المواقع (Site Directory) وهو أشبه بدليل الهاتف المفهرس حيث تتصل آلة البحث

بالمواقع تباعاً وتبدأ آلة البحث (الروبوت) من الصفحة الأولى (القائمة الرئيسة) المتصلة بباقي الصفحات، وهكذا تستطيع آلة البحث تتبع كل الوصلات لمسح صفحات الموقع. وهنا يجب أن نشير إلى أن آلة البحث نفسها لا تعبر الشبكة (Web)، بل هي تطلب الصفحات من قائمة المواقع المهمة وهي أكثر المواقع شعبية، وقوائم من الوصلات الناتجة عن مسح Usenet أو أرشيف قوائم البريد. ويسجل الروبوت المعلومات البارزة مثلاً يمكن أن يمسح الكلمات المفتاحية أو العبارات التعريفية الوصفية أو مستخلص الصفحة، أو يمكن أن يحلل النص الكامل للصفحة لاستنتاج الكلمات المفتاحية.

وتؤدي الروبوتات أو محركات البحث عملها ضمن بيئة إنترنت أو إنترانت حيث تتميز هذه البيئة بشكلها التلقائي الذي لا يخضع لأي نوع من التخطيط المركزي، وليس ثمة طريقة منهجية لحفظ المعلومات والوثائق، مما يجعل الإبحار فيها صعباً ويستغرق وقتاً طويلاً، ومما يجعلها أشبه بالمتاهة.

وهنا يجب أن نشير إلى أن محرك البحث لا يعني المعنى الشعبي الشائع عن خدمات المعلومات المتاحة مثل AltaVista - Yahoo بل سنستخدم هذا المصطلح بمعنيين:

- المعنى الأول: برنامج يستطيع المستفيد من خلاله تشكيل سؤال وتنفيذ بحث عن المعلومات.
- المعنى الثاني: وهو البرنامج الذكي الذي تحدثنا عنه سابقاً وهو الذي يستدعي صفحات المواقع بصورة متعاقبة لفهرستها مما يوحي بأنه ينتقل بينها ويزحف إليها. مما استدعى تسميته بالزاحف Crawler أو المفهرس Indexer أو الروبوت (Robot) الذي يطلق عليها اختصاراً (bot) وتتجلى مهمة هذا البرنامج في

إعداد قواعد بيانات قابلة للبحث أو فهارس وكشافات. ومن المفيد أن نلاحظ الفرق بين مفهوم " البحث Searching " وهو الفعل الذي يؤديه المستفيد عندما يسجل كلمة معينة أو عبارة للحصول على قائمة بالمواقع التي تحتوى على صفحات تستجيب لمتطلبات البحث، وبين مفهوم " الزحف Crawling " وهو فعل العودة إلى مصادر البيانات لإعادة تحليل صفحات المواقع وتحديث الفهارس.

ولعل أفضل محركات البحث هي المحركات التي تسمح للمستفيد بإجراء بحث شامل وتتميز بسهولة الاستخدام وسهولة الصيانة وإمكانية الفهرسة متعددة الجوانب. ولإنجاز هذه الأهداف لابد من توافر المتطلبات التالية:

- قابلية احتواء اللغة الطبيعية ونماذج الاستفسار البولياني وباقي النماذج.

- ظهور نتائج البحث بشكل منمذج من أجل تطبيقات مختلفة.

- الالتزام بمعايير إقصاء – الروبوت، الذي يسمح للمخدمات في المواقع أن ترفض نفاذ الروبوت إلى الصفحات الخاصة غير المؤهلة للعرض أمام الجمهور.

- قابلية التوليف الدقيق أو تشكيل معالجة الفهرسة بطرق مختلفة تحقق متطلبات متنوعة للمشرفين على فهرسة المواقع، مثلاً لفهرسة معطيات موقع معين باستثناء ملفات تتمتع بصفات خاصة.

- قابلية فهرسة نماذج مختلفة مثل:

HTML,Adobe Portable. (Plaintex) TXT
RTEPDF, Frame Maker. Interchange Format Document Format (PDF), Post Script (PS) Micro Soft (MIF

اختيار محرك بحث:

يتألف البحث عادة من مجتزأين (Modules) يعمل كل منهما مع الآخر:

القطعة الأولى: هي المجتزأ (Module) الخاص بالفهرسة:

وهو المسؤول عن قراءة المعلومات في قواعد البيانات المختلفة، حيث يمكن أن تكون قاعدة البيانات مؤلفة بكاملها من ملفات النص الممنهل HTML، كما يمكن أن تضم مقداراً محدوداً من ملفات أخرى (عادة ASCII أو ATF) بعد الانتهاء من قراءة المعلومات سيتم وضع الكلمات المفتاحية الناتجة ضمن ملف الفهرسة الذي سيتضمن مؤشرات إلى المكان الدقيق لكل وثيقة.

ويشبه الفهرس كتاباً ضخماً يحتوي على الكلمات المفتاحية من كل صفحة من صفحات (Web) التي يجدها برنامج الفهرسة الآلية في طريقه وفي حال طرأ تعديل على الصفحة، يتم تحديث الفهرس تلقائياً بالمعلومات الجديدة. ويمكن أن ينمو ملف الفهرس تلقائياً بالمعلومات الجديدة.

ويمكن أن ينمو ملف الفهرس إلى أن يصبح حجمه هائلاً وفقاً لكميات البيانات المراد فهرستها، ووفقاً لخوارزمية الفهرسة التي يمكن أن تساعد في ضغط حجم ملف الفهرس.

المجتزأ الثاني: هو محرك البحث الفعلي:

إنه المجتزأ الذي يستجوب ملف الفهرس يقوم ومقارنة الكلمات التي أدخلها المستفيد مع الكلمات المتضمنة في ملف الفهرس وإعادة النتائج.

تعمل محركات البحث جميعها بالاعتماد على هذه المبادئ إلا أنها تختلف فيما بينها في تفاصيل طريقة العمل، فمثلاً يستخدم بعضها تركيب (كلمة / طور) وبعضها يعيد ملخصاً عن الوثيقة المطلوبة، وأخرى ستعود فقط بإتاحة إمكانية الوصل مع الوثيقة المطلوبة.

قبل تركيب محرك البحث، يجب أن ينظم المستخدم جدول أولوياته فهل المطلوب هو سهولة استخدام المحرك وتركيبه وتوافر الدعم الفني أو المطلوب اختيار محرك بحث غير مكلف، وأخيراً يجب دراسة حجم المشكلات التي قد يواجهها مستخدم محرك البحث، وكم من الوقت يستغرق تركيبه ؟ وكم من الوقت يستغرق إعادة فهرسة الوثائق جميعها إذا تغير شيء منها؟.

وعموماً ليس ثمة محرك بحث واحد يفي بمتطلبات مؤسسة تزويد خدمات المعلومات ولذلك لابد من دراسة خصائص محركات البحث لاختيار ما يناسب متطلبات المؤسسة.

عندما تختار مرافق المعلومات أو المكتبات محرك البحث تستطيع مقارنة الجدوى بين عدة محركات من حيث الكلفة والمواصفات الفنية. مثلاً: هل يتطلب تركيب محرك البحث المجاني وقتاً طويلاً ؟ وهل يصعب الحصول على الدعم الفني؟.

فإذا كانت الحاجة إلى الوقت وإلى وجود مساعدات البحث Search Utility لا تأتي ضمن أولويات الموقع، فإن اختيار محرك البحث ذي الكلفة الأقل ربما يكون هو الخطوة الصحيحة.

إلا أن هنالك مواقع تهتم بعامل الزمن وتعده من أولوياتها، ومثل هذه المواقع ترى أن محرك البحث المجاني ربما يأخذ وقتاً أطول من المتوقع، وكذلك قد يكون الدعم الفني صعباً، وربما يستغرق وقتاً طويلاً في فهرسة وإعادة فهرسة المواقع، وفي هذه الحالة قد تختار محرك بحث تجاري. لأن الكلفة المالية ستعوضها حتماً إمكانات السرعة في التركيب والبحث وخدمات الدعم الفني.

سلبيات الفهرسة الآلية:

ذكرنا سابقاً أن الفهرسة الآلية تؤدي في كثير من الأحيان إلى إعطاء نتائج غير دقيقة للبحث، كأن تتضمن الإجابة مئات من الصفحات التي لا تهم المستفيد في حين يتم إهمال عدد مماثل من الصفحات المهمة.

إن إنترنت المؤلفة من خليط غير متجانس من المواد المختلفة والمتباينة تبايناً كبيراً تفتقر إلى المعايير التي تسهل الفهرسة آلياً، كما أن محركات البحث - على عكس المفهرسين من البشر – تجد صعوبة في تحديد خصائص الوثيقة أو نوعها سواء أكانت شعراً أم مسرحية أم إعلاناً.

ولم تنشأ صفحات web بطريقة مناسبة تسمح للبرامج الآلية أن تستخرج بشكل موثوق ترتيب المعلومات، مثلما يمكن للمفهرس البشري أن يجده عبر معاينة خاطفة: الكاتب، تاريخ النشر، طول النص، ومحتوى الموضوع (وهذه المعلومات معروفة باسم البيانات الوصفية matadata بعض البرامج الآلية تعود بإحصاءات حول مدى تكرار الكلمات في الصفحات التي تتفحصها، وتضع جدولاً بالمواقع التي تكرر إحدى الكلمات مرتبة وفق الإحصاءات الناتجة. وذلك يؤدي إلى أن يحاول موقع ما أن يوجه الانتباه إليه من خلال تكرار كلمات معينة مرغوبة ومطلوبة من الجمهور دون أن يكون لها علاقة بمضمون صفحات الموقع. بينما يستطيع المفهرسون من البشر اكتشاف هذه الحيل الساذجة بسهولة.

ويستطيع المفهرسون من البشر وصف عناصر الصفحات الفردية من الأنواع جميعها (النصوص - الصوت - الصور - الفيديو) كما يستطيعون توضيح كيفية توافق هذه الأجزاء مع بعضها بعضاً ضمن قاعدة معطيات متجانسة.

ولذلك يتجه البحث العلمي اليوم نحو حل بعض مشكلات مناهج

التصنيف الآلي، وخاصة من خلال ضرورة إلحاق البيانات الوصفية Metadata بالملفات جميعها، هكذا تستطيع برامج الفهرسة أن تجمع هذه المعلومات وتجدد اتجاه البحث. وأكثر المحاولات تقدماً في هذا المجال يقدمها برنامج (دبلن للبيانات الوصفية Metadata Dublin Core) ويتراوح تصنيف البيانات الوصفية من العنوان أو الكاتب إلى نوع الوثيقة (نص أو فيديو)

أهمية النظم الرقمية في تطوير خدمات المكتبات ومرافق المعلومات

يرى المختصون عدة مزايا للنظم الحديثة في المكتبات ومرافق المعلومات نوجزها فيما يلي:

النفاذ إلى المعلومات عن بعد

إن إنشاء فهارس وكشافات رقمية للمواد المكتبية أو تحويل المواد المكتبية والوثائقية إلى الشكل الرقمي، يسمح للمستفيدين بالاطلاع عليها من أماكن عملهم أو منازلهم، كما يمكن لعدد كبير من الأشخاص الاطلاع على الكتاب أو الدورية أو الوثيقة نفسها في الوقت نفسه، لأن الأنظمة الرقمية متعددة المستخدمين، مما يوسع من نطاق الفائدة، فهي غير محصورة بالمكان فلا ضرورة للحضور إلى مبنى المكتبة للاطلاع على المعلومات المطلوبة كما أنها غير محصورة بالزمان إذ أن مواقع المكتبات على الإنترنت تعمل طوال ساعات الليل والنهار وطوال أيام السنة دون توقف، كما أن هذه الخدمة غير محدودة بشخص واحد أو عدد من الأشخاص على عدد النسخ الورقية المتوفرة، إذ يمكن لمئات الأشخاص أن يطلعوا على صفحة واحدة في الوقت نفسه عبر الإنترنت.

سرعة الاسترجاع وسهولة الاستخدام

عندما تحول الفهارس والكشافات أو المواد المكتبية والوثائقية إلى الشكل الرقمي يمكن للمرء استرجاعها بثوان بدلاً من عدة دقائق، كما أن ذلك سيخفف العبء عن أمناء المكتبة الذين سيهتمون فقط برواد المكتبة في مقرها، بينما الثقل الأساسي للخدمات يقدم آلياً عبر الإنترنت، وهكذا سيستطيع القائمون على المكتبة أن يتفرغوا أكثر لعمليات التصنيف والفهرسة بدقة تسمح باسترجاع المواد المكتبية بسهولة.

سهولة استرجاع المعلومات وفقاً للموضوع

تتميز النظم الرقمية بسهولة كبيرة في الاسترجاع وفقاً للموضوع إذ أن المعلومات تكون مصنفة هرمياً وينتقل المستفيد خطوة فخطوة حتى يصل إلى الموضوع المطلوب، كما أنه يستطيع الاستعانة بمحركات البحث للوصول إلى الموضوع المطلوب.

ولا يهم إن كان الكتاب المطلوب رقمياً أم ورقياً، فيكفي أن يكون موضوعاً على قائمة المكتبة مع محددات التصنيف أو الكلمات المفتاحية إضافة إلى مستخلص عن الكتاب، إذ تستطيع محركات البحث أن تساعد المستفيد في العثور على المواد المطلوبة ضمن قوائم قد تضم ملايين الكتب، وقد تقع محركات البحث في أخطاء ملحوظة أحياناً إلا أنها تشكل حتماً طريقة فعالة، عندما يكون البحث المطلوب في قوائم تضم ملايين التسجيلات الببليوغرافية.

سهولة البحث

تتيح النظم الرقمية سهولة البحث في مجموعات المكتبات، حيث يمكن للجمهور أن ينفذ من بعد (أو من داخل قاعات المطالعة في مقر المكتبة)، إلى قوائم

مجموعة المكتبة، ويستطيع أن يصور أو يستعير مقالات أو أجزاء من الكتب المتاحة مجاناً، أو المأجورة إذا كان مشتركاً في المكتبة.

استخدام فعال:

تتيح النظم الرقمية إمكانية الاستخدام الفعال للمصادر المكتبية، حيث توفر إمكانية تخزين واسترجاع مقدار هائل من المعطيات يمكن إظهاره بسرعة وسهولة.

قواعد معطيات أخرى

توفر مكتبة جامعة كرنفلد إمكانية النفاذ إلى قواعد معطيات أخرى تتضمن مجلات إلكترونية وأخبار وأدوات بحث عن براءات الاختراع على الإنترنت.

وإضافة إلى هذه الخدمات والمعلومات، تصدر المكتبة نشرة نصف شهرية لتحليل مضمون المقالات المأخوذة من المجلات المتخصصة وفقاً للطبيعة الخاصة لكل مشترك واهتماماته، ويمكن للأكاديميين والباحثين أن يشتركوا مجاناً بهذه الخدمة.

ويمكن لمستخدمي المكتبة أن يشتركوا أيضاً في نشرة دورية تتضمن مختارات من المعلومات المنشورة على الإنترنت، وهو بحث حاسوبي في قواعد المعطيات المتخصصة الفورية، وقد بني البحث على أساس الاهتمام الشخصي للمشترك، وترسل النشرة بالبريد بشكل دوري وذلك مقابل أجر شهري محدد.

التغذية الراجعة من المستخدمين :

هدف إنشاء المكتبة هو خدمة الطلبة والباحثين والأكاديميين، ولذلك عندما ترغب المكتبة بتطوير مجموعاتها أو توسيع مصادرها فإنها تنجز هذه المهمة وفقاً

لطلبات المستفيدين، ويمكن للمستخدمين أن يمرروا معلومات عن متطلباتهم إلى المكتبة 3.3.1
- النظم الرقمية في المكتبات الوطنية.

المكتبة البريطانية كمثال:

قد يخطر ببالنا عندما نفكر بمكتبة عريقة كالمكتبة البريطانية أن إدارتها قد تستبعد التحول إلى النظم الرقمية لعدة أسباب أهمها حجم الجهد الهائل المطلوب لإنجاز هذا العمل، وهو جهد يتعاظم بمقدار حجم المخزون الهائل لهذه المكتبة، كما أن حجم الخدمات المطلوبة لعدد كبير من المستفيدين ذوي التوجهات المختلفة يزيد من تعقيد هذا التحول، إضافة إلى ذلك لا ننسى مقاومة المؤسسات العريقة ذات التقاليد الإدارية والعلمية القديمة، وهي مقاومة طبيعية لكل تغيير في الحياة والإدارة والمجتمع، إلا أن المؤسسات العريقة الناجحة في عملها لديها سبب إضافي لمقاومة التغيير، وهو النجاح الذي حققته وسير عملها بانتظام ودقة مما يجعل الإدارة راضية عن وضعها ولا ترغب بتغييره.

ورغم كل تلك الأسباب التي قد تعوق التحول إلى النظم الرقمية، فإن المكتبات العريقة في البلدان المتقدمة تشكل طليعة حقيقية لاختبار أشكال خدمات المعلومات الحديثة وتطويرها المستمر.

ونستطيع أن نلمس حجم التغيرات التي طرأت على أساليب عمل المكتبة البريطانية من خلال زيارة موقعها على الإنترنت، وكذلك حجم التطوير، حيث نجد أن المكتبة وضعت شعاراً لنفسها هو التالي: "نطمح إلى تقديم خدمات مصادر المعلومات الطليعية في العالم للبحث التعليمي والإبداع".

وفيما يلي أهم الخدمات التي تقدمها المكتبة:

خدمة المكتبة البريطانية للمعلومات المؤتمتة

وهي خدمة توفر النفاذ إلى 21 قاعدة معطيات تتضمن 19 مليون تسجيلة ببليوغرافية، وهي أيضاً خدمة لاسترجاع المعلومات المتوفرة على الإنترنت حيث تتضمن نفاذاً إلى واجهة ذات سمات شخصية تتطابق مع توجهات المستخدمUser-Friendly interface ، تساعد المستخدم في العثور على المعلومات المناسبة له عبر الإنترنت.

كما توفر خدمة BLAISE اتصالاً مباشر مع مركز المكتبة البريطانية للتزويد بالوثائق، وهو المركز الأول في العالم في مجال التزويد الوثائقي، ويسمح للمستخدم بطلب وثائق منفردة بسرعة وسهولة.

الدوريات الحديثة

هذه الخدمة تسمح للمستفيد بالبحث في مركز التزويد الوثائقي عن ملف الدوريات الحديثة التي تم استلامها، ويتضمن هذا الملف عناوين أكثر من 60.000 من الدوريات الحديثة التي استلمها مركز التزويد الوثائقي في المكتبة البريطانية، (BLDSC)، ومركز العلوم والتكنولوجيا والأعمال.

طلب الوثائق

هذه الخدمة تسمح للمستفيد بطلب نسخ مصورة عن المقالات، أو طلب إعارة كتب أو دوريات من مركز التزويد بالوثائق في المكتبة البريطانية(BLDSC) ، وذلك عبر صفحات الإنترنت في المكتبة.

مكتبة الصحف في المكتبة البريطانية

إنها مجموعة الأرشيف الوطني للصحف في المملكة المتحدة للصحف البريطانية والعالمية، وتعد هذه الخدمة أكبر وأكمل خدمة وطنية للصحف في العالم.

ويمكن الحصول على نسخ مطبوعة أو ميكروفيلم من هذه الصحف كما يمكن الحصول على نسخ CD-ROM من صور هذه الصحف وذلك في قاعات المطالعة.

وتتضمن هذه المجموعة: الصحف البريطانية والايرلندية والعالمية والمصغرات الفلمية ومجلات الكرتون والصحافة الهولندية والألمانية السرية (1945-1940) أما بالنسبة لما هو متاح على الإنترنت من هذه الصحف، فتتيح المكتبة دليلاً موضوعيا وزمنياً على أساس الصحف أو الأخبار، كما يتيح موقع الإنترنت للمكتبة الاطلاع على صحف لندن الوطنية والصحف الاسكتلندية والايرلندية والإنكليزية والاسلندية وصحف أخرى عبر العالم.

خدمات القسم الشرقي والهند في المكتبة البريطانية

لا تشترط المكتبة وجود إذن خاص للاطلاع على المواد والمصادر المتاحة في القسم الشرقي بهدف الدراسة أو البحث أو لخدمة أغراض العمل، إذ يكفي أن يحمل المستفيد بطاقة مرور قراء المكتبة لكي يدخل إلى قاعات المطالعة في القسم الشرقي، حيث يمكن للمستفيد أن يطلع على الوثائق أو أن يستخدم قارئ الميكروفيلم أو حواسيب محمولة، ويمكن له أن يبحث عن المصادر المناسبة في مكتب الاستفسار عن المراجع، حيث يمكن النفاذ إلى قوائم الكتب أو الوثائق أو المخطوطات، وتسجيلات القسم الهندي للميكروفيش والميكروفيلم. كما تتيح المكتبة خدمة ذاتية مأجورة للحصول على نسخ مصورة من الوثائق سواء كان الأصل ورقياً أم كان ميكروفيلم، إلا أن هنالك بعض القيود على نسخ بعض نماذج المواد.

وأخيراً تتيح المكتبة مجاناً إمكانية استخدام الحواسيب المحمولة ووصلها بشبكة المكتبة للمساعدة في البحث.

خدمات استخدام مكتبة الخرائط عن بعد

يمكن طلب إعادة طباعة الخرائط الأصلية، وذلك وفقاً لقائمة أسعار مع كافة التفاصيل، ويمكن الإفادة منها لملء استمارة الطلب، كما تتيح المكتبة للمستفيدين الاطلاع عن بعد على القوائم المؤتمتة للخرائط المطبوعة (1967) وملحق القوائم (1977)، كما أصدرت المكتبة قرص CD-ROM يتضمن القائمة المؤتمتة للخرائط.

خدمات مجموعات المخطوطات

عندما تأسس المتحف البريطاني عام 1733 ضم بين موجوداته مجموعات منفصلة من المخطوطات، وفي عام 1973 تأسست مكتبة المتحف البريطاني وانضمت المخطوطات الموجودة فيه إلى المكتبة البريطانية وقد تجاوز عدد المخطوطات الموجودة اليوم لدى المكتبة 300.000 مخطوطة. ومن أهم المخطوطات الموجودة نسختين من النسخ الأصلية الأربع للوثيقة العظمى - الماغنا كارتا Magna Carta عام 1215، كما أن هنالك أربع نسخ من أصل ست نسخ للمخطوطات الأصلية لـ " التاريخ الأنجلو سكسوني " من القرن الحادي عشر، وإحدى النسخ الباقية من مخطوطة من القرن الثامن حول: (تاريخ بيدي للكنيسة والشعب الإنكليزي)، وهنالك مجموعات ضخمة من أوراق رجال الدولة ورؤساء الوزارات (وخاصة غلادستون وبلفور) ومن أوراق الدبلوماسيون وضباط العسكريين

وتعد المكتبة البريطانية المخزن الوطني للمخطوطات والأوراق الخاصة والأرشيفية لمعظم اللغات الأوروبية الغربية، وتضم في مجموعاتها وثائق ذات

أهمية بحثية كبرى لجميع الحقبات التاريخية والدول والأنظمة، تغطي فترات زمنية طويلة تمتد من القرن الثالث قبل الميلاد وحتى الأزمنة الحديثة.

وثمة أوراق عملية لباحثين في الطب ومستكشفين قد تكون مفيدة لدراسة التاريخ الوطني البريطاني.

وثمة إمكانية لزوار قاعات المطالعة لمجموعات المخطوطات أن يستخدموا الحاسب الآلي أو قارئ الميكروفيلم والمكروفيش أو جهاز إسقاط أو مصابيح فوق البنفسجية وكابلات ألياف ضوئية أو مجهر أو صناديق ضوئية أو القارئ بالأشعة تحت الحمراء أما بالنسبة للمستفيدين الذين ينفذون عن بعد فإنهم يستطيعون أن يبحثوا في قوائم المخطوطات وأن يسجلوا طلباتهم من الوثائق التي يمكن أن تصل إلى ست مخطوطات.

المجموعة الشرقية والهند

تضم المجموعة الشرقية 65.000 مخطوطة و 900.000 كتاباً مطبوعاً باللغات الشرقية، وحوالي 120.000 مجلداً من الصحف والدوريات الشرقية، وهذه المجموعة تغطي 350 لغة أو مجموعة لغات، بدءاً من اللغة الصينية التي يتحدث بها سدس سكان العالم، وانتهاء بلغات غينيا الجديدة التي يتحدث بها مئات من الناس فقط.

مجموعة الصحف:

هذه المجموعة تضم أكثر من 650.000 مجلداً موضوعة على 32 كيلومتراً من الرفوف، كما تضم أكثر من 320.000 شريطاً ميكروفلمياً مرتبة على 13 كيلو متراً من الرفوف وعموماً تشغل الموجودات الإجمالية لمجموعة الصحف أكثر من 45 كيلومتراً من الرفوف.

وتتألف مجموعة الصحف من 2650 عنواناً من عناوين الصحف والدوريات الصادرة في المملكة المتحدة واسكتلندا وايرلندا وهو ما يعادل 80% من الإصدارات المجانية، حيث أن المكتبة لا تحتفظ بالمجلات والصحف ذات الطابع الإعلاني

وإضافة إلى ذلك تستلم المكتبة أكثر من 3000 عنواناً من الصحف من جميع أنحاء العالم ومعظم الصحف مقتناة بشكلها الميكروفيلمي إضافة إلى شكلها الورقي.

وتجدر الإشارة أخيراً إلى المجموعة الأجنبية للخدمة الصحفية (1945-1939) التي تتضمن 2300 صندوقاً من الصحافة المنتقاة خلال الحرب العالمية الثانية لإعطاء صورة حقيقية عن العمل الصحفي خلال الحرب العالمية الثانية في البلدان الأخرى

المعارض:

تقام المعارض في صالات المعارض في المكتبة البريطانية، ويمكن مشاهدة المعرض في هذه الصالات، كما يمكن الاطلاع على أهم المعروضات عبر الإنترنت، وعند الاطلاع على الموقع كان آخر معرض موجود هو معرض (1000 عام من الأدب الإنكليزي) ويمكن للمستفيد الاطلاع على المعارض السابقة أيضاً مثل معرض (فن الطوابع البريدية في ألف عام 1999/8/1 - 2000/1/18 ، ويعرض موقع المكتبة البريطانية على الإنترنت معلومات عن المعارض السابقة مثل: (المجال الأسطوري – الأرض والفردوس – جون إيفلن – مجموعة هاستينغز – هورتس استتنسيس – جون كيتس – هنري برسل)

برامج المكتبة الرقمية

هو برنامج يمكن الاطلاع عليه عن بعد، ويهدف إلى تحويل الكنوز التراثية الوطنية إلى الشكل الرقمي وتقديمها إلى المستفيد عن بعد كصورة وكنص كامل

محرر يمكن البحث فيه. ومن أهم الوثائق الموضوعة في المكتبة الرقمية: بيوولف -الوثيقة العظمى - Magna Carta كراس ملاحظات ليوناردو دافنشي – حكمة الألماس – 42 سطراً من الإنجيل كما طبعها غوتنبرغ.

كما يمكن للمستفيد الاطلاع على (مبادرات من أجل النفاذ – ومكانز التحول إلى الرقمية

وثائق ومحاضرات المؤتمرات

توفر المكتبة إمكانية النفاذ إلى محاضر ووثائق أكثر من 15.000 مؤتمراً، ويمكن لأي مهتم أن يطلع على المؤتمرات التي تقع ضمن دائرة اهتمامه، وأن يتابع تحديثها حتى اليوم.

مركز العلوم والتكنولوجيا والأعمال:

يوفر المركز خدمة النفاذ إلى:

- مجموعات العلوم والتكنولوجيا والأعمال.
- قوائم (شركات المعلومات – إنتاج المعلومات).
- خدمات المعلومات حول (الأعمال - العناية الصحية – البيئة – السياسة الاجتماعية – العلوم والتكنولوجيا.
- الإصدارات.
- التدريب.

مركز التزويد الوثائقي (DSC)

يتيح النفاذ إلى جميع قوائم وأدلة المكتبة المذكورة سابقاً، وهي قوائم عن موجودات المكتبة (السلاسل – الكتب – الدوريات – الميكروفيلم – المكروفيش

– أقراص – CD-ROM المؤتمرات – البحث في المجموعات الصغرية – الموسيقى – الإصدارات الرسمية - التقارير – روسيا وأوروبة الشرقية – الأطروحات – الترجمات ... الخ

لا يمكن الإحاطة هنا بكل الخدمات التي تقدمها المكتبة البريطانية عبر الإنترنت، إذ أن ذلك قد يكون موضوع دراسة معمقة وموسعة ولا يمكن الإحاطة بها في مثل هذه العجالة، وإنما اكتفينا بالإشارة إلى أهم الخدمات التي تقدمها المكتبة.

مكتبة الإسكندرية:

الخدمات المكتبية المتطورة في البلدان العربية :

استطاعت الحكومة المصرية بالتعاون مع منظمة اليونسكو أن تعيد تأسيس مكتبة الإسكندرية المعروفة في التاريخ القديم، والتي كانت مركزاً للإشعاع الثقافي في العالم القديم. وقد بنيت مكتبة الإسكندرية الجديدة على شكل قرص مائل يغور طرفه في الأرض، وكأنه قرص الشمس يتأهب للإشراق من موقع المكتبة كي يملأ العالم بنور الثقافة والمعرفة.

ولا نستطيع مقارنة خدمات المكتبة الحديثة في الإسكندرية بخدمات مكتبات عريقة معروفة بمخزونها الهائل وخبراتها العميقة والمستمرة إلا أننا ننظر بتفاؤل كبير إلى أن مكتبة الإسكندرية ومكتبات عربية أخرى هامة ستصل إلى مستويات المكتبات العصرية العالمية، ونستعرض فيما يلي بعض الأرقام التي حققتها مكتبة الإسكندرية والتي تعطينا مؤشرات هامة جداً للآفاق المفتوحة أمام حركة تطوير هذه المكتبة وإغنائها بالمصادر والمراجع الحديثة.

- بنيت المكتبة على مساحة تبلغ 45.000 متراً مربعاً.
- مساحة البناء الطابقي الإجمالي 80.000 متراً مربعاً.
- عدد طوابق المكتبة 13 طابقاً.
- التطبيقات الإلكترونية: 30 قاعدة معطيات.
- عدد المقاعد 3500 مقعداً.
- 4 - 8 مليون مجلد.
- 50.000 خارطة.
- 100.000- مخطوطة
- 200.000 قرص وشريط.
- 50.000 شريط فيديو.
- المواد الإلكترونية: 100 عنوان.
- 50.000 جهاز صوتي أو مرئي أو حاسوبي.
- المواد الموسيقية: 200.000 اسطوانة وشريط.
- العاملون في المكتبة: 578 موظفاً وعاملاً ومتخصصاً

يتضمن مبنى المكتبة أيضاً مركزاً للمؤتمرات، بثلاث قاعات (3200 مقعداً) ومتحفاً للعلوم، ومعهداً لدراسات المعلومات، ومتحفاً ومعهداً لفن الخط، ومخبراً للتخزين والحفظ

ولقد تكلف المشروع بأكمله 182 مليوناً من الدولارات، دون حساب ثمن الأرض فقد تكلف مشروع بناء المكتبة 121 مليوناً، وتكلفت التجهيزات 20 مليوناً، وتكلفت المجموعات المصدرية والكتب 31 مليوناً من الدولارات، أما كلفة بناء مركز المؤتمرات وملحقاته فبلغت 10 مليون دولاراً.

وتجدر بنا الإشارة إلى أن موقع مكتبة الإسكندرية على الإنترنت يسمح

بالقيام بجولة افتراضية ضمن مبنى المكتبة ويتيح إمكانية الاطلاع على الخدمات المتوفرة.

وأخيراً لابد أن نستعرض أهداف مكتبة الإسكندرية، وهي:

- إحياء مكتبة الإسكندرية القديمة.
- إنشاء مركز للثقافة العالمية وللعلوم والبحث الأكاديمي.
- تهدف المكتبة إلى تزويد الباحثين الأكاديميين في المجتمع الوطني والمجتمعات العالمية بمصادر أصلية للمعلومات حول الإسكندرية ومصر والحضارات القديمة والوسيطة وأنظمتها السياسية.
- تزويد الباحثين بمجموعات تكنولوجية وعلمية قيمة وبمصادر ومراجع موثوقة.
- دعم التطورات الاجتماعية والاقتصادية والثقافية في مصر والمنطقة العربية وحوض البحر المتوسط.

خدمات المعلومات الإلكترونية

يمكن تعريف خدمات المعلومات الإلكترونية بأنها: "ناتج التفاعل بين الموارد البشرية والمادية لكيانات بث المعلومات، والتي يمكن لمرافق المعلومات إتاحتها بصورة منهجية ميسرة، حال توافر الموارد البشرية والمادية المساعدة".

ومن الملاحظ أن التعريف السابق يشمل عناصر كثيرة هي:

1- ناتج التفاعل بين الموارد البشرية والمادية: أي محصلة التفاعل بين العقل البشري وتقنية المعلومات. التي تقع في ثلاث فئات:

أ - تقنيات إنتاج أوعية المعلومات على اختلاف أشكالها.

ب-   تقنيات تجهيز أوعية المعلومات واختزانها واسترجاعها.

ج-   تقنيات الاتصال وبث المعلومات.

2-   كيانات بث المعلومات: ويقصد بها هنا مقدمو خدمات المعلومات الإلكترونية الذين قد يكونون مجرد أفراد فقط، وقد يجاوزون المدى فيصلون إلى مؤسسات عملاقة تمثل حكومات بأكملها، أو منظمات متعددة الجنسيات.

3-   الإتاحة بصورة منهجية: ويقصد بها العمليات التي تقوم عليها المكتبة، بهدف تيسير الإفادة من الخدمات المقدمة.

4-   الموارد البشرية والمادية: ويقصد بها العنصر البشري المدرب، إضافة للحاسبات ووسائط التخزين، والاتصالات.

ونظراً للأهمية الكبرى لصناعة خدمات المعلومات الإلكترونية على المستوى العملي، وندرة الدراسات حولها على المستوى النظري. ونظراً لأن خدمات المعلومات الإلكترونية هي الأساس الموضوعي الذي سيتم تطبيق منهج إدارة الجودة الشاملة عليه، فقد خصص الباحث الفصل الحالي لها، وسيتم فيه استعراض ما يلي:

أولا - سمات خدمات المعلومات الإلكترونية:

نظراً لأهمية تعرف طبيعة هذه الخدمات، وجد الباحث أنه من الضرورة التعريف بخصائصها وسماتها المميزة عن قرب، والتي من بينها: عدم الملموسية وسهولة الاستخدام واتساع مزيجها التسويقي... إلخ.

سمات خدما ت المعلومات الإلكترونية:

لم تعد المعلومات مادة للبحث العلمي فقط، أو مادة التعليم بمراحله، والتدريب وتأهيل العاملين، وإستراتيجيات القيادة والإدارة، وعناصر المنافسة في

الإنتاج، وخطط التسويق والإعلان وإستراتيجيات تقديم الخدمات. بل أضحت مقياس الفعالية لكل هذا وغيره. فلا عجب إذن أن تمثل تقنية المعلومات المرتكز الإستراتيجي في خطط البناء والتنمية وأن تصبح آلياتها وواسطة عقدها - خدمات المعلومات الإلكترونية- مادة مشروعات الاستثمار الحيوية، بما تمثله من إمكانات هائلة، وطفرات متتابعة كماً ونوعاً، مما أدى إلى تنوع سماتها وخصائصها. وهذا ما سنحاول الوقوف على بعض منه فيما يلي:

عدم الملموسية Intangible:

تعتبر خدمات المعلومات الإلكترونية أداءً Performance وليست أشياء ملموسة؛ إذ لا يمكن رؤيتها أو تذوقها، أو لمسها، وبالتالي يتلازم إنتاجها مع الانتفاع بها، إذ أن خدما ت المعلومات الإلكترونية التي تقدمها المكتبة في الأصل مجموعة من الأفكار، التي خططت وصممت، ونفذت لإنجاز هدف محدد، وليست سلعة مادية؛ فهي إذن لا ترى، ولكن ترى نتائجها (في صورة معلومات معروضة) والخدمات لا تلمس، ولكن تلمس نتائجها (في صورة وسيط مادي ملموس).

ومن هنا فعملاء خدمات المعلومات الإلكترونية، ينبغي أن يكونوا على وعي تام بماهية هذه الخدمات، وما يمكن أن تقدمه لهم من منافع. وبالتالي تؤثر هذه الصفة (عدم الملموسية) على برامج ترويج خدما ت المعلومات الإلكترونية وتوزيعها، كما تؤدي لعدم إمكانية الحكم على جودة الخدمة إلا بعد الانتفاع بها.

التكلفة Cost

بالرغم من أن كثيرًا من خدما ت المعلومات الإلكترونية تقدم بمقابل مادي، إلا أن هذا المقابل يتضاءل مقارنة بالحصول على ناتج الخدمة نفسها بالطرق

التقليدية. وقد ساعد هذا على تقديم كثير من المؤسسات الأكاديمية والحكومية لخدمات المعلومات الإلكترونية ومصادرها دون مقابل تقريباً وتؤكد هذه المجانية في الخدمات المقدمة وتوفير الوقت والجهد للعملاء فعالية تكلفة تقنية المعلومات، وذلك في ظل انتشار الإنترنت المجاني (المقدم بمقابل مادي بسيط) في كثير من دول العالم.

التنوع:

اعتادت المؤسسات أن تتخصص في خدمة واحدة، أو أكثر قليلاً، إلا أن الأمر يختلف فيما يتعلق بخدمات المعلومات الإلكترونية، التي تزداد وتتنوع بصورة مستمرة، خاصة في ظل انتشار الإنترنت، ومصادر المعلومات الإلكترونية، إضافة لتباين رغبات العملاء، مما أدى إلى ظهور كثير من خدما ت المعلومات الإلكترونية، لذلك أصبحت صناعة صعبة التسويق؛ إذ أنها تحتاج إلى برامج تسويقية متعددة لتناسب جميع العملاء.

المزيج التسويقي الموسع:

بالرغم من أنه يسهل تطبيق المزيج التسويقي Marketing Mix التقليدي، بعناصره الأربعة المعروفة بالاختصار s , (Four P) وهي:

- المنتج Product: وهو هنا خدمات المعلومات الإلكترونية التي تقدمها المكتبة.
- السعر Price: وهو القيمة معبراً عنها بوحدات نقدية، ويمكن أن يكون هنا، الاشتراكات التي يدفعها العملاء دورياً في المكتبة، أو كمقابل لخدمة بعينها.
- الترويج Promotion: وهو السياسات الإعلامية التي تقوم بها المكتبة، بهدف تسويقها لذاتها كالنشرات الإعلامية وأنشطتها الاجتماعية والعلمية والثقافية

... إلخ والملصقات الجدارية والكتيبات والمؤتمرات والاجتماعات والندوات الدورية والاتصال بوسائل الإعلام العامة بشتى صورها بهدف التعريف بالمكتبة وأنشطتها المختلفة.

• المكان Place أو التوزيع Distribution: وهو بيئة المكتبة التي تقدم فيها الخدمة بمختلف إمكاناتها وتجهيزاتها.

إلا أن الباحث يؤيد الرأي الذي ينادي بعدم كفاية هذه العناصر في مجال الخدمات عموماً - ومن بينها خدمات المعلومات الإلكترونية -؛ حيث يمكن إنتاج الخدمات وبثها والانتفاع بها في وقت واحد، وبحضور العملاء. ومن هنا فإن العنصر البشري والظروف الفيزيقية (القابلة للتحكم فيها) والبيئة المادية تؤدي دوراً مهماً في تسويق الخدمات، وبالتالي فقد قام بعض الباحثين مثل برنارده. بومز وماري ج... بتنر بتوسيع المزيج التسويقي في مجال الخدمات، بإضافة ثلاثة عناصر للمزيج التسويقي التقليدي، يمكن الأخذ بها - بعد تطويعها - في خدمات المعلومات الإلكترونية. وتتمثل فيما يلي:

أ - **الدليل المادي**: يقصد بالدليل المادي بيئة المكتبة والتسهيلات المادية والظروف الفيزيقية، التي تعكس الجو المحيط داخل المكتبة، المتمثل في إدراك العميل للتصميمات الداخلية والخارجية والديكور ودرجتي الحرارة والرطوبة والروائح والضوضاء... إلخ، بما يبرز أهمية الجو العام المحيط كأداة تنافسية تسويقية في مجال الخدمات.

ب - **العاملون في المكتبة**: للعاملين في المكتبة دور أساس في البناء المعرفي للمكتبة لدى العملاء؛ إذ أنهم يمثلون أهم عناصر الترويج الداخلي Internal Promotion من خلال تعاملهم المباشر مع العملاء، خاصة من خلال الكلمة

المنطوقة Word-of-Mouth بين العاملين والعملاء، والتي تؤدي دوراً بارزاً يفوق دور الإعلان في مجال الخدمات.

ج- **طريقة تقديم الخدمة:** ويقصد بها منهجية تدفق الأنشطة والإجراءات اللازمة لتقديم الخدمة؛ فالمزيج التسويقي في مجال الخدمات عموماً لا ينبغي أن يتسم بالثبات، فالمزيج الذي يناسب خدمة ما، قد لا يناسب أخرى، بل قد لا يناسب الخدمة عينها في وقت لاحق

وهذا يعني حتمية القياس والتقييم المستمر للمزيج التسويقي لخدمات المعلومات الإلكترونية، واتخاذ القرار اللازم بشأن تعديل عناصره - حذفاً أو إضافة- وفقا لطبيعة كل خدمة وظروفها الخاصة، بهدف التوافق مع متطلبات العملاء الحاليين والمرتقبين.

والغريب أن معظم الباحثين العرب، سواء المتخصصين في مجال إدارة الأعمال أو في التخصصات الأخرى - ومن بينها مجال المكتبات والمعلومات - لم يتعرض لهذا المزيج تطبيقياً، ولو بهدف الدراسة الاستكشافية، بالرغم من أهميته الخاصة.

سهولة الاستخدام / التعامل:

تمتاز خدمات المعلومات الإلكترونية بسهولة استخدامها والانتفاع بها، خاصة في ظل تطور تقنية المعلومات والبرمجيات الحديثة، كما يسمح توافر كثير من البيانات الإحصائية على مصادر المعلومات الإلكترونية - خاصة على شبكة الإنترنت - للباحثين والعملاء الحصول على البيانات من مواقع بعيدة، وتحليلها بأسلوب تفاعلي، لا يقتصر على الوضع المحلي، بل يمتد إلى مساحات جغرافية شاسعة تغطي العالم أجمع، بما يسمح لباحثي الدول النامية، الذين لا تتاح لهم فرصة الدراسة في الخارج، تعويض ذلك جزئياً من خلال حصولهم على تلك البيانات.

التحديث المستمر والتوقيت الملائم:

يعد التحديث المستمر والتوقيت الملائم من أهم خصائص خدمات المعلومات الإلكترونية. ويفسر ذلك بالتوافر المستمر المحدث للخدمات في الوقت المناسب، بهدف الإفادة في اتخاذ القرارات، تمتاز خدمات المعلومات الإلكترونية المقدمة عبر شبكة الإنترنت بالتحديث المتواتر والمستمر لها، الذي قد يكون على مدار الساعة والذي يمكن من الوصول للأحداث الدولية بصورة سريعة للغاية، ومن أهم سماتها أيضاً استمرارية الإتاحة، في الوقت الذي تقل فيه مرات تحديث الخدمات المتاحة عبر الوسائط الإلكترونية الأخرى؛ لتكون يومياً أو أسبوعياً أو شهرياً.

الحاجة إلى نوعية خاصة من العاملين:

تحتاج خدمات المعلومات الإلكترونية إلى نوعية خاصة من المهارات البشرية، لا تتوافر إلا في قلة من العاملين، وهي لا تكمن فقط في الإمكانات العالية في التعامل مع تقنية المعلومات، ولكن في سرعة الأداء والبديهة والثقافة العالية والثقة بالنفس، مع حتمية توفير قدر كبير من الأمانة والدقة. وترجع أهمية العنصر البشري - وكما أسلفنا - لأهميته الخاصة في خلق الصورة الذهنية لدى العملاء عن المكتبة وخدماتها، وبما يؤكد ضرورة التدريب الدائم للعاملين وقياس أدائهم باستمرار.

ديناميكية الطلب:

يتسم التعامل مع خدمات المعلومات الإلكترونية بالتذبذب صعوداً وهبوطاً والتقلب وعدم الثبات، وقد يؤدي ذلك لظهور مشكلة تنتج عن ارتفاع مفاجئ في إقبال العملاء على خدمة بعينها، مثل إقبال البعض على خدمة النقاط الإلكترونية E-Points في بعض المناسبات الوطنية أو الدينية أو الأحداث التاريخية، ويمكن

للمكتبة التغلب على هذه المشكلة من خلال التنبؤ بهذه الطفرات في الطلب، كما يمكنها تصميم سياسات تسعيرية مرنة لإيجاد نوع من التوازن بين الطلب واستيعاب الخدمة من خلال سياسات الحسم Discount، أو السعر التمييزي لتنشيط الطلب في أوقات انخفاض إقبال العملاء، أو التأجيل المؤقت لبعض الطلبات في فترات الذروة إلى فترات انخفاض الطلب.

عدم التجانس (التغايرية):

تعبر هذه الخاصية عن اختلاف مستوى أداء خدمات المعلومات الإلكترونية باختلاف مقدمها. واختلاف هذا المستوى من وقت لآخر للشخص ذاته (مقدم الخدمة). ويترتب على هذا عدم القدرة على تقديم مستوى متماثل للجودة.

مساهمة العميل في إنتاج الخدمة:

تعتبر هذه الخاصية أساسية، حيث لا يمكن أداء خدمات المعلومات الإلكترونية بكفاءة دون توافرها. وكمثال على هذا عدم إمكانية توفير خدمة التكثيف الإلكتروني أو الإعارة الإلكترونية أو الملاح الإلكترونية... إلخ بكفاءة، دون توفير العميل للبيانات والموضوعات المطلوب خدمته فيها. ويعني هذا أن المكتبة التي تتيح خدمات المعلومات الإلكترونية لا تنفرد وحدها بإنتاج خدماتها، كما هو الحال بالنسبة لمؤسسات إنتاج السلع المادية، وإنما يؤدي العميل دوراً رئيساً في هذا الإطار.

وقد أدت الخصائص السابقة إلى صعوبة قياس جودة خدمات المعلومات الإلكترونية؛ فالقياس لا يقتصر على الناتج النهائي للخدمة المقدمة، وإنما يتضمن أيضاً العمليات السابقة عليها وعملية حصول العميل على الخدمة. يضاف إلى هذا أن طبيعة خدمات المعلومات الإلكترونية تتطلب مزيجاً تسويقياً خاصاً لا

تقف حدوده عند المزيج التسويقي التقليدي، ولكنها تحتاج لمزيج تسويقي موسع، بما يضيف مشكلة جديدة تحتاج إلى إستراتيجية محددة للتغلب عليها.

أنواع خدمات المعلومات الإلكترونية:

يحيا العالم في الفترة الراهنة ثورة متنامية في مجال المعلوماتية ذات أبعاد تتجاوز في عمق وشمولية تأثيرها ما أحدثته الثورة الصناعية، ويرى البعض أن التطورات الجذرية التي تحدث في مجال صناعة المعلومات بمؤسساتها المختلفة، توفر معطيات لم يشهدها متخذ القرار من قبل.

فقد تضافرت منظومة تقنية المعلومات بأضلاعها الثلاثة،الإنتاج والتجهيز والاتصال - بعد تطويعها من قبل العقل البشري - لتنتج صناعة أجمعت كثير من الآراء على أنها أثرت تأثيرا رئيسا في اختراع يوحنا جوتنبرج، وهى صناعة خدمات المعلومات الإلكترونية التي أدت الإنترنت - كمبادرة واسعة لاسترجاع المعلومات ذات النص والسمات الفائقة - دورا بارزا في تعدد أنواعها. ويمكن تقسيم خدمات المعلومات الإلكترونية إلى وجهتين؛ تميل الأولى إلى وضع الخدمات في مجموعات رئيسة، أما الثانية فتضعها في خدمات فرعية تماما كالخدمات التقليدية، إلا أنها تصبغها بالصبغة الإلكترونية، طالما كان هذا هو الشكل المقدمة فيه. ويمكن توضيح هذا فيما يلي:

أ - الخدمات الرئيسة:

ومثل هذا الاتجاه محمد الهادي؛ حيث قسم خدمات المعلومات الإلكترونية لما يلي:

• البريد الإلكتروني.

- نقل الملفات FTP.

- خدمة وبروتوكول (تلنت telnet).

- المنتديات العالمية.

- خدمات النشر وتصفح المعلومات.

ب - الخدمات الفرعية:

ومن بين الدراسات التي مثلت هذا الاتجاه ما يلي:

1- دراسة المنظمة الدولية القياسي (في تعريفها الخاص بخدمات المعلومات الإلكترونية) وقد وضعت هذه الخدمات فيما يلي:

- خدمة الفهرس المتاح للجمهور على الخط المباشر OPAC.

- خدمة الإيصال الإلكتروني للوثائق.

- خدمة صفحة المكتبة (موقع المكتبة على الشبكة الدولية).

- خدمة المصادر الإلكترونية.

- خدمة وسيلة الاتصال بالإنترنت المتاحة من خلال المكتبة.

2- دراسة طارق عباس. التي قسم خدمات المعلومات الإلكترونية فيها لما يلي:

- الإعارة الإلكترونية (عبر النت).

- الخدمات المرجعية الإلكترونية.

- البث الانتقائي الإلكتروني للمعلومات.
- الإحاطة الجارية الإلكترونية للمعلومات.
- البحث الراجع.
- الخدمات الببليوجرافية الإلكترونية.
- النقاش الإلكتروني.
- التدريب على التعامل مع الانترنت.

ويلاحظ على التوجهين السابقين ما يلي:

1- أن معظم خدمات التوجه الثاني، متضمنة في التوجه الأول؛ فخدمات مثل البث الانتقائي الإلكتروني للمعلومات والإحاطة الإلكترونية الجارية للمعلومات والخدمات الببليوجرافية يمكن أن تحتويها خدمات البريد الإلكتروني.

2- أن كلا التوجهين ركز بصورة أساسية على خدمات الإنترنت، وبالرغم من أهمية الإنترنت الكبيرة في هذا الإطار، إلا أن هناك خدمات معلومات إلكترونية لا تقل أهمية عنها مثل خدمات البحث في الأقراص المليزرة وخدمة البحث على الخط المباشر اللتين يمكن توفيرهما خارج إطار الشبكة الدولية.

ويمكن الأخذ بالتوجه الثاني في تقسيم خدمات المعلومات الإلكترونية، خاصة في ظل تعدد أنماطها وأنواعها، ويسر هذا التوجه وسهولة فهمه.

ويمكن تقسيم هذه الخدمات إلى نوعين:

- خدمات معلومات إلكترونية حديثة.
- خدمات معلومات إلكترونية مطورة.

ويمكن تناول هذا فيما يلي:

خدمات المعلومات الإلكترونية الحديثة:

هي خدمات ظهرت نتيجة للتطور التقني، وتطور نظم الاتصالات، ويمكن تناولها فيما يلي:

خدمة موقع المكتبة على شبكة الإنترنت:

ويقصد بهذه الخدمة، موقع المكتبة الذي تطلقه على الإنترنت الذي تتراوح البيانات المحملة من خلاله بين بيانات مقتضبة سريعة (تعرف بعنوان المكتبة المادي، ومديرها، وسبل الاتصال بها) إلى بيانات شاملة ومتكاملة عن المكتبة تحتوي (تعريفًا بالمكتبة من حيث النشأة والموقع (المادي) والتبعية والعاملين والأهداف، وكذا خدماتها وأنشطتها العلمية والثقافية والاجتماعية بصورة مفصلة، إضافة إلى سبل الاتصال بين المكتبة والعملاء).

ويتضح مما سبق أن هذه الخدمة تعد خدمة رئيسة باعتبارها حاضنة لبقية الخدمات المقدمة من خلال المكتبة على الشبكة.

وقد أثبتت الدراسات أن إطلاق صفحة المكتبة يؤدي إلى قلة التواجد الفيزيقي للعملاء في داخل المبنى، مع زيادة كبيرة في عدد مستخدميها عن بعد، ومن بين المكتبات الكثيرة المقدمة لهذه الخدمة:

- مكتبة مبارك العامة، على موقع: (www.mpl.org.eglarabic/help-disk.htm).
- مكتبة الإسكندرية، على موقع: (www.biblex_org/arabic/index.asp).
- إضافة إلى مكتبة دالاس العامة Dallas Public Library على موقع:

  (www.dallaslibrary.org)

خدمة التجول عبر الإنترنت:

ظهرت هذه الخدمة بعد انتشار الإنترنت، ويتم تقديمها في كثير من المكتبات بمختلف أنواعها ودرجاتها، لما تتيحه من إمكانات كبيرة، تفوق آمال العملاء في الوصول إلى مصادر المعلومات والتعليم والتجارة والترويج... إلخ. وقد تقدم الخدمة مجانًا للعاملين والعملاء، إلا أنه يكون لها اشتراطات معينة، كأن يكون

الولوج بهدف البحث العلمي فقط. وألا تتجاوز المدة المقررة زمنياً فترة محددة، أو عدم استخدام البريد الإلكتروني، أو المحادثة، كما قد يكون الولوج بمقابل مادي رمزي، ويكون الولوج في هذه الحالة أكثر تحررًا (في حدود المسموح به في أعراف المكتبة).

ويمكن استلام نتائج الأبحاث على ورق مطبوع بمقابل رمزي، أو بدون مقابل، ولكن بقدر محدد. وهناك من المكتبات من يسمح باستلام هذه النتائج على أقراص (شريطة أن يكون مصدرها المكتبة) وهناك من لا يسمح بذلك مطلقًا. وأمثلتنا على ذلك مكتبة المعادي العامة. على موقع: (www.maadilib.org.eg):

ومكتبة القاهرة الكبرى (من خلال موقع شبكة المكتبات المصرية) على موقع:

(Library.idsc.gov.eg/search/arabic/Libdetails-a.asp?id=4)

خدمة النقاش الإلكتروني:

كان للتواجد القوي للإنترنت دور بارز في ظهور مجتمعات تفاعلية واجتماعية جديدة، لم يشهد التاريخ مثيلاً لها من قبل، فقد أمكن لخدمة الإنترنت بقدراتها غير التزامنية الوصول إلى مجتمعات متفرقة ومنعزلة، وأن تصبح أداة قوية للتبادل الفكري والحضاري عالي الكثافة والمشاركة، تتعدى الحدود الوطنية، ومن هنا فقد أتاحت هذه البيئة فرصة جيدة لنشأة جماعات للنقاش الإلكتروني، أو جماعات للاهتمام المشترك في موضوعات محددة قد تكون سياسية أو علمية أو اقتصادية أو بحثية... إلخ. وقد أثبتت الدراسات أن نتائج التفاعلات بين هذه الجماعات لا تكون في الغالب نحو الأحسن فقط، بل إن هذه البيئة الافتراضية تصبح مهمة جدًا عندما يندر وجود النقاش المنهجي البناء الهادف إلى تحقيق التفاهم المشترك.

ومن هنا فقد نشأت هذه الخدمة وأتاحتها بعض المكتبات - خاصة التابعة للجمعيات المهنية - من خلال مواقعها على الشبكة الدولية. وتقدم هذه الخدمة بعض المواقع، منها موقع جمعية المكتبات الأمريكية American Library Association (ALA) من خلال موقعها: (www.ala.org).

خدمة البحث في الأقراص المدمجة:

يعتمد تقديم هذه الخدمة على امتلاك المكتبة لمجموعة كبيرة من الأسطوانات المدمجة، التي تغطي كثيرا من الموضوعات وبلغات مختلفة. وتتاح الخدمة غالبا من خلال خادم CD-Server مثبت على الشبكة المحلية للمكتبة، يتم تحديثه دوريا بإحلال الأقراص الجديدة محل القديمة، كما توضع أسماء هذه الأقراص في قائمة هجائية.

وتتيح بعض المكتبات هذه الخدمة مجاناً للعملاء من خلال تواجدهم في داخل المكتبة أو في أحد فروعها، ويمكن كذلك التعامل مع هذه القواعد عن بعد، شريطة كتابة رقم بطاقة المكتبة Library Card Information (L.C.I) والرقم الشخصي للعميل Personal Identification (P.I.N.) Number ومن بين الأمثلة المقدمة لهذه الخدمة مكتبة مبارك العامة، سبقت الإشارة إليها، إضافة إلى مركز معلومات مجلس الوزراء المصري من خلال موقعه على الشبكة الدولية:

(www.libsectoridsc.gov.eg)

خدمة الشركات:

تقوم هذه الخدمة على إتاحة الفرصة أمام أصحاب الأعمال ورعاة المؤسسات للاستفادة من المحتوى المعلوماتي للمكتبة، إضافة إلى خدماتها بمختلف صورها وأشكالها، بما يؤهل المكتبة للقيام بدور مركز المعلومات الخاص بهذه الشركة أو المؤسسة؛ فيمكن لأصحاب الأعمال في هذه الحالة طلب أي معلومة والحصول

عليها في مدة وجيزة من خلال البريد الإلكتروني أو الفاكس، كذلك تتيــح بعض المكتبــات إمكانية الاعتماد عليها في عقد المؤتمرات. وتقدم هذه الخدمة مكتبة المنظمة العربية للتنمية الإدارية، على موقع: (www.aradolibrary.org.eg)

خدمة البحث على الخط المباشر:

تعرف هذه الخدمة بأنها نظام لاسترجاع المعلومات بشكل فوري باستخدام الحاسب والطرفيات Terminals والمحولات Modems، إضافة للبرمجيات الجاهزة التي تزود العملاء بإجراءات تخزين واسترجاع قواعد البيانات المقروءة آليا.

وعادة ما تمر هذه الخدمة بمجموعة خطوات كما يلي:

1- صياغة الاستفسار

2- تقديم الاستفسار.

3- المقابلة المرجعية.

4- إعادة صياغة الاستفسار (عند اللزوم).

5- تحديد مصادر البحث.

6- وضع إستراتيجية البحث.

7- البدء في إجراء البحث.

8- استعراض النتائج الأولية.

9- إعداد نتائج البحث.

10- تقديم ناتج البحث.

وهناك كثير من الفوائد التي يمكن جنيها من وراء هذه الخدمة مثل الإحالة لمصادر المعلومات والحصول على المقالات الكاملة والإجابة على الاستفسارات وتسهيل تبادل الوثائق وتطوير الإعارة التعاونية... إلخ.

وتقدم هذه الخدمة بعض المكتبات، من بينها مكتبة الشبكة القومية للمعلومات بأكاديمية البحث العلمي المصري.

خدمات المعلومات الإلكترونية المطورة:

هي خدمات تم تطويرها عن خدمات تقليدية كانت موجودة من قبل. ويمكن تناولها فيما يلي:

خدمة الأرشيف الإلكتروني Electronic Archive Service

ظهرت هذه الخدمة نتيجة لظهور الإنترنت وتفجر المعرفة، وكان ظهورها مرتبطا أيضا بسرعة الانقراض والزوال Ephemerally الخاص بالوثائق الإلكترونية المحملة على الإنترنت، فقد تتواجد الوثائق خلال مدة معينة، ولكنها سرعان ما تتلاشى عندما تفقد المؤسسة المضيفة التمويل اللازم للبقاء، أو عندما يترك مقدمو الخدمة مؤسساتهم، أو عند غياب الحماس في جعل الوثائق القديمة متاحة. ومن هنا فقد كان من الأهمية إنشاء الأرشيفات الإلكترونية التي تقوم بمسؤولياتها في هذا الإطار واعتمادها أساليب التشفير العام والخاص ونظم التوقيع الإلكتروني لتأكيد سلامة المحتويات. وتقدم بعض المكتبات هذه الخدمة، بعرضها لأهم الوثائق والمواقع القديمة (ذات الأهمية) التي تجذب العاملين والعملاء. ومن بين المكتبات المقدمة لهذه الخدمة مكتبة الإسكندرية على موقعها الذي سبقت الإشارة إليه.

خدمة الفهرس العام المتاح للجمهور OPAC Service

تعتمد هذه الخدمة على تحميل المكتبة للبيانات الببليوجرافية الخاصة بكامل مصادرها على موقعها على الشبكة الدولية.

وتتيح كثير من المكتبات هذه الخدمة المهمة من خلال الولوج إلى موقع المكتبة على الشبكة الدولية، ويمكن للعميل البحث في الفهرس سواء من داخل المكتبة أو أحد فروعها، أو أي مكان في العالم. وعادة ما يتم البحث في الفهرس برأس الموضوع أو المؤلف أو بيانات النشر أو رقم التصنيف. كما يمكن استخدام أدوات البحث المركب، التي تتيح استخدام أدوات البحث المنطقي (البوليني) (Or, And, Not)، بعد إدخال مصطلح البحث وطلب التنفيذ الذي يظهر أمام العميل قائمة مختصرة ببيانات الأوعية المتاحة بالمكتبة. وتتضمن هذه القائمة (رقم الطلب وعنوان الوعاء واسم المؤلف وبيان موقف الإعارة وبيان موعد رد الوعاء في حالة إعارته).

وعند اختيار التفاصيل الكاملة للوعاء تظهر بقية البيانات، وتتضمن (رقم الطبعة وبيانات النشر وعنوان السلسلة "لو وجدت" ومكان وجود الوعاء والمصطلحات الموضوعية الدالة على الوعاء وبيانات النسخ وموقف إعارة كل نسخة).

وتقدم هذه الخدمة في كثير من المكتبات، من بينها مكتبة مبارك العامة على موقعها الذي سبقت الإشارة إليه.

إضافة إلى مكتبة تورنتـو العامة Toronto Public Library من خـلال موقعها: (www.torntopubliclibrary.ca)

وكذلك مكتبة هارفـارد العامة Harvard Public Library من خلال موقعها: (www.hblct.org)

خدمة النقاط الإلكترونية: E-Points Service

تقوم فكرة هذه الخدمة على تجميع الأشكال المختلفة لمصادر المعلومات

الإلكترونية في مجال معين الذي قد يكون حدثا جاريا مهما على المستوى السياسي أو الاقتصادي أو الديني... ويتم في هذا الإطار تجميع كافة أشكال ومصادر المعلومات المتاحة لدى المكتبة, أو التي يمكن الوصول إليها في مكان محدد بحيث يمكن إفادة العملاء في أقصر وقت وبأيسر الطرق بحيث يمكن تطبيق مبدأ (الوصول إلى الهدف بأقل جهد وأقصر الطرق)، وتتطلب هذه الخدمة وجود جهاز حاسب أو أكثر في المواقع التي تخدم موضوعًا معينًا داخل المكتبة، بحيث يضم الحاسب:

- فهرس المكتبة.
- تحميلاً لبعض مواقع الإنترنت التي تخدم الموضوع بشكل مباشر.
- تحميلاً لبعض الأقراص المدمجة التي تتناول الموضوع بشكل مباشر أو غير مباشر.
- تحميلاً لبعض الكتب الإلكترونية الخاصة بالموضوع.

ومما لا شك فيه أن هذه الخدمة تدعم فكرة تكامل الوسائط Media Mix وتقدم هذه الخدمة مكتبة مبارك العامة.

خدمة البحوث الببليوجرافية   Bibliographic Searches service

كان لدخول الإنترنت إلى عالم المعلومات والمكتبات دور بارز في ظهور آفاق أرحب لهذه الخدمة، وذلك من خلال البحث في قاعدة البيانات الببليوجرافية للنظام الآلي للمكتبة، أو المكتبات المشتركة معها في برنامج الإعارة التعاونية باستخدام اسم المؤلف أو العنوان أو الموضوع، وتعرض البيانات على الشاشة أو يتم تخزينها على الوسائط الإلكترونية، أو تطبع على الورق، كما يمكن إرسالها بالبريد الإلكتروني، وعادة ما يتم إعداد قوائم ببليوجرافية خاصة تتعلق

بالموضوعات السياسية أو الوطنية أو الدينية أو ذات الصلة بالأحداث الجارية على المستوى المحلي أو الوطني أو الدولي. ومن المكتبات التي تقدم هذه الخدمة مكتبة جامعة برستول Library of Bristol University من خلال موقعها: (www.bris.ac.uk/lib)

خدمة الملاح الإلكترونية Cyber Service

تتوافر هذه الخدمة في قليل من المكتبات حول العالم، وهى أقرب ما تكون إلى خدمات الرد على الاستفسارات بنماذجها المختلفة (اسأل اختصاصي المعلومات على الخط والمساعدة واسأل الآن... إلخ). إلا أن هذه الخدمة تعتمد على الفورية Instancy في الرد والتفاعلية Interactivity مع العميل.

ويتم هذا من خلال الولوج إلى موقع المكتبة على الشبكة الدولية، والتعامل مع الصندوق الحواري، الذي يطلب من العميل التعريف بالمكتبة المشترك فيها وإضافة رقم هويته ثم طرح السؤال من خلال غرفة المحادثة المخصصة لذلك على موقع المكتبة. ومن بين المكتبات التي تقدم هذه الخدمة، مكتبة المنظمة العربية للتنمية الإدارية على موقعها: (www.aradolibrary.org.eg).

خدمة الحجز الإلكتروني: Electronic Reservation Service

تتيح خدمة الحجز الإلكتروني للعملاء حجز أوعية المعلومات، أيا كان شكلها (إلكترونيا) من خلال الدخول على موقع المكتبة. ويتم هذا من خلال ملء مربع حواري إلكتروني بمجموعة من البيانات الخاصة بالعميل مثل الرقم الكودي الخاص به، ورقم التعريف بالشخصية (PIN) الخاص بالعميل، مع متابعة بعض الإجراءات، حتى يتم التصديق على حجز الوعاء.

ومن بين المكتبات المقدمة لهذه الخدمة:

- مكتبتا مبارك العامة والمعادى العامة على موقعيهما اللذين سبقت الإشارة إليهما.

- مكتبة نيويورك العامة New York Public Library من خلال موقعها: (www.nypl.org)

- مكتبة شيكاغو العامة Chicago Public Library من خلال موقعها: (www.chipublib.org)

خدمة الإعارة الإلكترونية Electronic Loan Service:

تعتبر هذه الخدمة همزة وصل بين المكتبة والعميل. وهي خدمة يقدمها كثير من المكتبات، التي لديها مواقع على الشبكة الدولية من خلال الفهرس الإلكتروني.

والإعارة قد لا تقتصر في هذا الإطار على مقتنيات المكتبة التي تم الدخول عليها ولكن يمكن أن تمتد لتشمل مقتنيات عدد كبير من المكتبات المشتركة في إطار برامج الإعارة التعاونية Interlibrary Loan، ويتم هذا من خلال خدمة معلومات بطاقة المكتبة(L.C.I) وهي خدمة تمكن المتعامل معها من استعارة كافة أوعية المعلومات المتاحة والمسموح بإعارتها، حتى ولو لم يكن العميل مشتركًا في المكتبة التي دخل على موقعها، ويكفي أن تكون مكتبته المشترك فيها، مشتركة في برنامج الإعارة التعاونية، التي تشترك فيه المكتبة الحالية، وعليه في هذه الحالة ملء استمارة تعريف برقم المكتبة، ورقمه فيها ومتابعة إجراءات البحث حتى يمكن الحصول على المادة.

ومن بين النماذج المقدمة لهذه الخدمة:

- مكتبة البحر الأعظم بالجيزة (من خلال موقع شبكة مكتبات جمعية الرعاية المتكاملة):

(www.library.idsc.gov.eg/ics_libraries/search/libsearch/arabic/elnadvsea)

- مكتبة خالد بن الوليد العامة (من خلال موقع شبكة المكتبات المصرية):

(www.library.idsc.gov.eg/search/libsearch/Arabic/elnadvsearch.asp?lib = 4)

خدمة الإحاطة الجارية الإلكترونية للمعلومات

Electronic Current Awareness

ظهرت خدمة الإحاطة الجارية الإلكترونية للمعلومات نتيجة عجز المتخصصين عن ملاحقة الجديد في تخصصاتهم. وهدفت إلى ملاحقة التطورات الجارية في مجالات اهتمام العملاء.

وقد أدت شبكة الإنترنت في الوقت الراهن دورًا بارزاً في هذا الإطار، وذلك بما تمتلكه من إمكانات كبيرة في دمج المعلومات المتغيرة، مع المصادر المعرفية المتوافرة، مما يساعد على إتاحة خدمة الإحاطة الجارية الإلكترونية للمعلومات من خلال إعلام العملاء بالجديد في تخصصاتهم، وذلك من خلال البريد الإلكتروني أو من خلال برامج الحوار.

ومن بين المكتبات المقدمة لهذه الخدمة مكتبة مركز معلومات مجلس الوزراء المصري على موقعه على الشبكة الدولية (www.libsectoridsc.gov.eg)

خدمة البث الانتقائي الإلكتروني للمعلومات:

Electronic Selective Dissemination of Information

ترتبط هذه الخدمة بسابقتها، فهي تعد أحد أشكالها. وهى نمط يتسم بالحرص على مطابقة المعلومات المقدمة لاحتياجات كل عميل على حدة.

وقد ساهم وجود الإنترنت كثيرا في ازدهار هذه الخدمة، سواء من حيث مساعدة العاملين في الوصول إلى مصادر مستحدثة ومتميزة، أو إرسال ما توصلوا إليه إلى العميل - بعد إجراء عملية المضاهاة Matching مع سمات Profiles العميل - من خلال البريد الإلكتروني. وهناك من المكتبات من يقدم هذه الخدمة مرات محددة، وهناك من لا يشترط هذا. وتقدم هذه الخدمة بمقابل مادي في كثير من الأحيان بخلاف الاشتراك التقليدي في المكتبة.

ومن بين المكتبات المقدمة لهذه الخدمة: مكتبة المنظمة العربية للتنمية الصناعية والتعدين، من خلال موقعها: (www.arifonet.org.ma)

خدمة التكشيف الإلكتروني Electronic Indexing Service

تهدف هذه الخدمة وضع المداخل التي تقود إلى الوصول إلى المعلومات في مصادرها المختلفة - إلكترونية أو غير إلكترونية - وتمر عملية التكشيف في مرحلة إعدادها بالخطوات نفسها التي يمر بها التكشيف التقليدي مثل:" فحص الوثيقة وتعرف محتواها الموضوعي وتحديد المفاهيم الأساسية في الموضوع وترجمة المفاهيم المختارة إلى المصطلحات المستخدمة في لغة التكشيف.

ويمكن للعميل تكشيف مادة بعينها (كأن تكون مقالاً في دورية أو جريدة أو تشريعًا معينًا أو فصلاً في كتاب... إلخ). ويمكن الحصول على المادة المكشفة من خلال بريده الإلكتروني.

ومن بين المكتبات التي تقدم هذه الخدمة:

- مكتبة جامعة هارفارد Library Of Harvard University من خلال موقعها:

(www.lib.harvard.edu)

خدمة الاستخلاص الإلكتروني Service Electronic Abstracting

يعد الاستخلاص وسيلة مهمة من وسائل استرجاع المعلومات، ووسيلة من وسائل الاتصال بين مصادر المعلومات الأولية والعملاء لأهميته في توفير الوقت والجهد، وإطّلاع العميل على كل جديد في تخصصه.

ويذكر محمد أمان أن الاستخلاص هو "عملية التلخيص العلمي للخصائص أو العناصر الجوهرية في مقالة أو بحث أو تقرير علمي أو إداري أو اختراع أو رسالة جامعية، أو أي وعاء من أوعية المعلومات.

وقد زادت أهمية المستخلصات في ظل عمليات الانفجار المعرفي المتلاحقة، لما لها من دور كبير في الاقتصاد في تكاليف البحث والجهد ووقت العملاء، أو لتيسير انتقاء الوثائق وبحث الإنتاج الفكري. ويمكن للعميل الحصول على مستخلصات البحوث العلمية المنشورة (بمقابل مادي في معظم المكتبات) بدخوله على موقع المكتبات والتعريف برقمه الكودي والشخصي، ومتابعة البحث، حتى تسجيل المادة المستهدفة، ومن ثم الحصول على المستخلص أو مجموعة من المستخلصات من خلال بريده الإلكتروني".

وتقدم هذه الخدمة بعض المكتبات، من بينها: مكتبة المنظمة العربية للتنمية الصناعية والتعدين من خلال موقعها: (www.arifonet.org.ma)

إضافة إلى مكتبة جامعة برستول Library of Bristol University من خلال موقعها

(www.bris.ac.uk/lib)

خدمة الترجمة   Translation Service

تهدف هذه الخدمة إلى توفير الاستفادة من المواد الأجنبية المتوافرة بالمكتبة، حيث تسهم في إزالة الحواجز اللغوية التي قد تحد أو تعوق من الاستفادة الكاملة منها، نتيجة لعدم إلمام بعض العملاء بهذه اللغات.

وتتم هذه الخدمة من خلال إرسال العميل للمادة المراد ترجمتها، ويمكن أن يتم ذلك من خلال إرسالها بالبريد الإلكتروني إلى المكتبة التي تقوم بعملية الترجمة، بعد دفع مقابل مادي يتم الاتفاق عليه. وكان للتقنية الحديثة دورها في هذا الإطار، خاصة مع ظهور البرمجيات المتخصصة في الترجمة الفورية، إضافة لوجود مواقع على الشبكة الدولية تقوم بترجمة آلية فورية للموقع كاملاً بمجرد إدخاله إلى موقعها - وان كان هناك تحفظ على الصياغة والتركيب اللغوي للأعمال المترجمة بهذه الوسيلة- ومن بين المواقع المقدمة لهذه الخدمة. وتقدم مكتبة الكونجرس Library of Congress خدمة الترجمة، كإحدى خدماتها الكثيرة في هذا الإطار من خلال موقعها: (www.loc.com)

خدمة تسليم الوثائق الإلكترونية   Delivery Service Electronic Document

تنقسم الاحتياجات والمطالب الأساسية للمستفيدين من مرافق المعلومات إلى فئة عريضتين:

1- الحاجة إلى العثور على وثيقة معنية تعرف اسم مؤلفها أو عنوانها , والحصول على نسخة من هذه الوثيقة.

2- الحاجة إلى العثور على الوثائق التي تناولت موضوعاً بعينه أو يمكن أن تجيب عن سؤال معين.

ومن الممكن تسمية الفئة الأولى "بالحاجة إلى الوثيقة معروفة" والفئة الثانية

"بالحاجة الموضوعية" وقدرة مركز المعلومات على تقديم الوثائق المعروفة هي "قدرته على الإمداد بالوثائق" أما قدرة المركز على استرجاع الوثائق المتخصصة في موضوع معين أو قدرته على الإجابة عن سؤال معين فهي "قدرته على استرجاع المعلومات"وهاتان الوظيفتان الإمداد بالوثائق واسترجاع المعلومات، هما أهم الأنشطة التي تقوم بها مرافق المعلومات. والعلاقة بين الوظيفتين وثيقة , نظراً لأن كثيراً من طلبات الوثائق المعروفة يمكن أن تكون ناشئة وبشكل مباشر عن عما سبقها من أنشطة استرجاع المعلومات.

ويمكننا أن نعرف خدمة تسليم الوثائق بأنها "هي الخدمة التي تسعى إلى توفير الوثائق المعروفة للمستفيدين" وهناك عدة تسميات لهذه الخدمة هي في حقيقة الحال لا تعبر إلا على عن شيء واحد، من هذه التسميات: "توصيل الوثائق"، "الإمداد بالوثائق" "تسليم الوثائق" و "خدمة تبادل الوثائق عن بعد" المقابل للفظ Document Delivery بالإنكليزية يرمز لها DSS. ومع تطور التكنولوجيا ظهر مفاهيم جديدة تعبر عن نفس الخدمة التي تم بشكل الإلكتروني "أنظمة تسليم الوثائق إلكترونياً" "تناقل المطبوعات إلكترونيا" (Delivery Electronic Document) يرمز لها EDD.

الهدف من خدمة توصيل الوثائق:

ولقد برزت هذه الخدمة نتيجة لرغبة المؤسسات المعلوماتية في الاستفادة – قدر الإمكان - مما يتوفر لديها من مواد المعلومات المختلفة، خاصة أن بعضا من تلك المواد قد يصعب الحصول عليها أو أن تكون غير متوفرة بشكل كاف. وتشكل العوائد المادية التي يتم تحصيلها موردا هاما في موازنات تلك المؤسسات.

أسباب عدم شيوع والاستفادة من خدمة توصيل الوثائق:

- عدم المعرفة بمراكز تقديم الخدمة.
- عدد المراكز العاملة في هذا المجال.
- البطء الشديد في تسليم الوثائق.
- ارتفاع سعر الخدمة أحيانا.

أسلوب الحصول على خدمة الإمداد بالوثائق

تقوم المكتبات ومراكز تقديم الخدمة باستلام طلبات المستفيدين المشتملة على أرقام وعناوين الوثائق المطلوبة والمختارة من قبل الباحثين للحصول على نسخ منها، من مصادرها الخارجية، ولتلبية احتياجات المستفيدين في الحصول على مثل هذه الوثائق.

وحسب الأنظمة المعمول بها والاتفاقات بين المراكز المحلية لتقديم الخدمة والجهات الخارجية مثل المركز البريطاني لتأمين الوثائق بالمكتبة البريطانية بلندن، فإن المركز يقوم بإرسال الطلب للمكتبة البريطانية مع تحديد الأسلوب المرغوب به لتسلم الوثائق، إما بالبريد العادي أو الفاكس أو البريد السريع أو حديثاً بالبريد الإلكتروني. وأيضاً يتم تحديد مدى السرعة المطلوبة في التسليم

تقدم هذه الخدمة مقابل رسوم تدفع ببطاقة الائتمان أو غيرها من وسائل الدفع التي من الممكن الاتفاق عليها بين المستفيد ومزود الخدمة. ولقد ساهمت شبكة الانترنت في تطوير تلك الخدمة وانتشارها على المستوى العالمي وتيسير سبل الاستفادة منها.

وقد زادت أعداد الوثائق الإلكترونية إلى حد كبير، استدعى تغييراً مستمراً في خدمات تسليم الوثائق واسترجاع المعلومات بغية توصيل المعلومات بسرعة

أكبر ومن ذلك الوقت ظهر نظم تسليم الوثائق إلكترونياً، ويعود هذا المفهوم إلى الأيام الأولى للكمبيوتر,حيث يقول كوكيل في مؤلفه بهذا الخصوص:

(إن عبارة "نظام تسليم الوثائق إلكترونياً" تعني بديهياً تقديم وإعادة إنتاج المعلومات المدونة على الورق إلكترونياً).

ويمكن تمييز ثلاثة أجيال من أنظمة تسليم الوثائق إلكترونياً (EDD): وهي أنظمة ترتكز على طلب المعلومات عبر شبكة الإنترنت، وهي غير متكاملة يحكمها حجم التزويد بالمعلومات الواردة وتعتمد الصورة المرئية -كما قال عنها روز ودييكسترا-:

1- الجيل الأول: الطلب عبر الشبكة مثل (DIALOG) و(ESA/IRS)، تتيح مثل هذه الخدمة. وإن طلباً متصلاً بقاعدة بيانات المراجع قد ينتج قائمة عمل لتسليم ومعالجة الوثائق. ويتم التسليم النهائي للوثائق عبر البريد العادي أو الفاكس إلى المشتركين. أما العيب الوحيد لهذا النظام فهو أنه لا يعالج الطلبات على النحو المطلوب. كلما تم طلب مقالة ما، يتوجب على موظفي المكتبة مراجعة رفوف المكتبة، وتحديد مواقع المواد المطلوبة وعمل نسخ حتى وإن كان الموضوع قد طلب سابقاً.

2- يقدم الجيل الثاني من أنظمة تسليم الوثائق إلكترونياً، والذي يعتمد تخزين الصور، خدمة التسليم بناءً على تخزين المواد على هيئة صور فمثلاً يعتمد نظام أدونيس مسح وتخزين المواد التي يكثر الطلب عليها على هيئة صور إلا أن العيب في هذا النظام يبقى في عملية تسليم الوثائق.

3- أما الجيل الثالث، من أنظمة تسليم الوثائق إلكترونياً فيبقى معتمداً على تخزين

الصور، وتقليص حجم الطلب بهدف تقليص التكاليف وقد تم توسيع نطاق الخدمة بحيث يتم عرض صور المادة المذكورة في المرجع عندما يطلبها مستخدم الحاسوب الآلي يمكن تقديم هذه الصور أو نقلها إلى الحاسوب الآلي الشخصي بوساطة ضغط زر وكأمثلة على نظام الجيل الثالث هذا: برنامج كارل اكتشف (CARLS LINCOVER)؛ (OCLC)؛ المضمون أولا؛ المادة أولا، المحتويات الجاهزة؛ باحث فاكسون؛ سويتسكان (SWETSCAN)؛ إيبكو للوثائق؛ نظام مسح المعلومات (ISI) المحتويات الحالية

لسوء الحظ فإن أنظمة تسليم الوثائق التي تعتمد الصورة غير منفتحة أمام التطورات المستقبلية وخدمات الإعارة المكتبية، كما أن إجراءات تسليم الوثائق الموجودة حالياً تعد غير متكاملة تماماً إذ يتوجب على مستخدمي الشبكة تفحص قاعدة البيانات بأنفسهم ومن ثم اتخاذ القرار بشأن تسليم المواد المرغوبة

أيسر طريقة لحل هذه المشكلات هو دمج جدول المحتويات الخاص بكل إجراءات تسليم الوثائق يمكن لمستخدمي الشبكة استرجاع قواعد البيانات كلها في عملية بحث واحدة مع استخدام المكتبة كوسيط.

عناصر النظام تسليم الوثائق إلكترونياً

1- تبادل المعلومات بين مستعرض البيانات ونظام المكتبة وأنظمة مزود المعلومات.

2- حماية حقوق الملكية الفكرية.

3- آلية تسديد الثمن.

4- نظام الوصل الخاص بمستعرض قاعدة المعلومات.

وهناك شروط لابد من توافرها في نظم تبادل أو الإمداد بالوثائق إلكترونيا:

1- أن يكون النظام قادر علي التكامل مع النظام الآلي بالمكتبة وكذلك مع كافة التطبيقات والخدمات (التزويد، خدمة المراجع، قواعد البيانات البيليوجرافية) والتي توفرها المكتبة سواء علي موقعها علي الانترنت أو داخل الشبكة الخاصة بها LAN.

2- إن يكون قادرا علي التفاعل والاتصال مع النظم المشابهة والتي تعمل في بيئة الشبكات الواسعة النطاقWAN لضمان إيجاد سهولة الاتصال بين الأطراف الأخرى من مكتبات وناشرين موزعين جغرافيا

3- أن يستند إلى معايير مقننة دوليا ويحرص علي تحديثها باستمرار.

4- يتصل بنظم فرعية أخرى مثل النظام الآلي للمسح الضوئي للوثائق وقاعدة بيانات ناتج هذا المسح (صور الوثائق) مع توافر الأجهزة hardware اللازمة لذلك من أجهزة طباعة وماسحات ضوئية وأجهزة فاكس.

5- يتسم بالمرونة بحيث يسمح بالتطوير المستمر وفق التغيرات والتطورات التكنولوجية قدر الإمكان.

6- يتكامل مع خدمات الإعارة التعاونية بين المكتبة وغيرها من المكتبات.

7- يسمح للمستفيدين بالحصول علي مخرجات متعددة الأشكال سواء كانت مطبوعة يمكن إرسالها بالبريد العادي أو إلكترونيا يمكن إرسالها بالبريد الإلكتروني ووسائل الفاكس.

8- أن يكون قادرا علي إخراج معلومات وبيانات إدارية عن النظام وإحصاءات عن مدى استخدام المجموعات وتداولها.

9- إن يسمح بالإمداد بإشكال متعددة من الوثائق مثل الصور وملفات الصوت والفيديو ....
الخ.

10- يجب وضع مشكلات حقوق التأليف والملكية الفكرية في الاعتبار وذلك من خلال إجراء
اتفاقيات منع الناشرين والمؤلفين وغيرهم من ذوي المسئولية الأدبية أو الفكرية أو
المادية عن العمل الذي طلبه المستفيد.

11- إن يكون سهلا بعيدا عن التعقيد يمكن للمستفيدين وأخصائي المكتبة التعامل معه
بسهولة.

ومن أشهر المواقع التي توفر هذه الخدمة الموقع الخاص بقاعدة UnCover التي تحتوي
على تكشيف لأكثر من 18.000 دورية علمية منذ عام 1989م وحتى الآن. والجدير بالذكر أن
نشاط هذه النوعية من الخدمات يتعدى الاستعانة بالمكتبات لجلب مواد المعلومات
المطلوبة إلى الاتصال بالناشرين أو الهيئات المهنية أو اللجان الرسمية أو منظمي المؤتمرات أو
غيرها من المصادر التي يتوقع أن يتوفر لديها المعلومات المطلوبة. ويساهم الموقع الخاص
بشبكة توصيل الوثائق Document Delivery Network في تسهيل مهمة الباحث في إيجاد مقدم
الخدمة المناسب من خلال استعراض القائمة الموضوعية التي تضم 62 تخصصا وتحت كل منها
سرد بالمؤسسات التي تمارس هذا النشاط أو من خلال البحث في القائمة المرتبة حسب دول
العالم.

نماذج لهيئات عربية تقدم هذه الخدمة:

الشبكة القومية للمعلومات (مصر)

الشبكة القومية للمعلومات هي أحد أكبر موردي خدمات المعلومات في مصر، تقوم بخدمة المجتمع البحثي والأكاديمي في مصر وبعض الدول العربية. قامت الشبكة ببناء شبكة لقواعد المعلومات سواءاً على قرص الليزر أو من خلال شبكة الإنترنت. تقدم خدمات البحث والاسترجاع للمعلومات بالإضافة لخدمات توصيل الوثائق Document Delivery بالإضافة لخدمات التدريب والترجمة.

تشترك الشبكة القومية للمعلومات في مجموعة من مصادر المعلومات العالمية التي تغطى التخصصات العلمية تغطية شبه كاملة من ناحية التخصصات ونوع الوثائق متضمنة الرسائل والمقالات المنشورة في دوريات علمية محكمة دولياً ومؤتمرات وكتب وتقارير فنية سواء في صورة مستخلصات أو النص الكامل لهذه الوثائق. هذا بالإضافة إلى مجموعة من الدوريات الإلكترونية المتاحة لدى الشبكة القومية للمعلومات والتي تم اختيارها بناء على دراسة تحليلية دقيقة لاحتياجات الباحثين المختلفة مما يعظم الاستفادة منها ويسهل الحصول عليها من قبل الباحثين في مختلف التخصصات. وتقوم الشبكة القومية للمعلومات باستخدام أحدث التقنيات للربط بين مجموعة قواعد البيانات الأجنبية المشتركة بها ومجموعة قواعد البيانات المحلية التي تقوم ببنائها الشبكة بحيث تضمن لطالب المعلومة الحصول على خدمة متكاملة من حيث النوع والكيف والتغطية الجغرافية.

مدنية الملك عبد العزيز للعلوم والتقنية:

تتم هذه الخدمة باستلام طلبات المستفيدين الراغبين في الحصول على نسخه من وثائق معينة ويكون هذا الطلب عن طريق تعبئة نموذج طلب وثائق والذي ينبغي أن يشتمل على البيانات الببليوجرافية للوثائق المطلوبة.

ويتم توفير هذه الوثائق من المصادر الخارجية مثل:

1- مركز البريطاني لتأمين الوثائق BLDSC.

2- خدمات المعلومات الفنية الوطنية NTIS.

كما يمكن تأمين الوثائق المطلوبة من المصادر الداخلية مثل:

- قواعد المعلومات الوطنية العربية والإنجليزية المتوافرة في المدينة
- المكتبات الأكاديمية السعودية
- دور النشر

قائمة مواقع أهم الهيئات العالمية التي تقدم خدمة الإمداد بالوثائق:

Access Russia Information Services
http://www.arussia.com
Access/Information Inc.
http://access-information.com
ACLIS (VIC) Interlending and Document Delivery (ILDD) Advisory Group
http://www.nla.gov.au/aclis/nidds/ildd.html
Action Court Services, Inc
http://www.actioncourt.com
Adonis
http://www.adonis.nl/index.htm
American Journal of Clinical Nutrition Reprints
http://www.ajcn.org/misc/rep1.shtml
ASM International
http://www.asminternational.org/content/NewsandResources/Library/library.htm

Australia National University Library Document Supply

http://anulib.anu.edu.au/libserv/docdel

Austrian Research Centers Publications Database

http://www.arcs.ac.at/publik

Area della Ricerca di Bologna Library

http://biblio.bo.cnr.it/bibarea.htm

Ariel

http://www.rlg.org/ariel.html

Arthur Lakes Library

http://www.mines.edu/library/IDS/illlend.html

Ask*IEEE Document Delivery Service

http://ieee.uncoverco.com/ieeehome.htm

alternate site

http://www.lexnotes.com/sources/services/www.eng r.usask.ca/Library/Handouts/askieee.html

BIDS Online Document Ordering System (BODOS) Bath Information and Data Services (BIDS)

http://www.bids.ac.uk

Biomedical Information Service

http://www.biomed.lib.umn.edu/bishp.html

BioServe

http://www.bgsm.edu/library/bioform.html

Blackwell's Electronic Journal Navigator (EJN)

http://navigator.blackwell.co.uk

BNA Plus

http://www.bna.com/bnaplus/docret.html

Books On Demand

http://www.bellhowell.infolearning.com/cgi

bin/ShowItem?PID=P0092&market=cu&location=na

Bracken Heath Science Library

http://130.15.161.74/webmed/ill.htm

The British Library

http://www.bl.uk/services/bsds/dsc/overview.html

alternate site

http://minos.bl.uk/services/bsds/dsc

The Broker Research Center

http://www.infobroker.de/service/patdele.html

CABI Document Supply Service

http://www.cabi.org/Publishing/Products/Library/Document/Index.asp

Canada Institute for Scientific and Technical Information (CISTI)

http://www.nrc.ca/cisti/lib_docdel_e.shtml

Capitol District Information

http://www.capitoldistrict.com

Carolina Library Services Inc. (CaroLib)

http://www.intrex.net/carolib

CAS Document Detective Service

http://www.nrc.ca/cisti/docdel/docdel_e.shtml

Ceramic Informatio Centerhttp://www.acers.org/cic/cicinfo.asp#document

Chemical Abstract Society

http://www.cas.org/Support/detect.html

Congressional Information Service, Inc

http://www.lexi nexis.com/cispubs/Catalog/cis/dod/dod.htm

CourtEXPRESS.com

http://www.courtexpress.com

CSIR Library & Information Support Services: CSIR DocDel Services

http://www.csir.co.za/cls/docdelintro.html

DataTree

http://www.datatree.com

Derwent Patent Copy Service

http://www.derwent.com/patentcopy/about_pcs.html

Doc Deliver

http://www.docdeliver.com

DOCLINE ®System

http://www.nlm.nih.gov/docline/newdocline.html

EBSCO

http://www-us.ebsco.com/home/default.asp

ERIC Document Reproduction Service

http://edrs.com

ELEKTRA

http://elektra.informatik.tu-muenchen.de

Engineering Information, Inc

http://www.ei.org

ENSTINET

http://www.sti.sci.eg

Eskind Biomedical Library http://www.mc.vanderbilt.edu/biolib/access/dds

ESTIS - Engineering, Science and Technology Information Service, University of Minnesota

http://www.lib.umn.edu/estis

EX LIBRIS @ Biddle Law Library

http://www.law.upenn.edu/bll/EXLIBRIS/elhome.htm

External Services Program

 http://www.hawaii.edu/esp

Fachinformationszentrum Karlesruhe - Databases in Science and Technology

http://www.fiz-karlsruhe.de/fiz/service/docdel.html

FOI Online

http://www.foiservices.com

Gallagher Copy & Send http://lib.law.washington.edu/copy&send/copy&send.html

GeoFacts Documents

http://www.conway.com/geofacts

GeoRef

http://www.agiweb.org/georef/dds.html

alternate site

http://www.georef.org/dds.html

German National Library of Medicine

http://www.zbmed.de/english/service/direktv-en.html

Global Securities Information, Inc

http://www.gsionline.com

Health Information For You

http://healthlinks.washington.edu/hsl/hify

Herrick Memorial Library Alfred University: Document Delivery

http://www.herr.alfred.edu/ILLIDS.asp

Hylind Courthouse Retrieval

http://www.hylind.com

i b documents

http://www.ibdocuments.com

InFocus Research Services

http://www.infocus-research.com

Infomayda

http://users.actcom.co.il/~atoz

Infonetwork, Inc

http://www.doc-quest.com

Information Express

http://www.ieonline.com

Information Prime NA

http://www.infoprime.com

INFOSOURCE Document Delivery Service
http://www.ifebp.org/infosource/icdocdel.asp
INFOTRIEVE
http://www3.infotrieve.com/docdelivery.asp
ingenta
http://www.ingenta.com
INIST (Institut de L`Information Scientifique et Technique)
http://services.inist.fr/public/eng/welcome.htm
Instant Information Systems
http://www.docdel.com
Institute for Scientific Information | alternate page
http://www.isinet.com/products/ids/idsfm.html
Judicial Research & Retrieval Service, Inc.
http://www.judicialresearch.com
Kessler-Hancock Information Services
http://www.khinfo.com
Killam Library
http://www.library.dal.ca/ddkillam/docdel.htm
LawHawk
http://www.lawhawk.co.nz
Legal Research Center
http://www.lrci.com/dr.htm
Library of Congress Photoduplication Service
http://lcweb.loc.gov/preserv/pds
Linda Hall Library
http://www.lhl.lib.mo.us/docserv/homepage.html
Loansome Doc®
http://www.nlm.nih.gov/psd/cas/ldlibraries.html
London Business School Library
http://www.lbs.lon.ac.uk/library/services_and_contacts/services_and_contacts.html
MelbLaw Express
http://www.law.unimelb.edu.au/lawlib/membership/lawexpress.html
Michigan Information Transfer Source
http://www.lib.umich.edu/libhome/services/cas/mits
MicroPatent

http://www.micropat.com

MIT Document Services

http://libraries.mit.edu/docs

National Agriculture Library (US)

http://www.nal.usda.gov/ddsb

National Library of Austalia

http://www.nla.gov.au/dss

National Library of Medicine (US) ILL

http://www.nlm.nih.gov/psd/cas/interlibrary.html

Netherlands Institute for Scientific Information Services

http://www.niwi.knaw.nl/us/docdel/docdel.htm

OCLC FirstSearch Electronic Collections Online

http://www.oclc.org/oclc/menu/eco.htm

Online Journal Publishing Service

http://ojps.aip.org/documentstore

Penn Library Document Delivery and Interlibrary Loan

http://www.library.upenn.edu/services/ill/ill.html

PFC Information Services, Inc

http://www.pfcinformation.com

Polyresearch Service Patent Specifications Delivery

http://www.polyresearch.com/specif.htm

RAPID Services (Research And Professional Information Delivery)

http://www.library.unsw.edu.au/rapid.html

RECAL Information Services

http://www.recal.org.uk

REEDFAX - LEXIS Document Services

http://www.reedfax.com

The Research Investment Inc

http://www.researchinvest.com/new_dd.asp

The Royal Society of Chemistry

http://www.rsc.org/lic/library.htm

State Library of New South Wales

http://www.slnsw.gov.au/docserv

Steenbock Memorial Library

http://www.library.wisc.edu/local/socwork/libraries/Steenbock/services/docdeliv.htm#noncampus

Sweet Maxwell Law Publishers

http://www.smlawpub.co.uk/product/docdel.cfm

TDI Library Services, Inc

http://www.tdico.com

Technical Information Service (TIS) http://www.lib.purdue.edu/tis

Teldan Information Systems Ltd

http://www.teldan.co.il/docdeliv.html

The Theological Research Exchange Network (TREN)

http://www.tren.com

Tübingen University Library

http://www.uni- tuebingen.de/uni/qub/docdel/main_.htm

UnCover Web

http://uncweb.carl.org

University of New Brunswick Libraries

http://degaulle.hil.unb.ca/library/services/doc_del

VTT Information Service http://www.vtt.fi/inf/retrieval/index.htm

Washington Document Service

http://www.wdsdocs.com

The Welding Institute Library

http://www.twi.co.uk/infserv/dds.html

Wisconsin TechSearch

http://www.wisc.edu/techsearch

WorldViews

http://www.igc.apc.org/worldviews/wvsdds.html

Yale Medical Library: Document Delivery Department

http://info.med.yale.edu/library/docdelivery

التسويق الإلكتروني للمكتبة   Electronic Marketing Service

تطلق بعض المكتبات على هذه الخدمة أيضا خدمة الإعلام الإلكتروني، وهى مجموعة من الأساليب والأنشطة التي تخططها المكتبة لاجتذاب عملاء جدد، والحفاظ على العملاء الحاليين وتهدف التعريف بسياسة المكتبة وبرامجها وأنشطتها المختلفة. ومن بين أشكال هذه الخدمة التي يمكن أن تتاح على موقعها على الشبكة الدولية "دليل المكتبة وعروض المواد الجديدة والمحاضرات والندوات عن بعد وأنواع الخدمات وفروع المكتبة... إلخ".

وتقدم هذه الخدمة كثير من المكتبات من بينها: مكتبات الإسكندرية ومبارك العامة والمعادي العامة، الذين سبقت الإشارة إلى مواقعهم، إضافة إلى:

- مكتبة بركلي العامة Berkeley Public Library من خلال موقعها: (www.berkeley_public.org).

- مكتبة كامبردج العامة Cambridge Public Library من خلال موقعها: (cambridge.gov) والذي تغير من: (www.havii_edu/hsplshp.html) القرن الماضي.

مراجع الفصل الرابع

خدمات المعلومات في المكتبات الرقمية التقليدية والإلكترونية.- ربا الدباس: الأردن: دار البداية، 2010.

الفهرسة الوصفية والموضوعية في المكتبات ومراكز المعلومات التقليدية والمحوسبة: الأردن: دار صفاء للطباعة والنشر والتوزيع، 2010.

الإدارة الإلكترونية في ظل العولمة: اشرف جلال. المكتب العربي الحديث. 2011.

نظم إدارة قواعد البيانات لأخصائي المكتبات: على كمال شاكر. الدار المصرية اللبنانية ، 2005

حوسبة المكتبات ومراكز المعلومات: محمد غالب ربايعه .- الأردن: دار عالم الثقافة للنشر والتوزيع، 2000.

الدوريات التقليدية والإلكترونية في المكتبات ومراكز المعلومات- غالب عوض النوايسة. الأردن: دار صفاء للطباعة والنشر والتوزيع، 2010.

المعرفة والإدارة الإلكترونية وتطبيقاتها المعاصرة. محمود حسين الوادي.- الأردن: دار صفاء للطباعة والنشر والتوزيع، 2010 .

قائمة المراجـع

أولا: المراجع العربيـة

إبراهيم عبد الوكيل الفار: تربويات الحاسوب وتحديات مطلع القرن الحادي والعشرين، دار الكتاب الجامعي – العين – 2003م.

أحمد جمعه أحمد، وآخران: التعليم باستخدام الكمبيوتر (في ظل عالم متغير) – الطبعة الأولى – دار الوفاء – الإسكندرية – 2006م.

أحمد حامد منصور: المدخل إلى تكنولوجيا التعليم – سلسلة تكنولوجيا التعليم – جامعة المنصورة – 1992م.

أحمد محمد الشامي وسيد حسب الله: الموسوعة العربية لمصطلحات علوم المكتبات والمعلومات والحاسبات – المجلد الثاني – المكتبة الأكاديمية – القاهرة – 2001م.

أحمد محمد سالم: تكنولوجيا التعليم والتعليم الإلكتروني – الطبعة الأولى – مكتبة الرشد – الزقازيق – 2004م.

أخصائي المكتبات بين المهنة والرسالة، الطبعة رقم 1، السعيد مبروك إبراهيم 2010، العلم والإيمان للنشر والتوزيع.

الإدارة الإلكترونية في ظل العولمة: اشرف جلال. المكتب العربي الحديث. 2011.

بدريه أحمد عبد الله المطروشى: دور التكنولوجيا في تصميم الهياكل التنظيمية مع دراسة ميدانية على الأجهزة الحكومية الاتحادية بدولة الإمارات العربية

المتحدة – رسالة ماجستير. غير منشورة – كلية الاقتصاد والعلوم السياسية – جامعة القاهرة – 2001م.

تطبيقات الإنترنت لأخصائي المكتبات والمعلومات "أسس نظرية وتطبيقات عملية"، الطبعة رقم 1، على كمال شاكر: الدار المصرية اللبنانية.2009.

التكشيف والاستخلاص والإنترنت في المكتبات ومراكز المعلومات، الطبعة رقم 1، محمد علي العناسوه:عالم الكتب الحديث.2009.

حوسبة المكتبات الجامعية، الطبعة رقم 1، أروى عيسى الياسري: دار دجلة. 2010.

حوسبة المكتبات ومراكز المعلومات: محمد غالب ربايعه .- الأردن: دار عالم الثقافة للنشر والتوزيع، 2000.

خدمات المعلومات في المكتبات الرقمية التقليدية والإلكترونية.- رنا الدباس: الأردن: دار البداية، 2010.

الدوريات التقليدية والإلكترونية في المكتبات ومراكز المعلومات- غالب عوض النوايسة. الأردن: دار صفاء للطباعة والنشر والتوزيع، 2010.

شريف كامل شاهين: "علامات فارقة في مسار تكنولوجيا المعلومات"- مجلة المكتبات والمعلومات العربية-السنة (17)-العدد (3)-.

ضياء الدين زاهر: "التكنولوجيا الرقمية وتأثيرها في تجديد النظم التعليمية"- مستقبل التربية العربية-تصدر عن المركز العربي للتعليم والتنمية بالتعاون العلمي مع كلية التربية بجامعة عين شمس، ومكتب التربية العربي لدول الخليج، وجامعة المنصورة- المجلد(10)-العدد(34) - يوليو 2004.

عبدالوهاب نصر، وشحاتة السيد شحاتة: دراسات متقدمة في الحاسبات وتكنولوجيا المعلومات – الدار الجامعية – الإسكندرية – 2003م.

عز الدين عبدالمجيد صابر: أثر استخدام نظم دعم القرار على فعالية القرارات الإدارية – رسالة ماجستير – كلية التجارة – جامعة الإسكندرية – 1995م.

على محمد عبدالمنعم: تكنولوجيا التعليم والوسائل التعليمية – دار النعمان – القاهرة – 1996م.

عوض مختار: المراكز التكنولوجية ودورها في نقل وتوطين التكنولوجيا – الطبعة الأولى – المكتبة الأكاديمية – 1999م.

الفهرسة الوصفية والموضوعية في المكتبات ومراكز المعلومات التقليدية والمحوسبة: الأردن: دار صفاء للطباعة والنشر والتوزيع، 2010.

مجمد فتحى عبدالهادى. المعلومات وتكنولوجيا المعلومات على أعتاب قرن جديد. القاهرة: مكتبة الدار العربية للمكتبات، 2000

محمد السيد سعيد: الثورة التكنولوجية، خيارات مصر للقرن 21 – الطبعة الأولى – مركز الدراسات السياسية والإستراتيجية – القاهرة – 1996م.

محمد محمد أمان. "التعليم المستمر وتحديث المعلومات لأخصائي المعلومات في الوطن العربي ."المجلة العربية للمعلومات مج 8، (1987) ع1

محمد محمود الحيلة. تكنولوجيا التعليم بين النظرية والتطبيق. عمان: دار المسيرة، 1998.

المعرفة والإدارة الإلكترونية وتطبيقاتها المعاصرة. محمود حسين الوادي.- الأردن: دار صفاء للطباعة والنشر والتوزيع،2010.

مقدمة في علم المكتبات والمعلومات، الطبعة رقم 1، ربحي عليان: دار الفكر للنشر والتوزيع.2009.

المكتبات الإلكترونية والرقمية وشبكة الانترنت، الطبعة رقم 1، عبد الفتاح مراد: منشأة المعارف بالإسكندرية.1995.

المكتبات الرقمية - الأسس النظرية والتطبيقات العمية، الطبعة رقم 1، عماد عيسى صالح محمد: الدار المصرية اللبنانية، 2005.

المكتبات الرقمية ، الطبعة رقم 1، طارق محمود عباس: مجموعة النيل العربية. 2000.

المكتبات ومراكز مصادر التعلم من المكتبة الأولى إلى المكتبة الافتراضية، الطبعة رقم 1، حمدي البدوي: هبة النيل العربية للنشر والتوزيع،2010.

المكتبة الرقمية.. مكتبة القرن الحادي والعشرين -المقومات... المعايير... التجارب العلمية-، الطبعة1 رقم 1، سمير حميدة: دار الفكر المصري. 2009

المكتبة والمجتمع "أنواع المكتبات وأثرها في قيام الحضارات"، الطبعة رقم 1، هاني محمد:العلم والإيمان للنشر والتوزيع،2010.

نبيل علي. ثورة المعلومات الجوانب التقانية (التكنولوجية). في العرب والعولمة. بيروت: مركز دراسات الوحدة العربية، 2000. ص 103-126

نظم إدارة قواعد البيانات لأخصائي المكتبات: على كمال شاكر. الدار المصرية اللبنانية ، 2005

النظم الآلية المتكاملة للمكتبات / وزارة الاتصالات وتكنولوجيا المعلومات. القاهرة: مركز اعتماد هندسة البرمجيات، 2005.

ثانيا: المراجع الأجنبية

Ángel García-Crespo, Juan Miguel Gómez-Berbís, Ricardo Colomo-Palacios, Francisco García-Sánchez

Computers in Human Behavior, Volume 27, Issue 4, July 2011.

Encyclopedia of Archaeology, 2008, Julian D. Richards.

International Encyclopedia of Education, 2010, Y. Zhao, G. Zhang, C. Lai.

International Encyclopedia of the Social & Behavioral Sciences, 2004 D. D. Rusch-Feja.

T0300926

Printed in the United States
By Bookmasters